BRΔND

ΣPΔΩE

MΔRKΞΨING

브 I 랜 I 드 I 스 I 튜 I 디 I 오 I 의 I 모 I 든 I 것

브랜드 스페이스 마케팅

통합 브랜드 스페이스 개발을 위한 창의적 디자인 프로세스

미술학박사 이진민

이미연·장미정

PREFACE

학부 과정에서 조형 기반의 초석인 fine art로부터 공간 환경을 전제로 한 설치 미술, 연이은, 석·박사과정에서 논리 · 구조 · 타당성의 초석인 공간환경디자인전공으로의 융합, 그리고 그 이후, 기업 브랜드 크리에이티브 디렉터로서의 실무와 대학에서 교육 및 학제적 연구자로서의 길을 함께 병행해온 지 어언 사반세기를 넘기게 된 이 즈음에

저의 이 '점이 모여 선을 이룬'것과도 같은 여정 궤와 연동하며, **전공 융합전개의 경위적 의미에서 탄생**한, **브랜드 스페이스 마케팅**이라 명칭한 스튜디오 수업을 통하여, 저의 석·박사 제자들(이미연, 장미정)에게 교수 방법론을 전수한다는 의미와 더불어, 팀 코칭의 실효성을 검증하기 위하여 진행한, 수업의 프로세스 방법론을 총 망라하여 이러한 기회에 선보이게 된 것을 너무나도 기쁘게 생각합니다.

“

융합력, 연계력이 전개력이 되고,

그 전개력이 곧! 전략력입니다. 그리고

그 전략력이 경쟁력입니다! 2015/03/20

이진민
숙명여자대학교 미술대학 환경디자인과 교수
미술학 박사

브랜드 스페이스 마케팅이란, 실제적이고 물리적인 현장수업을 통하여 제자들과 함께 기록하고 평가, 분석해 온 과정을 통해 이러한 열매의 실적을 앞으로도 계속 시리즈로 연계하여 선보일 예정입니다.

스승, ~~ 먼저 가는 자와,
제자, ~~ 나중 가는 자가,
또 그 다음을 위하여 서로 협력하며, 즐기며 선을 이루는 과정들…….

이러한 현장에 함께하지 못하였지만, 이 분야에 관심이 깊은 여러분들을 위한 페이퍼 스튜디오가 되고, 새로운 패러다임의 시대를 열어 세계 속에 우뚝선 선한 영향력을 가진 브랜드로, 이 분야와 이 민족을 세우는 계기가 될 것이라 기대하고, 기도하며 기다립니다.

일반 독자에게

21세기에 들어 전 세계적으로 디자인에 대한 인식 구조는 크게 변화하고 이러한 디자인은 영역의 확대 및 타 분야와의 융합 등으로 격변의 소용돌이 속에서 디자이너의 역할 변화라는 여러 가지 과제를 안고 있습니다. 최근 국내 융합교육이 하나의 붐처럼 확산되면서 보다 안정적이고 효과적인 운영을 위한 노력들이 나타나고 있습니다. 이제, 융합교육은 디자인·경영·공학·예술 등과 분리할 수 없는 관계를 가지고 있으며, 그중 브랜드를 디자인하는 디자이너들은 이러한 다학제적 능력이 절실히 요구되고 있습니다.

브랜드는 '차별화'라는 기본 개념을 바탕으로 그 안에 디자인과 마케팅이 융합되어 있는 개념으로 이해할 수 있습니다. 즉, 디자인과 마케팅, 그 자체가 브랜드인 것입니다. 이 책은 브랜드 디자이너에서 어떻게 훈련받고 그것을 교육받는지 실제 교육 프로그램을 소개함으로써 스튜디오 강의를 듣는 것을 체험하게 하는 책입니다. 기존의 이론 위주의 텍스트북이 아닌 일종의 책 형식을 빌린 워크샵 프로그램입니다. 이 책을 보고 나면 각 브랜드의 대상이 되는 물건, 사람, 장소, 서비스 등 이러한 것들을 어떻게 브랜딩해서 마케팅과 연결하여 어떻게 구축해 나가는지 그 노하우를 얻을 수 있는 책입니다. 이 책은 브랜드 디자인에서 디자인과 마케팅을 융합함에 있어서 단순한 결합형태가 아닌 비빔밥식 융합을 통해 이 시대가 요구하는 진정한 브랜드 디자이너를 위한 기본서가 되고자 합니다. 또한 통합브랜드 개발을 위해 창의적 디자인 프로세스를 소개하고, 디자인과 마케팅의 이론과 실기를 융합하여 실제적으로 대학현장에서 수업을 통해 개발된 사례들을 다루고 있습니다. 이 책이 디자인분야뿐만 아니라 마케팅을 전공하는 학생들에게 또는 이러한 분야에 관심을 가지고 이들에게 진정한 융합적 사고 능력을 가질 수 있는 그 기초가 되기를 바랍니다.

이 책의 구성은 각각 4개의 테마-物, 人, 場, 事-를 중심으로 평면디자인, 입체디자인, 공간디자인으로 브랜드를 확장해 나가는 일련의 과정들을, 입체식 수업을 통해 통합 브랜드 디자인 매뉴얼을 만들어 갑니다. 끝으로 이 책은 디자인과 마케팅의 전공교수가 함께 15주간 공동으로 진행하여 실제적으로 디자인이나 마케팅을 하는 사람들에게 토탈 브랜드화하는 데 실용서가 되기를 바랍니다.

2015년 3월

세 사람의 공동 저자들

PROCESS

1부
브랜드 들어가기

2부
브랜드 스페이스
마케팅이란?

3부
토탈 브랜드
디자인 매뉴얼 개발

物,
물건을 만들다

人,
사람을 생각하다

場,
장소를 말하다

事,
서비스를 팔다

4부
브랜드
디자이너로 가는 길

CONTENTS

1부 브랜드 들어가기

1. 브랜드란 무엇인가
2. 브랜드, 소비자와 만나다

1. 브랜드란 무엇인가?

브랜드(brand)란 '태우다'라는 의미의 노르웨이 단어 'brandr'에서 유래된 것으로 자신의 소유물이나 작품, 생산품에 낙인을 찍는 데서 유래하였다. 즉 브랜드란 다른 사람의 소유물과 자신의 것을 구별하기 위한 수단이 었다(Interbrand, 1992). 이렇게 브랜드는 제품을 구별하기 위한 단순한 동기에서 시작되었지만, 브랜드의 홍수시대라는 오늘날에 이르러서는 훨씬 더 복잡한 개념으로 자리 잡고 있다.

현대적 의미에서 브랜드의 정의를 살펴보면, 미국 마케팅협회(AMA)에서는 브랜드를 어떤 판매자의 재산이나 서비스를 다른 판매자의 것과 다른 것으로 식별하기 위한 이름, 용어, 디자인, 상징 및 그 외의 특징으로 정의하고 있다(Keller, 1993). 또한 Kotler(1991)는 특정 업자의 제품이나 서비스를 다른 업자의 제품이나 서비스로부터 식별하고 차별화시킬 목적으로 사용하는 명칭, 말, 기호, 상징, 디자인 또는 이들의 결합으로 정의하고 있다. 브랜드는 결코 어떤 제품의 이름만을 의미하는 소극적인 상표의 개념이 더 이상 아니며, 제품 자체를 나타낼 뿐만 아니라 물리적 속성 외에 심리적인 가치까지도 포함하고 있는 개념인 것이다.

브랜드는 특히 기업의 무형자산으로 소비자와 시장에서 그 기업을 나타내는 가치를 나타낸다. 현대를 살아가는 소비자의 삶의 순간마다 브랜드는 의식적으로든 무의식적으로든 영향을 미치며, 소비 행동은 물론 일상의 다른 행동들에도 막대한 영향을 끼친다. 만나는 상대방이 착용한 의상이나 소품의 브랜드를 보고 그 사람의 삶의 라이프 스타일과 성격을 유추하기도 하고, 특정 브랜드를 사용하며 행복과 슬픔, 그리고 향수를 느끼기도 한다. 그 만큼 브랜드는 우리의 삶속에 스며들어 알게 모르게 많은 영향을 주고 있는 것이다. 과거 어느 시대에 비해 많은 소비경험과 학습,

교육을 받은 오늘날의 소비자는 발달한 인터넷을 통해 실제 경험한 것 이상의 정보를 가지고 있다. 또한 소비자의 경험과 감성이 소비의 주요 화두로 떠오른 이 시대의 새로운 소비 형태를 파악하고 효율적으로 대응하기 위해서는 고객과 만나고 소통하는 접점에 대한 총체적 접근이 필요하다고 하겠다. 소비자의 변화를 예측하고 그것을 미학적인 감성으로 풀어내기 위해 디자이너는 안전하게 고민하는 역할에서 벗어나 시장에서 필요한 것이 무엇인지 스스로 찾아낼 줄 알아야 한다는 것이다. 또한 실질적으로 고객과 만나는 디자이너의 관점에서 브랜드를 이해하고 해석하여, 그 의미를 다양한 실제적 소비자와의 접점과 연결해보는 것도 보다 효과적인 접근이라 할 수 있다. 이러한 의미에서 전략적 차원에서 전개되는 기존의 다양한 이론서와는 달리 본서에서 제시하는 브랜드의 개요는 실제 현장에 적용되는 고객 접점의 총체적 장(場)의 역할을 수행하는 매우 유효한 장치라 할 수 있다. 이를 위해 본서에서는 브랜드 전략의 실행자(Who), 브랜드 전략 관리의 대상(What) 및 브랜드가 유통되는 시장(Where)에 따른 분류를 시도하여 실제 현장에서 효과적인 브랜드 크리에이션이 가능하도록 지침을 제공한다. 나아가 브랜드의 구성요소를 내용과 형식면에서 재정리하여 실제 현장에서 효과적으로 접근할 수 있는 브랜드 전략의 기초 개념을 제시한다. 이는 생산기획의 일부로서 부가가치 창출의 한 단위만을 차지했던 디자이너란 직업군이 가진 기존의 역할 정의를 뛰어넘어 새로운 소비자 접점을 기획하고 창조하는 총체적 의미의 크리에이터의 역할에 가이드 라인을 제공할 수 있을 것으로 보여진다.

1.1 브랜드의 분류

브랜드의 종류는 그 구분 기준에 따라 다양하게 구분해 볼 수 있는데, 구체적인 내용은 다음과 같다.

1.1.1 브랜드 전략 관리 대상에 따른 분류

❶ 제품 브랜드(Product Brand)

소비자는 제품의 디자인과 로고를 통해 제품과 소통한다. 제품과 소통하게 하는 소비자의 복잡한 감성의 메카니즘을 고려할 때 제품 브랜드를 일률적으로 정의하기는 어렵다. 그러나 제품 브랜드전략이 잘 관리되어 소비자의 감성에 적절하게 호소한다면 제품 수명 주기 전체를 통해 소비자와 효율적으로 소통하는 관계를 유지할 수 있다. 이러한 의미에서 일관성 있는 디자인을 통한 메세지 전달은 제품 브랜드 전략의 핵심이라 할 수 있다. 다양한 미디어 플랫폼을 통해 전달되는 보다 명확한 메시지와 이와 상호 작용하는 디자인은 소비자를 설득하고 움직이도록 하는 핵심 요소이다.

❷ 기업 브랜드(Corporate Brand)

기업의 브랜드 네임을 홍보하는 기업 브랜드는 제품 브랜드보다 더 넓은 적용 범위를 가진다. 기업 브랜드는 기업 문화를 구축하여 특성이나 독자성이 통일된 이미지나 디자인, 또 알기 쉬운 메시지로 나타내어 사회와 공유함으로써 존재 가치를 높이는 기업 전략의 하나이다(Balmer, J.M.T., & Gray, E.R., 2000). 일반적으로 브랜딩 및 상표의 이용을 통해 시각적으로 나타낸다.

1.1.2 브랜드 전략 수행자에 따른 분류

❶ 제조업자 브랜드(Maker / Manufacturer Brand)

제품이 제조업체 고유의 브랜드 네임으로 통일되어 소비자의 브랜드 만족을 동일업체 내 다른 제품으로 연동시키려는 전략으로 사용되는 브랜드이다. 또한 이는 브랜드 파워를 직접 소유하기 위해 제조업자 스스로가 보유하고 있는 브랜드라고 할 수 있다.

❷ 유통업자 브랜드(Market / Distributor Brand)

대기업에 비해 상대적으로 명성이 떨어지는 중소기업 이하의 제조업자들이 마케팅 능력의 부족이나 경비절감 등의 이유로 백화점 혹은 대형 할인점 등의 유통업자에게 제품을 납품하여 유통업자의 브랜드 즉, 제조원을 표시하지 않은 자가 브랜드(Private Brand: PB)를 부착할 때 사용하는 브랜드이다.

1.1.3 브랜드 판매 지역에 따른 브랜드 종류

❶ 글로벌 브랜드(Global Brand)

자사 브랜드의 차별적 경쟁 우위를 확신하는 기업이 전 세계의 소비자들을 판매대상으로 하여 높은 브랜드 인지도와 제품에 대한 품질의 신뢰성을 앞세워 자국에서보다 해외시장에서 더 많은 매출액을 올리는 브랜드이다.

❷ 국제 브랜드(International Brand / Multinational Brand)

판매지역의 범위가 다소 협소하며 기업의 역량 혹은 국가 간 문화적 배경의 이질성으로 인해 아직 세계적으로 브랜드 파워를 구축하지 못하고, 특정 대륙 혹은 수개 내지 많게는 수십 개의 국가들에서 한정적으로 사용되고 있는 브랜드이다.

❸ 내셔널 브랜드(National Brand / Domestic Brand / Local Brand)

한 국가의 고유한 민족문화 혹은 해외시장 개척의 어려움 등으로 인하여 특정 국가 내에서만 사용되지만 향후 판매지역을 세계로 확장시킬 수 있는 잠재력을 내포하고 있는 브랜드로서, 브랜드 라이센싱(전국적으로 산재해 있는 가맹점들에 의한 간접 판매 방식) 혹은 기업의 자체적인 유통 채널에 의한 직접 판매 방식이라는 두 가지 형태를 띈다.

1.2 브랜드의 구성 요소

1.2.1 내용 측면에서의 구성 요소

❶ 브랜드 콘셉트(Brand Concept)

브랜드 콘셉트는 목표 소비자의 마음 속에 인식되는 경쟁 브랜드와의 차별성을 의미한다. 브랜드의 본질과 특성을 구체적으로 명확하게 정립할 수 있는 브랜드 콘셉트는 브랜드를 효율적으로 관리하여 소비자에게 강력하고 차별적인 브랜드를 인식시키는 것을 그 목표로 한다.

❷ 브랜드 미션(Brand Mission)

브랜드 미션(mission)은 브랜드의 정체성 즉, 브랜드 아이덴티티의 구성요소 중 하나이며, 브랜드 아이덴티티를 구성하는 가장 핵심적 요소라고 할 수 있다. 브랜드의 존재 이유와 의미가 미션의 형태로 정립이 되고, 또 그러한 브랜드 미션이 내부적으로도 공감을 얻게 되면 비로소 브랜드미션은 고객에 대한 약속이 된다. 미션이 확립되어야 브랜드의 방향과 그 방향을 지키기 위한 내부 임직원들의 한결 같은 헌신이 따를 수 있다.

❸ 브랜드 비전(Brand Vision)

브랜드 체계에서 말하는 비전은 '미션을 제대로 수행하게 되면 도달할 수 있는 가까운 장래의 모습'을 의미한다. 브랜드의 의지, 꿈, 존재 목적을 나타내며, 소비자에게는 그 브랜드가 주는 가치나 의미가 될 수 있다. 브랜드 미션을 수행할 때 중요한 것은 일관성이며, 소비자에 대한 일관성 있는 미션 전달은 곧 브랜드 철학으로 진화하여 소비자에게 브랜드의 가치를 인식시킬 수 있게 된다.

1.2.2 형식 측면에서의 구성 요소

❶ 브랜드 네임(Brand Name)

기업에서 제공하는 제품과 서비스가 시장에서 경쟁적 우위를 획득하고, 마케팅의 효율을 높이기 위해 지원되는 브랜딩 활동을 말한다. 해당 제품의 이미지를 소비자들에게 가장 잘 어필할 수 있도록 네이밍하는 것이 중요하며, 좋은 이름이 되기 위한 선정기준 즉, 브랜드 네이밍 시 고려해야 할 판단기준은 다음과 같은 것들이 있다.

a) 기억하기 쉬울 것 : 브랜드명이 독특하고, 재미있으면, 일단 기억하기 쉽다.

b) 해당 제품을 적절히 암시할 것

c) 좋지 않은 의미를 내포하지 않을 것 : 의도하지는 않았으나, 브랜드의 문자적인 뜻이 좋지 않은 의미를 포함하지 말아야 한다. 특히 해외에 브랜드 전략을 펼칠 때 나

타나는 것으로 해당 지역의 문화, 언어적인 차이를 간과해서 생기는 게 일반적이다.

d) 상표법상 등록이 가능할 것

e) 단어의 길이와 발음의 용이성

❷ 로고(Logo)

마크나 아이콘 등 시각적 요소를 이용하여 브랜드를 나타내는 기능을 가진다.

브랜드를 시각적으로 동일시하고 다른 제품과 시각적으로 차별화시킨다. 제품을 보증하고, 원활하고 신속한 정보를 통해 소비자에게 각인시키며, 시각적으로 친근감을 느끼게 하는 기능을 한다.

❸ 포장(Packaging)

제품의 얼굴이라고 할 수 있는 포장 디자인은 제품의 부가가치를 높이고 소비자의 구매 동기 유발이나 유통의 합리화를 이루는 핵심적인 요소이다. 이러한 포장 디자인은 상품의 내용을 정확하게 알 수 있게 해주어야 하고, 상품을 안전하게 보호할 수 있도록 하며, 소비자의 눈길을 끌어 구매하고 싶도록 만드는 특별한 것을 가지고 있어야 한다. 이러한 포장 디자인은 소비자들에게 시각적 유도를 하는 방법과 브랜드명, 일러스트레이션, 문자의 배치, 색채 효과에 의하여 구매의욕을 일으키는 방법 등 다양하게 표현될 수 있다.

❹ 캐릭터(Character)

캐릭터란 크게 사전적 의미의 캐릭터와 마케팅적 의미의 캐릭터로 구분할 수 있다. 사전적 의미의 캐릭터는 성격, 인격 혹은 어떤 물질의 특성을 나타내는 성향을 말하며, 고부가가치 창출을 위해 인위적이고 의도적인 전략 하에 사용의 목적을 가지고 탄생한 것으로, 생명력을 갖는 현상을 그림이나 사진 등으로 표현한 것을 마케팅적 의미의 캐릭터라고 볼 수 있다. 즉, 어떤 이미지를 표현하거나, 장식의 목적을 위하여 대상을 가시적으로 표현한 상징적인 조형물을 총칭한다. 캐릭터는 출판, 애니메이션, 상품, 테마 파크, 라이센싱 등 연계 산업으로 이전되어 막대한 부가가치를 지니고 있으며, 문화를 전파하는 문화 사업으로서도 의미가 크다.

1.2.3 구체적 언어 표현으로서의 브랜드 구성요소

❶ 슬로건(Slogan)

단순하고 기억하기 쉬운 문구로 제품이나 기업의 미션을 홍보하는 역할을 한다. 슬로건 사용 전략은 브랜드 아이덴티티의 주요 구성 요소의 하나로 다양한 미디어 플랫폼을 통해 구현되는 여러 가지 형태 속에 동일한 메시지를 담을 수 있게 한다. 효과적인 슬로건은 다음과 같은 요건을 만족시켜야 한다.

❷ 대중의 호감과 공감을 동시에 살 수 있다.

❸ 소비자의 머릿 속에 인상 깊게 남을 수 있도록 참신하다.

❹ 기업의 이미지를 쉽게 떠올릴 수 있도록 간결하다.

1.3 브랜드의 기능

브랜드는 소비자와의 관계에서 다양한 기능을 수행함으로써 소비자의 의사결정에 영향을 미치게 된다. 브랜드의 가장 고유한 기능은 제품의 출처(제조원)를 표시하여 자사 제품을 타사 또는 경쟁사의 제품과 구별할 수 있도록 하는 일이다. 그러나 브랜드 경쟁이 심화되면서 기업은 브랜드의 고유한 기능에서 더 확장된 기능에 더욱 관심을 가지게 되었다. 즉 브랜드 고유의 기능에 소비자의 심리적 기능이 결합된 기능에 주목하게 되었다.

❶ 식별·차별화 기능

기업의 제품이나 서비스를 식별하고 경쟁자의 제품이나 서비스와 구별되게 하는 기능을 말하며, 경쟁 브랜드와의 혼동과 난립을 막는 기능을 담당한다. 브랜드의 어원이 '확인하다'라는 뜻을 보아도 알 수 있듯이 오래 전 가축의 소유 여부를 가리기 위한 기능으로서 존재한다. 브랜드의 기능 중 가장 오랜 역사를 가진 기능이라고 보면 된다. 여기서 생산자 구매의 상품구별 기능과 소비자 구매의 상품 구별 기능으로 분류된다.

❷ 신뢰·품질 보증의 기능

구매에 따른 소비자들의 지각된 위험을 최소화, 정보 취득 및 정보 처리의 효율성을 높여 주는 기능이다. 소비자는 생산자의 브랜드를 우연 또는 권유 등으로 한 번쯤 사용했다고 가정해 본다. 그 소비자는 사용 제품에 대하여 특별히 나쁜 기억이 없다면 그 제품을 믿고 계속해서 사용하게 된다. 즉, 소비자는 제품에 대한 믿음이 발생된다. 브랜드에 대한 신용이 발생한다는 것은 브랜드 충성도의 한 과정이라고 볼 수 있다

❸ 의미·상징 기능

속성, 편익, 가치, 문화, 개성, 사용자 등을 통하여 어떤 의미를 전달하는 기능, 자기

만족과 과시 심리의 유발 등의 기능이라고 할 수 있다. 브랜드가 소비자에게 얼마나 어떻게 노출이 되어 소비자에게 상품으로서의 선명한 기억을 심어주느냐 하는 수단으로서의 기능을 말한다. 이를 다른 말로 광고적 기능이라고 한다. 이 기능 역시 소비자 인지도 강화 측면으로서의 기능을 담당하며, 브랜드 표현의 효율성은 곧 브랜드 충성도와 제품 구매에까지 이어진다. 제품의 구매의사 결정에 이르는 과정에 상당한 영향을 미친다.

1.4 브랜드의 새로운 동향

브랜드는 사회 환경, 그리고 소비자와 커뮤니케이션하는 수단이다. 사회 변화에 따라 긍정적이고 중요하게 여겨지는 가치 또한 변하므로 브랜드의 정체성 또한 변화하며, 브랜드 스스로의 가치를 새롭게 재정립하여야 한다. 소비자는 스스로의 정체성을 브랜드에 투영하여 브랜드 정체성에 기반한 브랜드 이미지를 가지게 된다. 그러므로 브랜드 디자이너는 변화하는 사회와 소비자의 트렌드를 정확하게 파악하여 브랜드 정체성을 구축해야 한다. 이러한 의미에서 현재의 브랜드들이 고려해야 하는 소비자 트렌드와 그에 의한 브랜드 마케팅은 아래와 같다.

❶ 디지털 마케팅(Digital Marketing)

디지털 마케팅(digital marketing)이란 인터넷을 기반으로 하는 장치를 통해 온라인 광고로 소비자들에게 제품과 서비스를 알리고, 판매하는 것이다. 웹 브라우저, 스마트폰, (콘솔) 게임 등이 대표적인 인터넷 기반장치의 예이다. 기술이 발달하고 많은 장치와 기기들이 인터넷 검색 기능을 제공하면서, 디지털 마케팅의 잠재성이 점진적으로 실현되고 있는 추세이다. 다양한 디지털 마케팅 영역 중에서도 특히 스마트폰의 보편화에 따라 언제 어디서든 온라인 상으로 사람들과 소통하며 지낼 수 있게 하는 SNS(Social Network Service)가 사람들의 생활 방식의 한 모습으로 자리 잡았다. 한 정보가 클릭 몇 번만으로 많은 사람들에게 전달될 수 있는 SNS의 특성은, 많은 자영업자들과 기업들에게 SNS를 매력적인 마케팅 수단으로 여기게 되는 데 큰 역할을 했다. 또 이를 통해 이익을 창출하고, 성공을 하는 많은 사례들이 화제가 되고 있다. SNS의 장점은 파급력과 저(低)비용 고(高)효율, 그리고 소통을 들 수 있다. SNS마케팅을 통해 결과로 도출되는 '소통'은 즉각적이고 빠른 소비자와의 소통으로서, 소비자는 이러한 즉각적 소통을 통해 고객의 참여를 끌어내며, 고객 스스로가 브랜드를 홍보하는 역할을 수행하게 된다. 이는 다음 항목에서 설명할 프로슈머(prosumer) 마케팅과도 연결 관계를 형성하게 된다.

❷ 프로슈머(Prosumer)

프로슈머(prosumer) 또는 생비자(生費者)는 생산자와 소비자의 역할을 동시에 하는 사람을 나타내는 말이다. 생산 소비자 또는 참여형 소비자라고도 한다. 생산자와 소비자가 결합되었다는 것은 소비자이기는 하지만 제품 생산에도 기여한다는 의미이며, 전문가와 소비자가 결합된 경우는 비전문가이지만 타 전문가의 분야에 기여한다는 의미이다. 프로슈머는 기존 소비자와는 달리 생산 활동 일부에 직접 참여하는데, 이는 각종 셀프 서비스나, DIY(Do It Yourself) 등을 통해서 나타나고 있다. 또한 이들은 인터넷의 여러 사이트에서 자신이 새로 구매한 물건(특히 전자제품)의 장·단점, 구매가격 등을 다른 사람들과 비교, 비판함으로써 제품개발과 유통과정에 직·간접적으로 참여하고 있다. 프로슈머의 등장을 촉진한 요소는 첫째 소비자의 전체적 소득 및 여가시간의 증가, 둘째, 인터넷 등 통신 매체의 발달로 인한 정보 확보의 용이 그리고 마지막으로 전기·전자 기술의 발달로 인한 각종 장비 가격의 하락으로 인해 기존에 전문가들만 사용할 수 있었던 제품들이 보급화된 것을 들 수 있다. 이는 소비자에게 유비

쿼터스(Ubiquitous) 환경을 조성하여 소비자인 동시에 생산자로서 그 어느 때 보다도 능동적으로 생산과 소비 사슬에 참여하는 현대 소비자의 정체성을 보장한다. 이러한 사회적 분위기의 변화는 브랜드 디자이너에게 지식과 브랜드 및 상품 정보를 즉각적으로 소비자와 공유해야 하는 다양한 시장의 변수를 핵심적으로 고려할 것을 요구한다.

2. 브랜드, 소비자와 만나다

브랜드 커뮤니케이션이란, 광고 등 고객이 '브랜드'와 만나는 모든 접점에서 기업의 일방적 메시지 발신이 아닌, 고객과의 상호작용을 통해 브랜드를 알리는 활동 브랜드와 소비자가 만나는 시점이나 상황을 관리하는 전략이다. '브랜드 커뮤니케이션 관리'는 다른 말로 '브랜드 접점 관리'라고 표현할 수 있다. 브랜드와 소비자가 만나는 시점이나 상황이 바로 브랜드 접점이기 때문이다. 따라서 브랜드 커뮤니케이션을 잘하기 위해서는 브랜드 접점을 찾아내고, 각 접점별로 효과적인 커뮤니케이션 방법을 도출해내는 것이 중요하다. 흔히 브랜드 접점이라고 하면 매체를 통한 접점만을 생각하기 쉽지만 브랜드와 소비자가 만나는 중요한 접점 중에는 사람을 통한 접점이 있음을 명심해야 한다. 한 예로, 브랜드와 관련된 문의를 하기 위해 상담원과 전화를 하는 과정에서 사람들은 브랜드를 접하게 되는데, 이 경우 상담원이 바로 그 회사의 브랜드라고 볼 수 있다(An Employee is a Brand). 나아가 배송기사를 통해, 애프터서비스 기사를 통해 소비자는 브랜드를 보다 직접적으로 접하게 된다. 이 경우 브랜드 커뮤니케이션을 잘못하면 자칫 치명적 상처를 입을 수 있다. 왜냐하면 소비자는 사람과 직접 만나는 상황에서 보다 생생한 브랜드 경험을 하기 때문이다.

가장 성공적인 브랜드들은 그들의 커뮤니케이션 전략들에 있어서 근본적인 변화를 받아들이고 있다. 요즘에는 브랜드 커뮤니케이션에 있어서 다양한 고객 채널들의 급증으로 인하여, 기존의 모델과는 달리 상기의 '브랜드 스탠드' 모델 하나의 조준된 채널을 통한 하나의 강력한 아이디어 전달에 집중한다. 우리는 '브랜드 스탠드'를 이야기할 때, 하나의 통합된 테마를 당신의 브랜드 전체의 이르는 에코시스템에 퍼뜨리는 것이라 보고있다. 이 브랜드 스탠드는 내 · 외부 파트너들 및 온라인과 오프라인 환경을 모두 포함한 웹 채널을 통해 커뮤니케이션 되어야 한다.

이러한 브랜드 스탠드의 핵심은 바로 '말하고' 또 '듣는' 두 가지의 요소를 함축하고 있다는 것이다. 요즘 시장에서 가장 매력적인 브랜드들은 그들 소비자 '파트너'의 목소리를 듣고 고찰하며, 스스로 질문들-우리가 무엇을 배우고, '해결'하며, 또한 '공유할 것인지'와 마지막으로 가장 중요한 것, 앞으로 우리는 어떻게 그 소리에 반응할 것인지-을 던지고 답하는 브랜드들이다. 그런 과정을 통해 그 브랜드들은 통찰력 있고 실행 가능한 커뮤니케이션을 달성하게 되는 것이다.

카누(KANU)의 융합 디자인 사례

"

하나의 브랜드를 창조해내기 위해서는 서로 다른 분야의 전문가들이 참여해 서로 협력해야 한다. 그러기 위해서는 커뮤니케이션 스킬이 반드시 필요하다.

황유진
인터브랜드 이사

오스트레일리아의 울릉공 대학교(Wollongong University)에서 컴퓨터그래픽을 전공했고 UCLA-Extension에서 미술과 비주얼 커뮤니케이션을 공부했다. 워커힐 호텔, 삼성전자 소치 올림픽, KB 금융그룹의 비주얼 커뮤니케이션 시스템을 개발했다. 현재 미국계 브랜딩 회사 인터브랜드의 이사이자 크리에이티브 디렉터로 활동 중이다.

YG 엔터테인먼트 브랜드 경험 전략: 소비자의 경험과 감성, 소비형태를 연구

브랜드 경험 전략에 주력하는 Plus X에서 올해 초 YG 엔터테인먼트의 아이덴티티 시스템을 구축했다. 심도 있는 자료 조사 끝에 디자인 에센스를 뽑아냈고, 이를 바탕으로 브랜드가 소비자와 만나는 접점을 전략적으로 디자인한 이들의 프로세스를 알아보자.

브랜드 매니지먼트를 잘하고 있는 기업과 그렇지 않은 기업의 차이는 두 가지로 요약된다. 첫 번째는 정기적인 브랜드 자산의 측정을 통하여 브랜드의 현황과 문제점을 꾸준히 파악하고 이를 마케팅 전략에 적용하는 틀을 가지고 있느냐이며, 두 번째는 이러한 브랜드의 측정에 따른 마케팅의 전략의 반영이 전사적으로 적시 적소에 실행되는 업무 프로세스가 시스템적으로 구축되어 있느냐이다.

기업이 브랜드의 중요성에 대해서 인식을 하고 있으며 정기적으로 브랜드 조사를 시행하거나 브랜드에 대한 문제가 발생 시 브랜드 관련 조사를 하여 이를 전략에 반영하고자 노력하고 있다. 따라서 항시적인 브랜드 감시 시스템(브랜드 파워 측정 조사 및 전략 반영)과 브랜드 매니지먼트 시스템 구축의 두 가지 과제를 해결함으로써 풀어야 한다.

KMAC의 브랜드 매니지먼트 시스템 구축 컨설팅은 브랜드 전략의 분석, 브랜드 파워의 진단, 해당 브랜드와 경쟁 브랜드의 아이덴티티 조사 및 포지셔닝 분석 등의 1단계 브랜드 진단 과정을 통하여 브랜드의 정확한 위치 파악과 브랜드 관리 목표를 수립한 뒤 2단계 브랜드 감시 시스템 구축, 3단계 브랜드 매니지먼트 시스템 구축의 순으로 컨설팅을 진행함으로써 기업의 총체적인 브랜드 매니지먼트의 성과를 극대화될 수 있는 시스템을 구축하고 있다.

“

소비자의 경험과 감성, 소비형태를 연구

스토리를 체험의 공간에 접목시킨 스페이스 마케팅

미학적인 감성과 전략으로 소비자의 감성을 넘어 소비재의 개념을 새롭게 창출

소비자의 변화를 예측하고 그것을 미학적인 감성으로 풀어 냄

기업 이미지, 소비자, 트렌드, 공간의 감성적 접근법

공간에서 소비자는 사람의 오감을 모두 동원하는 총체적 관점에서 브랜드와 만난다. 공간이 가진 힘을 통해 브랜드를 소비자에게 알리는 '스페이스 마케팅'은 고객 접점을 활용한 공간 마케팅 활동으로, 브랜드 호감도 증대, 제품(서비스)의 핵심가치 부각, 판매 유도 등을 목적으로 하며, 브랜드를 홍보하는 '브랜드 랜드'부터 고객 동선과 시선을 적극적으로 고려하는 'VMD(Visual Merchandising)'까지 다양한 형태를 띄고 있다.

스페이스 마케팅은 기획에서 시작해 고객유인, 침투/홍보의 순환과정을 거친다. 공간이 갖는 힘을 충분히 활용하기 위해 단계별로 명확한 목적 정립, 공간 내 적절한 유인 및 부담을 주지 않는 환경 제공 등의 전략적 요소를 감안해 기획해야 한다. 즉, 소비자들이 다른 사용자의 평판이나 제품의 가격 및 속성이 아니라 자신의 체험에 기반 해 물건을 구매하는 시대로 인해 사람과 사람, 사람과 제품이 만나는 공간만큼 효과적인 마케팅 수단은 없다고 할 수 있다.

2부 브랜드 스페이스 마케팅이란?

1. 브랜드, 스페이스 그리고 마케팅
2. 크리에이티브한 브랜드 발상
3. 스페이스 마케팅과 브랜드
4. 브랜드 커뮤니케이션과 디자인 프로세스

1. 브랜드, 스페이스 그리고 마케팅

창조 경영의 시대로 정의되는 경영 환경 안에서 미래를 위한 상상과 창조적 아이디어를 만들어내는 가장 빠른 길에 디자인이 놓여 있다. 톰 피터스 (Tom Peters)가 미래를 경영하는 4가지 요건 중 한 가지로 디자인을 소개하고, 다니엘 핑크(Daniel Pink)가 미래를 지배하는 인재들의 6가지 조건 중 첫 번째로 디자인(Design)을 꼽았듯, 오늘날 급변하는 경제 환경 속에서 기업의 경영과 디자인은 더 큰 의미로 접합되고 있다.

다른 제품보다 더 우수한 기능이나 더 고급스럽거나 더 편리한, 그리고 더 품격 있어 보인다든지 하는 차별적 우위성을 확보하여 상품력을 확보하는 것, 그 차별적 우위성인 브랜드의 창조 현장에 디자인과 마케팅이 접합되는 것이다. 차별적 우위성이 크면 큰 만큼 소비자들에게 그 제품을 구매하도록 하는 매력을 크게 제공하게 되고, 그만큼 높은 가치를 창조할 수 있는 것이다. 결국 마케팅의 시작은 소비자가 원하는 방향으로 다른 제품과 얼마나 차별화 시킬 수 있느냐 하는 관점에서 부터 라고 보아야 한다. 그러나 문제는 제품력만으로는 차별화를 하기 어려운 시대가 되었다는 데 어려움이 있다. 왜냐하면 기술의 평준화로 인해 소비자들이 제품력 차이를 명확하게 구별하기 어려운 시대가 되었기 때문이다. 또한 기능성 중심에서 상징성 중심으로 변화하는 소비자들의 구매 행태는 오늘날 마케팅의 방향성을 감성 또는 이미지와 같은 정서적 키워드로 치환한다. 어떤 기능이 자신에게 꼭 필요해서라기 보다는 그러한 기능을 가진 제품을 보유하는 심리적 만족에 더 큰 의미를 갖고, 그 제품을 이용하는 사람들의 그룹에 포함되고 싶어하는 심리적 욕구가 구매의 중요한 동기가 되고 있다. 제품의 본질적인 기능이나 품질보다는 디자인이나 이름, 광고를 통해서 얻어진 이미지 등 부수적 요소에 더 큰 관심을 갖고 구매를 하게 되는 것이다. 그러므로 기업은 이러한 소비자의 구매취향에 대응하기 위하여 제품 본질 외의 매력적인 이미지를 만들어야 하며, 이것이 곧 브랜드가 하는 역할인 것이다.

많은 석학들과 세계적인 경영자들이 이제 기업은 합리성과 논리성을 버리고, 인류의 미래를 위해 상상의 날개를 펼쳐야 하는 때라고 입을 모은다. 이에 따라 현재 기업과 시장에서는 디자인 마케팅의 관심과 중요성이 더욱 더 크게 대두되고 있다. 오감, 감성이라는 고객 감동의 현장에서 이루어지는 디자인과 마케팅에 의해 창조되는 브랜드 가치[1]는 시장 환경 변화에 따라 달라졌다. 과거에는 디자인이 부가가치를 창출하기 위한 주변적 역할을 담당했으나, 이제는 디자인이 소비자의 구매경쟁에서 가장 중요한 요인으로 핵심가치의 역할을 담당하고 있다. 이는 디자인을 공급자 중심에서 소비자 중심 사고로 바꾸는 결정적인 역할, 즉 필수적으로 디자인과 마케팅을 결합하여 시장을 공략하는 디자인 마케팅을 마케팅 전략의 중요한 핵심 요소로 자리 잡게 하였다.[2] 디자인은 경영의 새로운 혁신역량이자 경쟁도구이다.[3] 시장의 성공요소가 가격 · 기능 · 속도에서 경험 · 감성 브랜드로 전이되면서 디자인은 성공의 또 다른 핵심역량으로 대두되고 있다. 고객을 이해하고 새로운 혁신을 창조하는 도구로서의 디자인은 고객의 니즈(Needs)를 솔루션(Solution)으로 바꾸는 디자인 싱킹(Design Thinking)에 의해 활성화되고 실무 현장에 적용될 수 있다.[4]

1 http://media.jungle.co.kr/cat_magazine_special/detail_view.asp?master_idx=28&pagenum=1&temptype=5&page=1&code=&menu_idx=312&main_menu_idx=42&sub_menu_idx=71

2 이미정 · 이정교, 브랜드 커뮤니케이션을 위한 공간마케팅 전략에 관한 연구 : 소비자 혜택 공간을 중심으로, 한국공간디자인학회 논문집 제8권 2호 통권24호, p.10

3 팀 브라운, 기획에서 마케팅까지, 디자인에 집중하라, 김영사, 2009

4 팀 브라운, 위의 책

디자인 싱킹은 토론토 대학의 로트만 경영스쿨 학장인 로저 마틴(Roger Martin) 교수와 미국 IDEO의 CEO인 팀 브라운(Tim Brown)의 정의가 대표적이다.

IDEO의 팀 브라운(Tim Brown)은 "디자인적 사고란 소비자들이 가치 있게 평가하고, 시장의 기회를 이용할 수 있으며, 기술적으로 가능한 비즈니스 전략에 대한 요구를 충족시키기 위하여 디자이너의 감수성과 작업 방식을 이용하는 사고 방식이다."라며 기존 경영의 패러다임과 새로운 패러다임이 동시에 필요하다고 말한다.

디자인 싱킹은 제품이나 서비스 혁신의 중요성, 일반적인 표면 디자인이 아닌 제품 전체 또는 제품의 기획과 개발, 마케팅, 운영 등 제품의 기획에서 판매 이후의 고객 관리까지 관련된 모든 마케팅 과정에 디자인적 사고에 바탕을 둔 디자인적 프로세스가 적용되어야 하며, 이를 수행하는 마케터의 자질을 이야기한다.

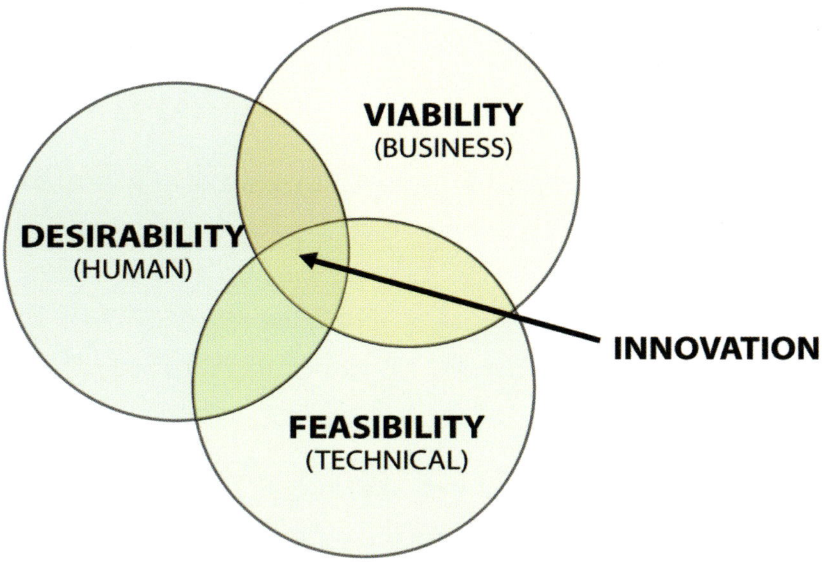

1 팀브라운의 디자인 싱킹

통합 마케팅 차원에서의 디자인 싱킹을 또 다른 시각에서 설명한 사람은 토론토 대학 로트먼 비즈니스 스쿨의 경영대학원 학장인 로저 마틴이다. 로저 마틴은 2009년에 출판한 〈디자인 싱킹〉(원제목은 The Design of Business : Why Design Thinking is the Next Competitive Advantage)에서 디자인 싱킹은 직관적 사고나 분석적 사고의 어느 한쪽이 아니라 이에 대한 통합적 사고이고, 그냥 디자인만의 영역만이 아니라 비지니스적인 관점을 포함하는 것으로 얘기했다.[5] 이는 전방위적 통합 마케팅 과정과 그 운용을 담당하는 마케터에서 필수적인 디자인 싱킹의 본질과 역할을 잘 설명해주는 정의라 할 수 있다. 로저 마틴은『생각이 차이를 만든다』라는 책에서도 통합적 사고의 중요성을 주장했다.

5 로저 마틴, 디자인 싱킹 아이디어를 아이콘으로 바꾸는 생각의 최고 지점, 웅진윙스, 2010

로저 마틴은 '분석적 사고와 직관적 사고를 50대 50으로 섞은 것이 디자인 싱킹이다. 생각하는 방식에서 둘 다를 쓰자'라고 말했다. 이 두 가지 사고의 조화와 균형을 추구하는 것이 가능하며, 각기 나름의 장점이 있고 상호 보완적이기 때문에 두 가지의 균형을 추구해야 하는 이유는 명확하다는 것이다. 이러한 디자인 싱킹을 통해 개발된 대표적인 사례로는 다음 페이지의 아쿠아덕트 자전거, 바늘없는 주사기, 홀 푸드 마켓의 쇼핑카트가 있다.

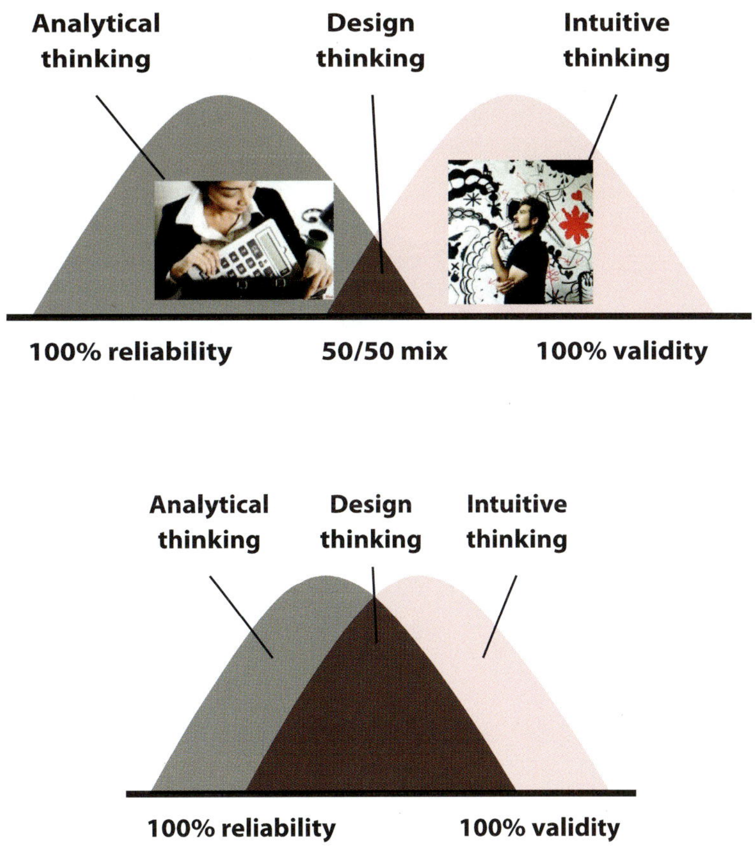

2 로저 마틴의 디자인 싱킹

3 아쿠아덕트 자전거(Aquaduct Bicycle)[6]

6 http://www.ideo.com/work/aquaduct

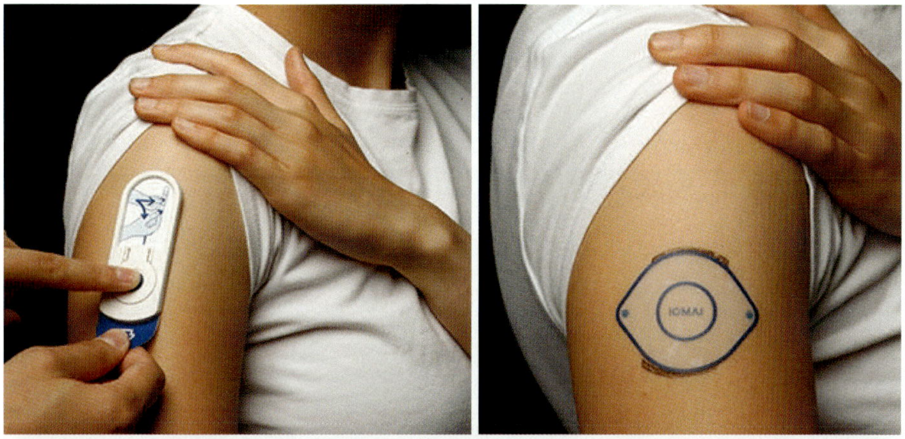

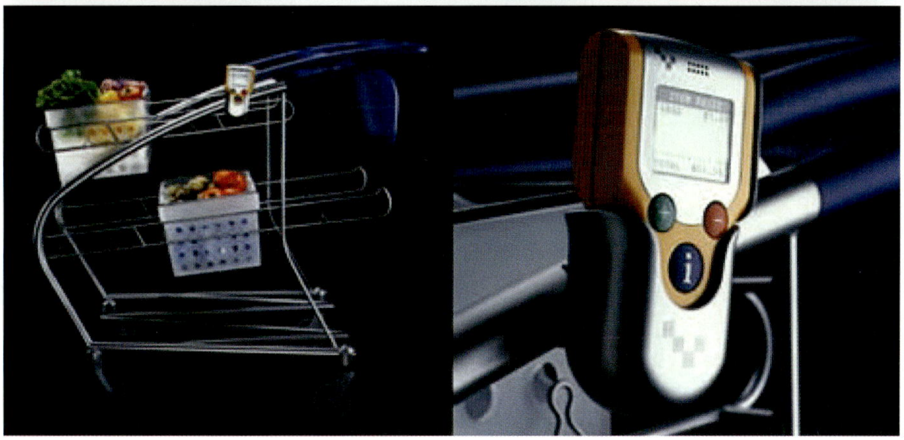

4 바늘 없는 주사기(위)[7]

5 홀 푸드 마켓(Whole Food Market) 쇼핑카트(아래)[8]

7 http://www.iidexcanada.com/2014/media/iidex-news/keynote-spotlight-david-webster-transcutaneous-immunization

8 http://www.ideo.com/work/shopping-cart-concept

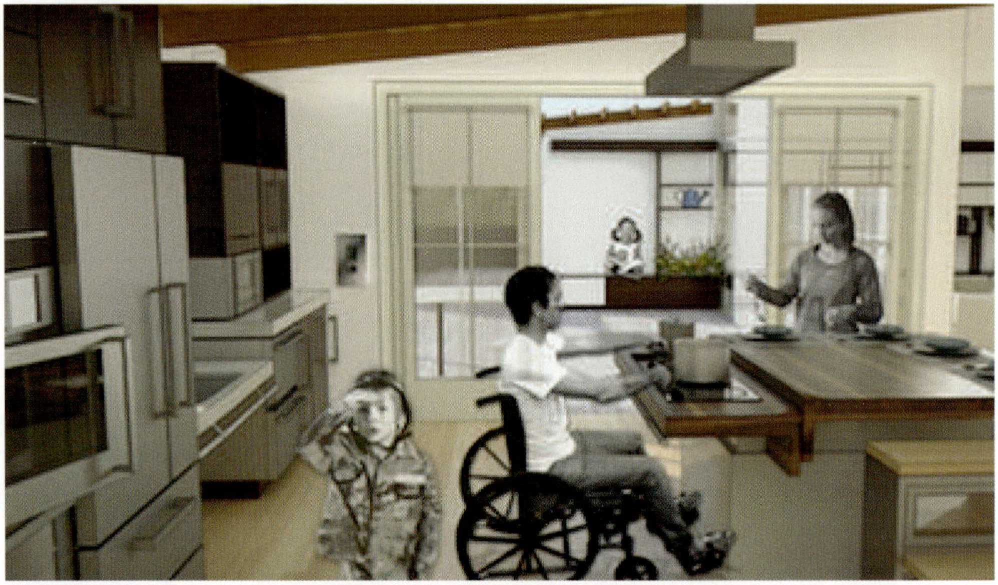

6 베리어 프리 키친(Barrier Free Kitchen)[9]

9 http://www.core77.com/posts/21224/architecture-for-recovery-ideo-and-michael-graves-design-a-home-for-disabled-military-veterans-21224

7 스테이프팜(State Farm) 보험회사 사무실[10]

10 IDEO, Next Door for Statefarm Insurance, http://www.ideo.com/work/next-door

디자인을 통한 기업의 마케팅이 활발한 만큼 소비자로서 기업이 제공하는 공간을 체험하거나 건축가, 인테리어 디자이너, 환경 디자이너로서 공간을 창조하는 과정에 참여하는 일이 빈번하게 발생하고 있다. 공간 디자인에 마케팅이 접목되면서 디자인 매니저와 같은 새로운 역할도 주목 받고 있다. '공간 마케팅' 또는 '스페이스 마케팅'은 고객 접점을 활용한 마케팅 활동의 일환으로 브랜드 호감도 증대, 제품(서비스)의 핵심 가치 부각, 판매 유도 등을 목적으로 하며, 브랜드를 홍보하는 '브랜드 랜드'부터 고객 동선과 시선을 적극적으로 고려하는 VMD(Visual Merchandising)까지 다양한 형태를 띠고 있다.[11]

11 이형일 · 이은미, 공간이 갖는 힘, 스페이스 마케팅, KT 경영경제 연구소

스페이스 마케팅은 기획에서 고객 유도-침투-홍보의 순환과정을 거쳐 공간이 갖는 힘을 충분히 활용하기 위해 단계별로 명확한 목적을 수립하고 공간 내 적절한 유인 및 부담을 주지 않는 환경 제공 등의 전략적 요소를 감안해 기획해야 한다. 그렇다면 공간에 브랜드 마케팅 전략을 적용하는 브랜드 스페이스 마케팅은 더 이상 단순히 인테리어나 건축의 측면에서 단편적으로만 바라봐서는 안 된다는 결론에 도달하게 된다. 브랜드 스페이스 마케팅은 공간의 가치를 만드는 일이다.[12]

12 조선일보, Space Branding : 공간에 이야기를 입혔다, 건물이 말을 한다(http://news.chosun.com/site/data/html_dir/2012/01/19/2012011903188.html)

"

브랜드 스페이스 마케팅은 공간의 가치를 만드는 일이다.

물리적 공간은 사람의 존재, 그 활동을 바탕으로 하여 비로소 생활의 장(場)이 된다. 그리고 그 사람과 공간을 이어주는 매개체가 되는 것이 인간의 신체, 동작, 활동의 연장이라 할 수 있는 도구류이다. 즉, 인간 – 도구 – 공간의 연속적인 조화, 융합을 기초로 하여 각 요소 간의 보다 나은 관계 형성을 위한 장(場)의 형성[13]이 스페이스 디자인 및 마케팅의 기본 개념이라는 것이다. 이는 건물과 그를 둘러 싼 환경이 외관으로만 말하는 시대가 저물고 있음을 의미한다. 브랜드 스페이스 마케터는 브랜딩의 핵심을 쥐고 회사의 철학과 공간의 설계 방향, 그리고 그 공간의 핵심 구성 요소인 인간과 소통 도구의 지향점을 일치시킬 수 있어야 한다. 이러한 의미에서 이 책은 브랜드 스페이스 마케팅의 연구영역을 눈에 보이는 제품이나 상품, 즉 물건(物, Product), 공간 안의 핵심 요소인 사람(人, People), 그 공간의 설정 영역인 장소(場, Place), 그리고 공간 안에서 인간에 의해 펼쳐지는 소통의 행위인 일, 즉 행사(事, Events)로 나누어 접근한다.

13 이진민, 공공환경디자인론, 중앙 F&B, 1998

2. 크리에이티브한 브랜드 발상

창조적인 브랜드를 발상하는 것에는 Company – Public – Employee 3가지 요소가 작용한다. 이러한 3가지 요소가 적절하게 상호 소통할 때 Brand Company – Public은 서로 신뢰 및 공감을 가지고, Brand Company – Employee는 브랜드에 대한 프라이드와 애착을, Public – Employee는 브랜드 커뮤니케이션으로서 소통을 하게 된다.

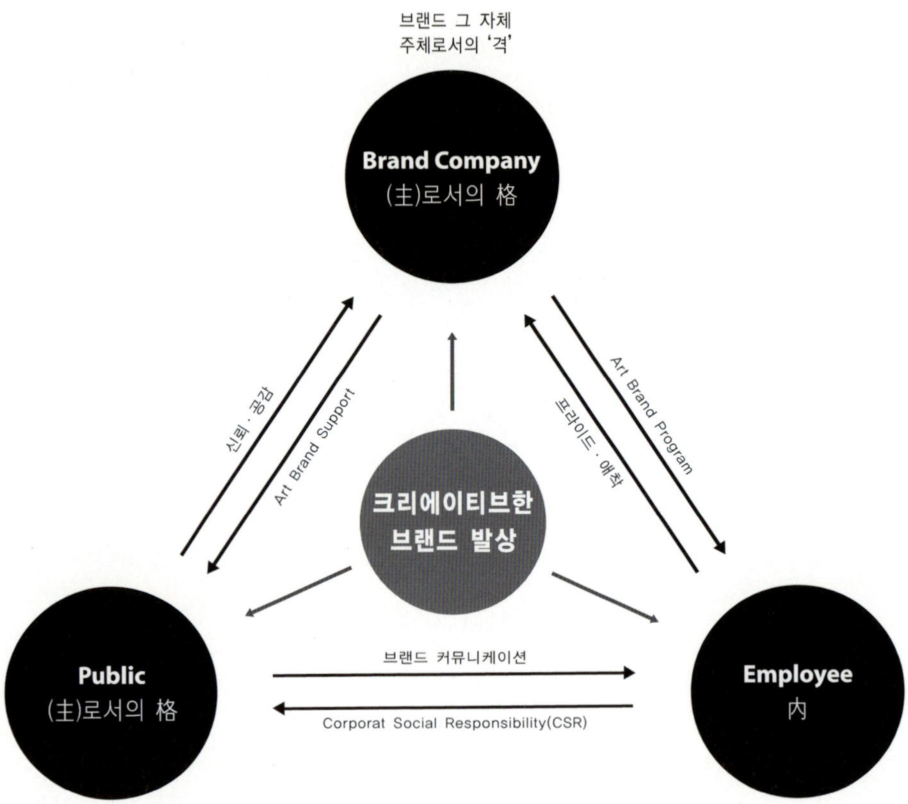

8 크리에이티브한 브랜드 발상[14]

14 이진민, 실내 디자인의 이해: 프로세스 방법론, 서울예대 개발교재 근간발췌 리터치, 1996, p.2

9 나이키(NIKE)의 브랜드

3. 스페이스 마케팅과 브랜드

필립 코틀러는 현대 소비사회의 특징으로 소비자의 참여와 세계화의 패러독스, 그리고 문화 마케팅을 이야기한다. 저렴한 컴퓨터와 휴대전화, 저비용 인터넷, 오픈소스 등 뉴 웨이브(New Wave) 기술의 진화는 개인과 집단 간의 연결성, 상호작용을 용이하게 해주고, 이들 뉴 웨이브 기술의 대표적 사례인 소셜 미디어(Social Media) 등을 통해 이미 우리의 생활은 소비자의 참여와 협력을 필수적 요소로 하고 있다.

이러한 소비자 참여의 마켓 3.0의 또 다른 기본 환경으로는 비용과 경쟁력 면에서 승자독식의 시스템으로 글로벌 시민의 우려와 열망을 진지하게 다뤄주기를 바라는 세계화의 관점이다.

마지막 환경 요인으로 코틀러는 한 나라의 집단적 불안과 열망을 진지하게 다루는 문화 브랜드, 즉 문화 캐릭터를 가진 기업들이 높은 수준의 이권을 누리게 되는 문화 마케팅을 이야기한다. 기존의 생산중심시대 이후, 단순 소비자주권시대를 거친 마켓 3.0의 시대에 공간은 2차의 그래픽, 3차의 입체를 통합하는 새로운 창조의 구조를 제시하는 통합적 역할을 담당하게 되었다. 이는 기능 물질적 충족보다는 자기실현의 충족을 더욱 중시하고, 돈으로 살 수 없는 무언가를 추구하는 '의미의 공급'이 중요해지는 창의적 사회의 영적 마케팅까지도 담당하기를 기대하는 사회 현상을 반영하는 것이라 볼 수 있다. 디자인의 본질이 기존의 심미적, 기능적, 본질에 더하여, 변화하는 사회상을 반영하는 시대적, 사회적 기능의 수행을 추가하게 되는 것이다.

그러므로 브랜드 마케팅의 핵심인 기업의 미션, 비전, 가치는 '물질적 목적을 넘어서는 자기실현'에 대해 숙고해야 하고, 이 모든 것을 기업에 담아야 한다. 디자인의 모든 기존 차원을 통합하는 공간 역시 '차별화'라는 브랜드 마케팅의 핵심 전략도구를 사용하되, 문화와 소비자, 그리고 글로벌 환경 요소를 고려하는 유연한 전략으로 시대에 대응해야 한다. 이러한 의미에서 마켓 3.0시대의 공간 마케팅은 복잡 다양한 다수의 기업 이해관계자들을 만족시켜 기업 고유의 아우라(Aura)를 구축할 수 있어야 한다.

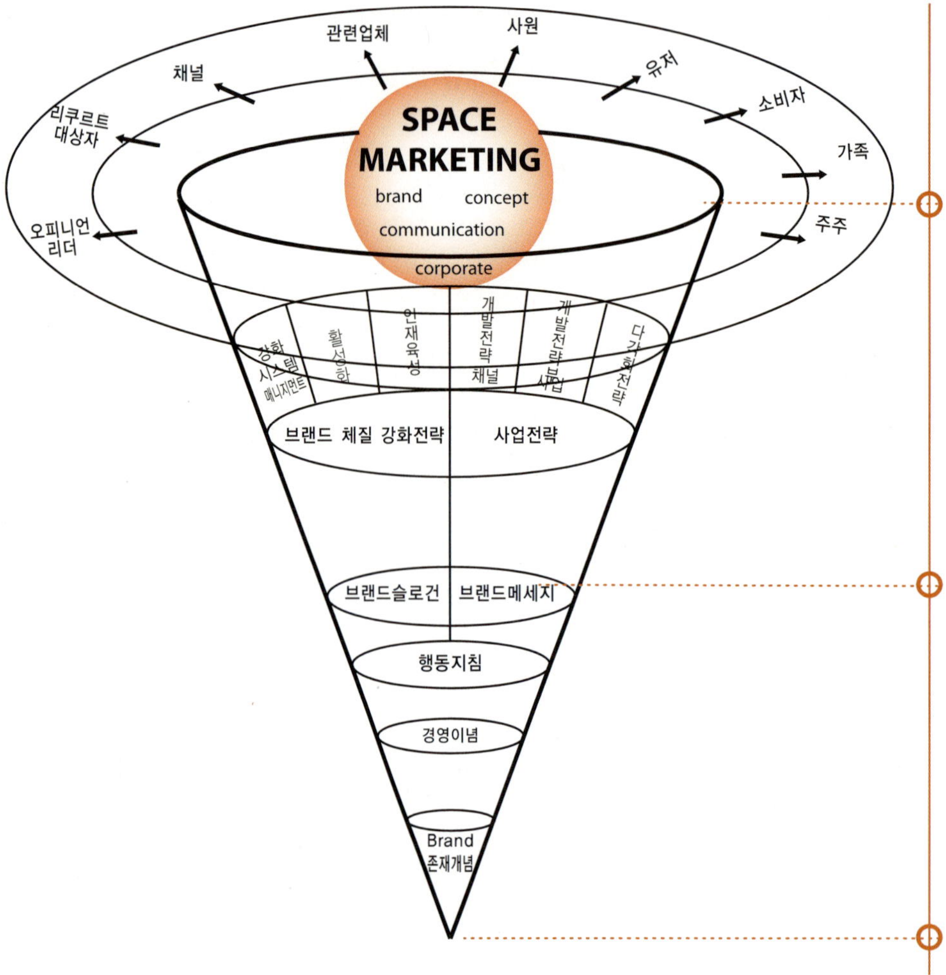

- 브랜드 마케팅의 존재 목적 및 다양한 이해관계자들의 욕구충족, 브랜드 아우라(Brand Aura) 구축
- 명확한 미션, 비전, 슬로건 확립을 통한 정체성(Identity) 구축
- 차별화(Differentiation), 감성화(Emotional Bonding) 전략을 통한 브랜드 강화

10 스페이스 마케팅과 브랜드[15]

15 이진민, 실내 디자인의 이해: 프로세스 방법론, 서울예대 교재개발 근간발췌 리터치, 1996, p.7

11 코카콜라 브랜드의 미션과 철학

4. 브랜드 커뮤니케이션과 디자인 프로세스

4.1 브랜드 커뮤니케이션

기업은 마케팅 관점에서 브랜드 자산을 기업의 재무 가치로 확인한다. 브랜드 이미지는 재무가치로 환산하여 평가될 수 있는 브랜드 자산의 주요 구성요소 중의 하나이다. 현대 소비자들에게 가장 강력한 브랜드 자산으로 인식되는 브랜드 이미지는 브랜드와 소비자의 관계를 형성하는 커뮤니케이션에 의해 만들어진다. 브랜드 커뮤니케이션은 소비자의 자아표현적 가치를 내포하는 소비자 관점의 접근이다. 그러므로 마케팅 영역인 브랜드 아이덴티티의 정립은 소비자 인식의 영역인 브랜드 이미지의 측면에서 접근해야 한다. 경쟁력 있는 브랜드 아이덴티티 전략을 수립하기 위해서는 소비자 의식 속에 어떻게 브랜드 이미지를 형성할 것인가하는 커뮤니케이션적 관점에서의 접근이 필요하다. 강력한 브랜드는 소비자와 커뮤니케이션하며 소비자와 정서적 연결고리를 형성한다. 이는 단지 광고 스타일이나 광고 모델에 의해서 만들어지는 것이 아니며, 소비자와 브랜드의 모든 접촉점을 통한 커뮤니케이션에 의해 형성된다. 기업은 시장에서 브랜드 가치를 지속시키기 위해 단기적 수익보다는 장기적 관점에서 단계적 커뮤니케이션을 실시해야 한다. 브랜드 커뮤니케이션은 일관성과 지속성을 전제로 하며, 브랜드를 둘러싼 기업 내 · 외부의 다양한 이해관계자들(Stake holders)과 유동적 환경 요인들을 그 대상으로 한다.

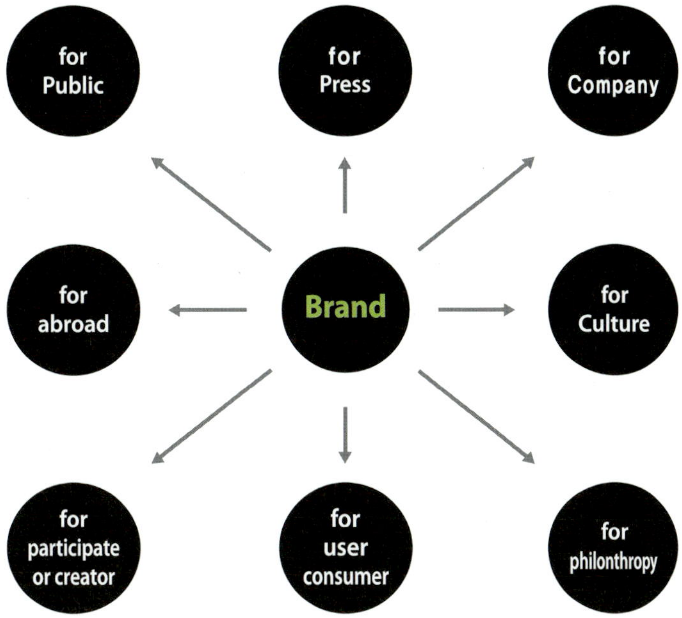

12 브랜드 커뮤니케이션 접점[16]

16 이진민, 실내 디자인의 이해 : 프로세스 방법론, 서울예대 개발 교재 근간발췌 리터치, 1996, p.8

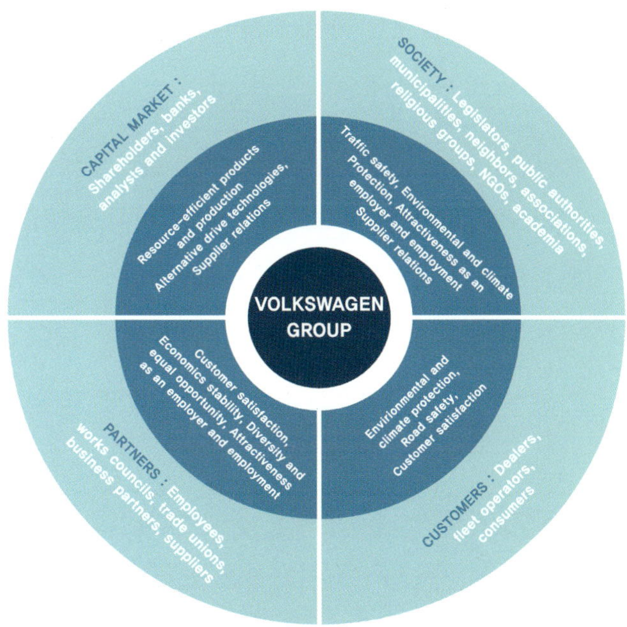

13 폭스바겐 자동차 그룹의 브랜드(brand)–이해관계자(stake holder)접점[17]

17 sustainabilityreport2013, volkswagenag.com

Case Study

디자인 경영, 혁신적 사고 전환의 힘:

전사적 디자인 경영(Total Design Management)전략을 사용한 폭스바겐-아우디 자동차 그룹 CEO 마틴 빈터콘(Martin Winterkorn)의 혁신적 경영 성과

1937년 독일 니더작센 주 볼프스부르크에 설립된 자동차 제조 회사 폭스바겐은 독일의 국민차란 애칭으로 유명한 'Beetle'을 생산하여 전 세계적인 유명세를 탄 회사이다. 그러나 내구성과 경제성을 모토로 매출을 올리던 폭스바겐의 브랜드 이미지는 오래된 구식 이미지로 전 세계 다른 자동차 제조 회사들과의 경쟁에서 뒤처지게 되었다. 이러한 낡고 지루한 구식의 브랜드 이미지는 2007년 아우디 자동차 그룹의 마틴 빈터콘 회장이 폭스바겐 社의 CEO로 취임하면서 전면적인 변화를 격게 되었다.

마틴 회장은 '전사적 디자인 경영(Total Design Management : TDM)'의 전략을 도입하여 아우디의 브랜드 아이덴티티와 이미지를 전략적으로 변화시켰다. 그는 아우디의 정체성을 위해 과감한 기술의 혁신(Innovative Technology)을 이룸과 동시에 이탈리아 알파로메오사(社) 출신의 유명 카 디자이너 '발터 드 실바'를 영입, 고유한 디자인 정체성을 함께 이루어 냈다. 아우디의 엔진기술과 디자인이 알려지기 전까지만해도 자동차 디자인에선 신선한 차이를 발견할 수 없었다. 이러한 환경에서 신선한 형태와 개념의 아우디 디자인은 소비자들의 안목을 크게 바꾸어 놓았다. 독일의 자동차 첨단 기술과 이탈리아의 디자인을 합금시킨 오늘의 아우디는 자동차시장의 새로운 신화로 거듭났다. 아우디의 성공은 하이터치와 하이테크의 결합을 통해 일구어 낸 전사적 디자인 경영의 대표적 성공 사례다. 여기까지 오는데 아우디는 20년이라는 '험난한 디자인 매니지먼트'의 길을 걸어왔다. 이는 또 혁신적인 디자인으로 성공할 수 있다는 좋은 사례이기도 하다. 이러한 아우디의 디자인 경영전략에서의 성공 사례는 폭스바겐 브랜드에도 적용되어 유연한 디자인 사고에 바탕을 둔 감성적 경영전략을 기반으로 공격적인 경영방침에 활용되었다. 이후 폭스바겐은 2009년 경쟁사인 포르쉐를 인수하여 자동차 브랜드의 수직적 확장을 완성하였다.

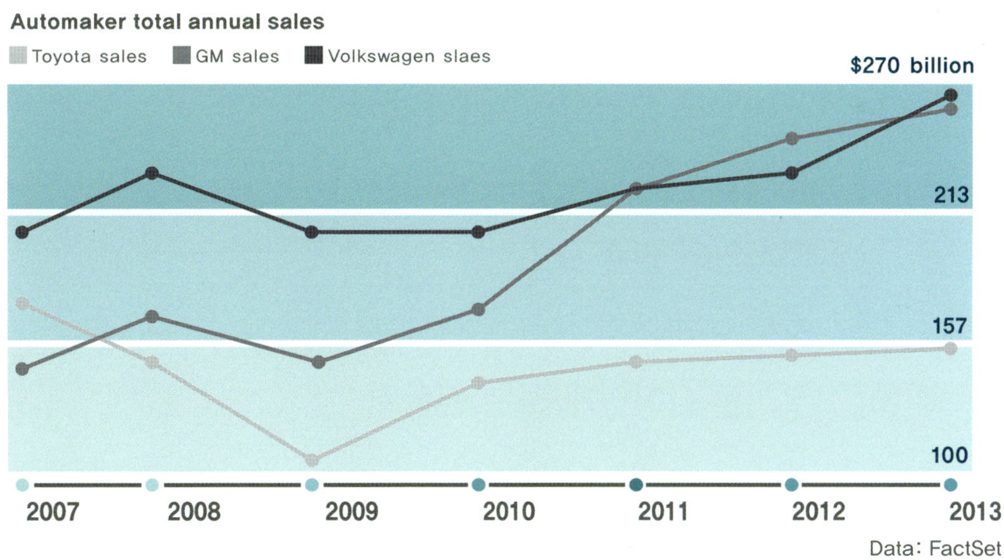

14 TOP 3 자동차 제조업체 연간 매출(2013)[18]

18 qz.com/348543/who-won-what-the-oscars-2015-rundown/

디자인적 사고 1

마케팅 분야에서는 통합 마케팅차원에서 디자인 싱킹의 팀 브라운과 로저 마틴을 대표적 사례로 설명하는 것처럼, 일반적으로 향후 미래형 인재의 6가지 조건으로 디자인, 스토리, 조화, 공감, 놀이, 의미를 두어 이는 다양한 분야로의 융합된 인재라 할 수 있다.

“

미래형 인재의 6가지 조건

디자인 : 하이콘셉트, 감성화 시대의 핵심 능력

스토리 : 소비자를 움직이는 제3의 감성

조　화 : 경계를 넘나드는 창의성의 원천

공　감 : 디자인의 필수 요소

놀　이 : 호모 루덴스의 진화

의　미 : 우리를 살아있게 하는 원동력

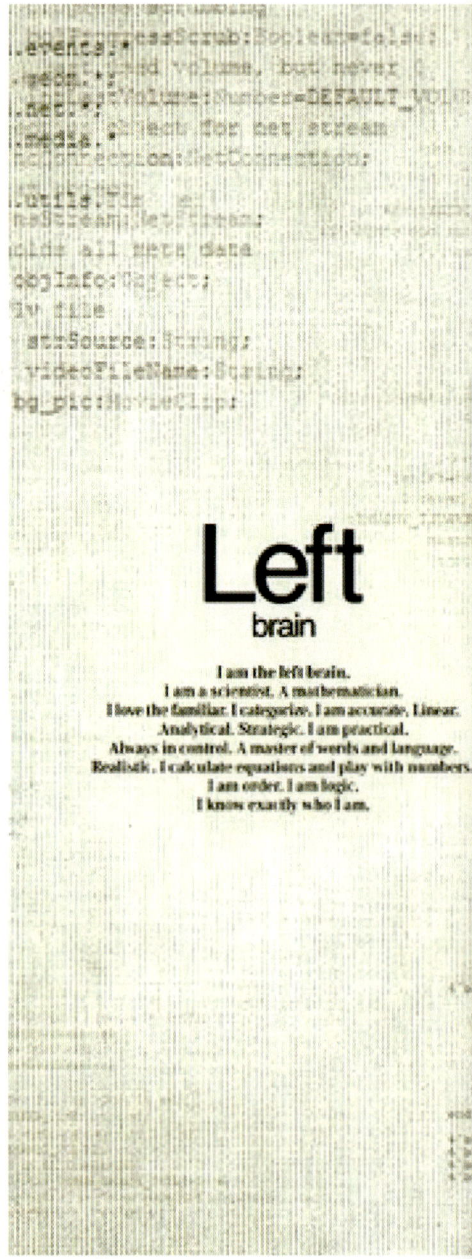

19 Mercedes Benz 2011 광고 (Shalmor Avnon Amichay, 이스라엘) 재구성

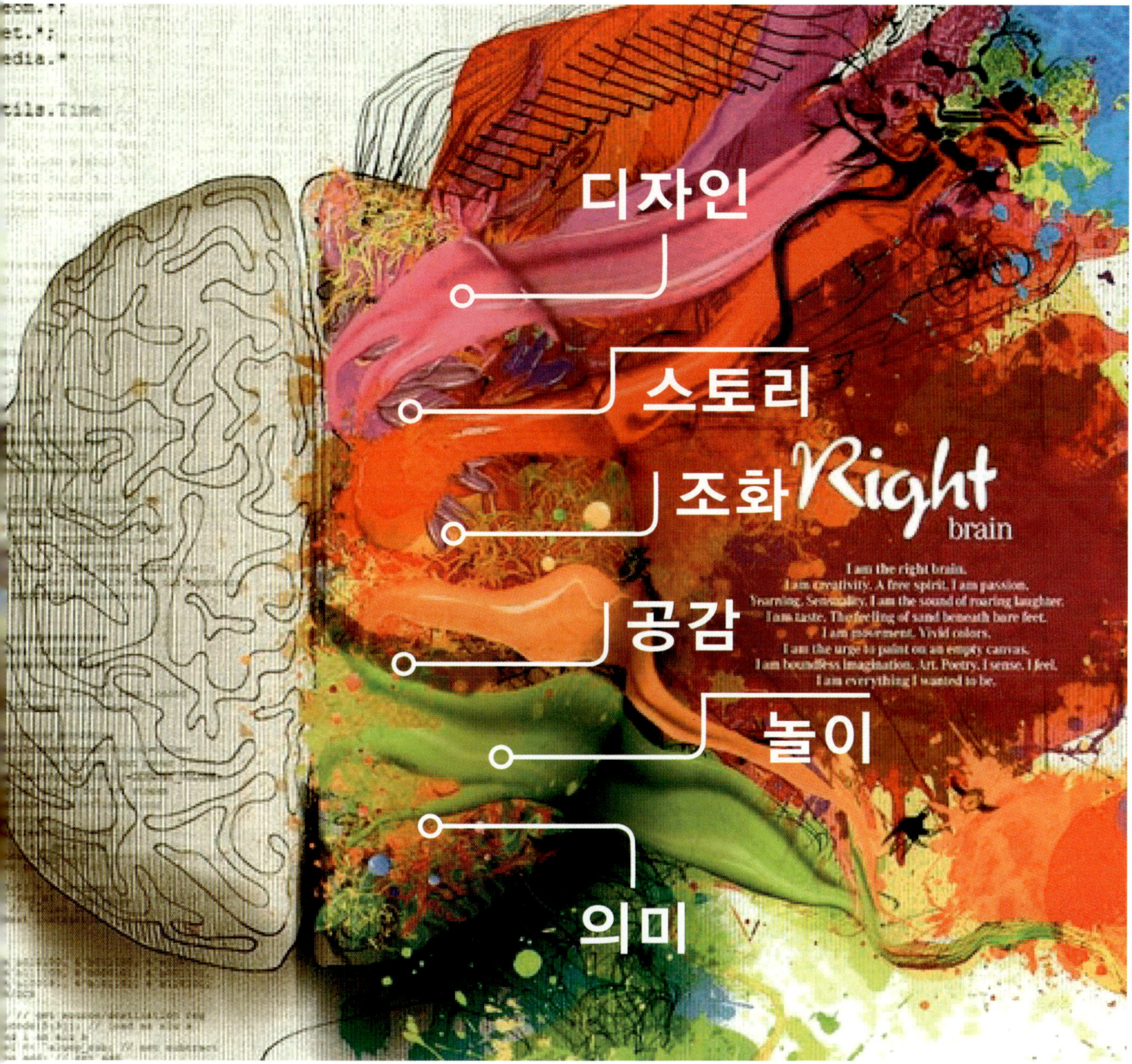

15 미래형 인재의 6가지 조건[19]

디자인적 사고 2

인간의 지능에 대한 연구는 1890년 프랑스의 심리학자 알프레드 비네(Alfred Binet)에 의해 본격적으로 시작되었다. 그는 아동을 대상으로 특수한 교육의 니즈를 파악하기 위한 지능검사 방법을 고안했고, 그의 연구는 미국에서 적극적으로 수용되어 오늘날의 IQ 검사와 각종 학력검사로 발전되었고, IQ는 인간의 학업성취 잠재력을 파악하는 데 가장 중요한 도구로 사용되어 왔다. 1970년 하버드 대학의 하워드 가드너(Howard Gerdner)는 이런 전통적인 믿음에 의문을 제기하였다. 그는 뇌의 일부 기능에 장애가 있지만 특수한 재능을 보유한 사람들을 대상으로 연구한 결과 인간에게는 IQ 검사로 측정하고 표현될 수 없는 다양한 지능이 존재한다는 것을 발견하고 1983년 그의 저서 'Frame of Mind'를 통해서 7가지의 다양한 지능을 제시하였다. 그는 나중에 한 가지 지능을 추가하여 오늘날 그의 다중지능이론 8가지의 지능을 포함하고 있다. 가드너의 다중지능에는 아래와 같은 지능이 있다.[20]

20 http://blog.daum.net/sskimpt/216

1. 언어지능(Linguistic Intelligence) : 말이나 글로 자신의 감정이나 생각을 잘 표현할 수 있는 능력이 높은 사람은 단어의 구사, 암기, 글쓰기에 높은 능력을 보인다. 법률가, 작가, 정치가, 시인, 언론인과 같은 직업에 적합하다.

2. 논리 · 수학지능(Logic–Mathematical Intelligence) : 논리적 분석, 수리의 사용과 문제해결에 과학적인 접근방법을 사용할 수 있는 능력. 패턴의 발견과 추론능력도 논리수학지능과 관련이 있다.

3. 음악지능(Musical Intelligence) : 음악으로 생각하고 이해하는 능력으로 리듬, 청각, 음악과 관련이 있는 부분에 능력을 보인다.

4. 신체감각지능(Bodily–Kinesthic Intelligence) : 신체로 자신을 표현할 수 있는 능력. 근육을 통하여 학습하는 것이 효과적이고 문제 해결이나 업무 수행에서 몸을 움직이면서 할 때 가장 큰 능력을 발휘한다.

5. 시간 · 공간지능(Spatial Intelligence) : 시간과 공간을 이해하는 데 관련된 능력으로, 이 능력이 높은 사람은 이미지나 패턴을 기억하여 3차원으로 재현하는 데 능하다. 건축가, 디자이너, 조각가들에게 많이 관찰되는 능력이다.

6. 대인관계지능(Interpersonal Intelligence) : 사람들과 상호작용을 하는 능력. 공감능력, 외향성을 바탕으로 의사소통이 원활하고 사람들과 함께 협동, 교감, 학습, 경쟁하려는 성향과 관계있는 지능이다.

7. 자기성찰지능(Intrapersonal Intelligence) : 자신의 내면에 욕구, 동기, 감정에 대한 성찰과 관련된 지능

이다. 이 지능이 높은 사람은 직관적, 내성적이지만 자신의 감정과 약점을 잘 이해한다. 배우, 심리상담사, 사회봉사자, 작가는 높은 수준의 자기성찰지능이 요구되는 직업이다.

8. 자연친화지능(Natualist Intelligence) : 나중에 추가된 지능. 자연과 인간과의 관계를 잘 인식하고 가치를 발견하는 능력. 자연에 민감하고 동식물을 기르고 교감할 수 있는 능력이다.

이 학설이 발표된 후 일부 심리학자들은 다중지능을 정량적으로 평가할 수 있는 진단도구를 개발하려는 시도를 했으나 가드너는 다중지능에 관련한 수많은 변수로 인하여 정량적인 평가는 불가능하다고 주장하였다. 현재도 다중지능을 진단할 수 있는 진단 도구는 존재하지 않아 객관적인 평가의 도구로 사용하는 데 한계는 있지만 사람의 다양한 능력을 이해하는 데는 좋은 참고가 될 수 있을 것이다.

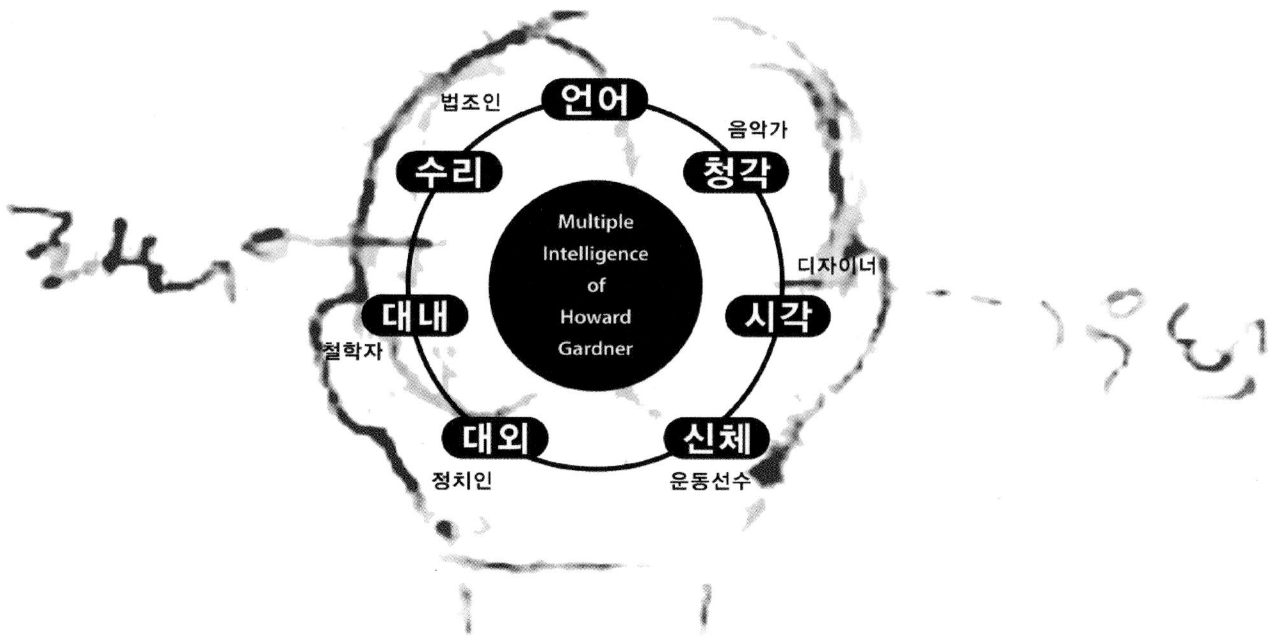

16 가드너(Gardner Howard)의 다중지능이론(Multiple Imtelligence)

디자인적 사고 3

아래의 6가지 '성공적인(SUCCESS) 아이디어 발상법'을 통해 크리에이티브한 브랜드를 디자인할 수 있다.

1. Simplicity(간단함): 아이디어는 몇 초 이내로 이해되어야 한다. 아이디어가 복잡하다면 핵심 내용이 잘못 전달될 수도 있다.

2. Unexpected(예상 밖의 것) : 아이디어를 소개할 때 사람들의 관심을 끌고 다음 내용을 기대하게 만든다.

3. Concreteness (구체적) : 혁신적 아이디어의 경우 구체적인 대상의 수준에 맞추어 이해가 되도록 노력해야 한다.

4. Creativity(창조성) : 전문지식이나 기타 권위적인 자료에서의 데이터를 활용하여 창조성을 높인다.

5. Emotion(감성) : 아이디어를 보다 널리 공유하기 위해 활동한다. 예를들어 블로그, 세미나 등 대중매체나 온라인 마케팅 등도 활용할 수 있다.

6. Story(스토리): 아이디어는 스토리를 가져야 한다. 스토리가 중요한 이유는 어떻게 아이디어가 생겨났고 그것이 왜 중요한지 설명이 되기 때문이다. 스토리 없는 아이디어에 사람들은 동조하기 힘들다.

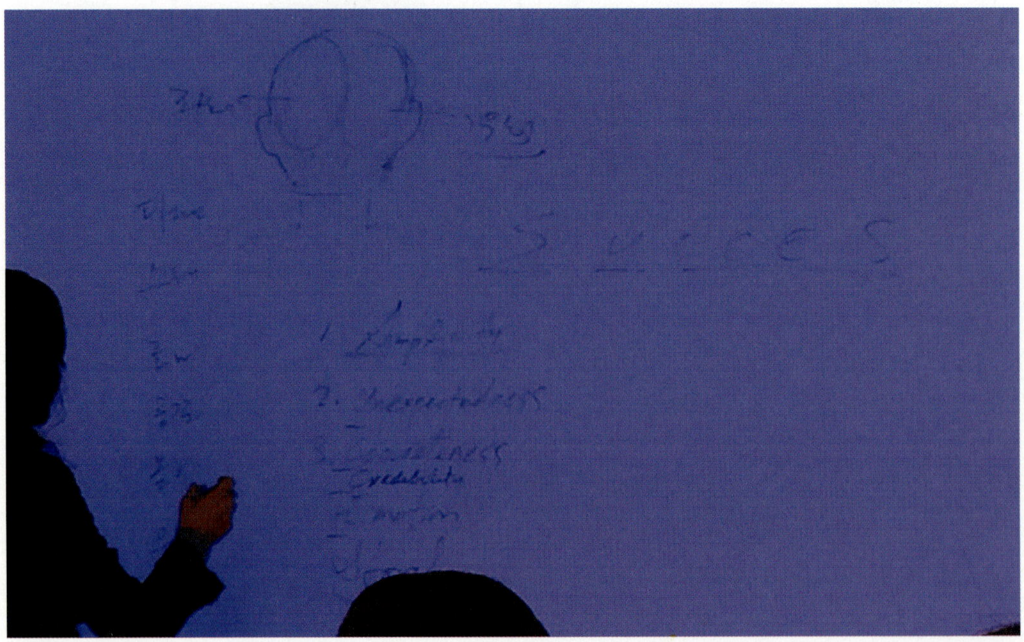

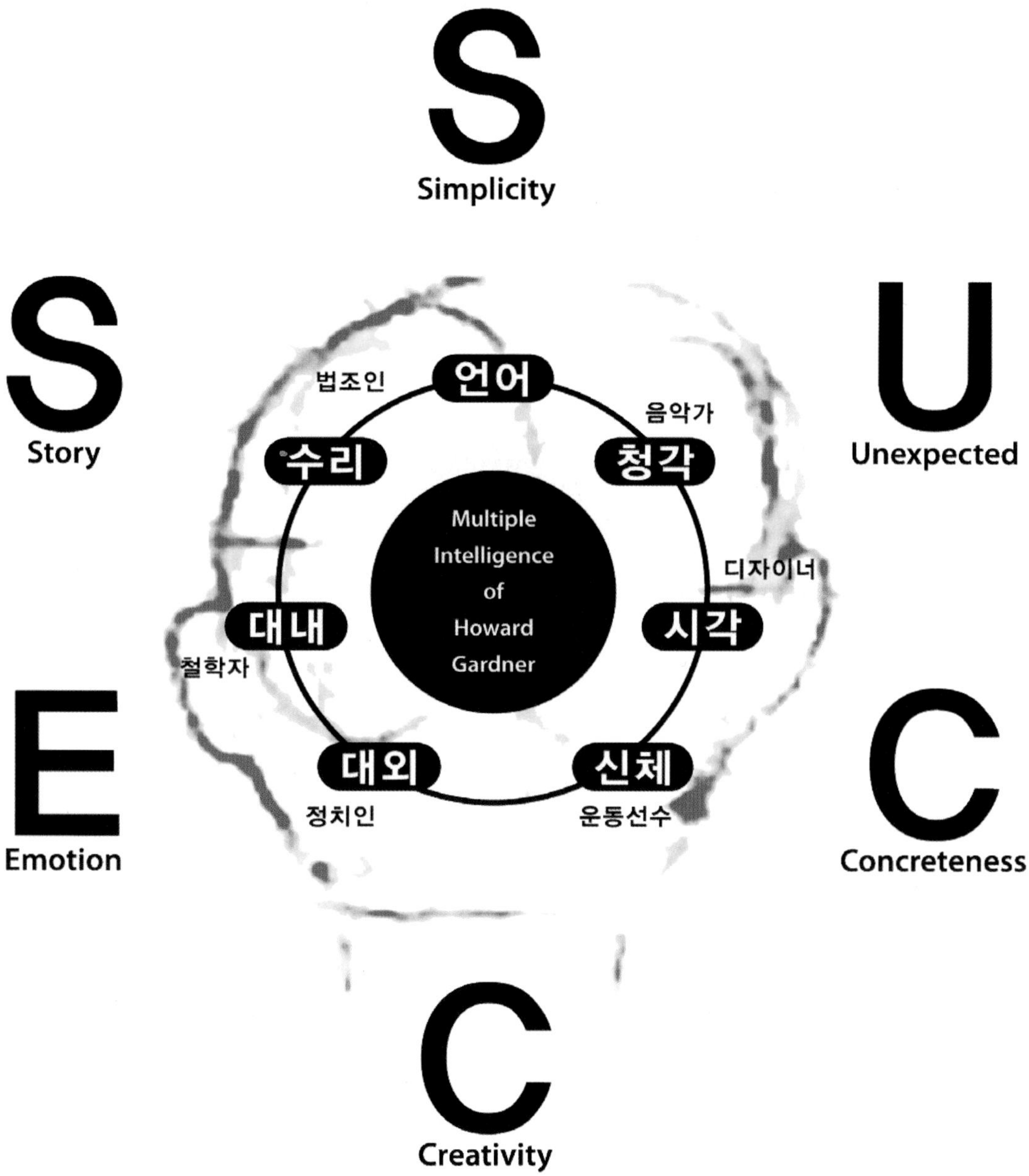

17 성공적인(SUCESS) 아이디어 발상법

디자인적 사고 4

브랜드를 개발함에 있어서 통합적인 시점에서 문제를 연구하고 아이디어를 발상하며 형태를 제작하는 창의적인 디자인 프로세스를 하는 과정은 크게 4가지로 나눌 수 있다.

4개의 영역은 문제정의, 아이디어 얻기, 형태 만들기, 완성하기로 나누고, 하부의 각각 상세한 내용은 이어서 살펴본다.

디자인 프로세스

1. 문제정의

2. 아이디어 얻기

3. 형태 만들기

4. 완성하기

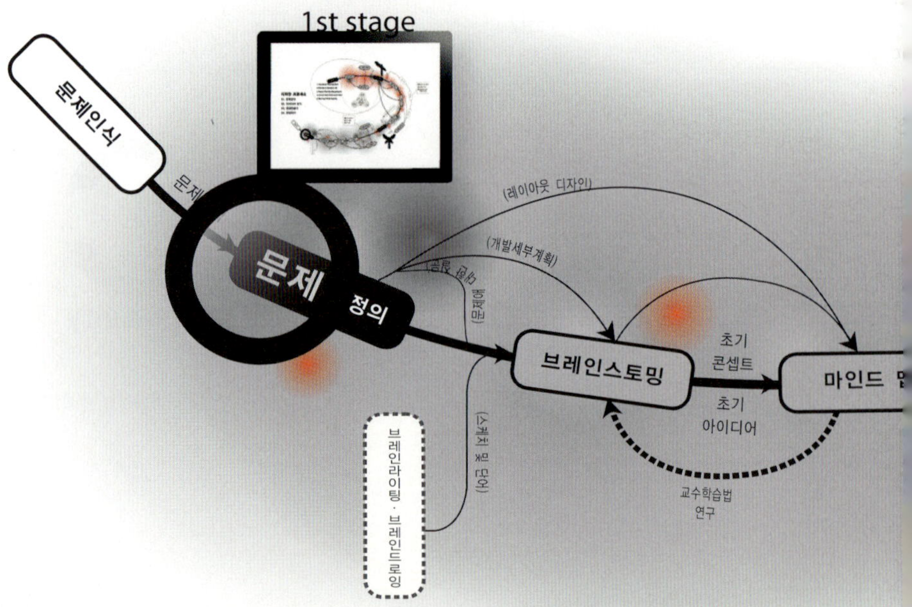

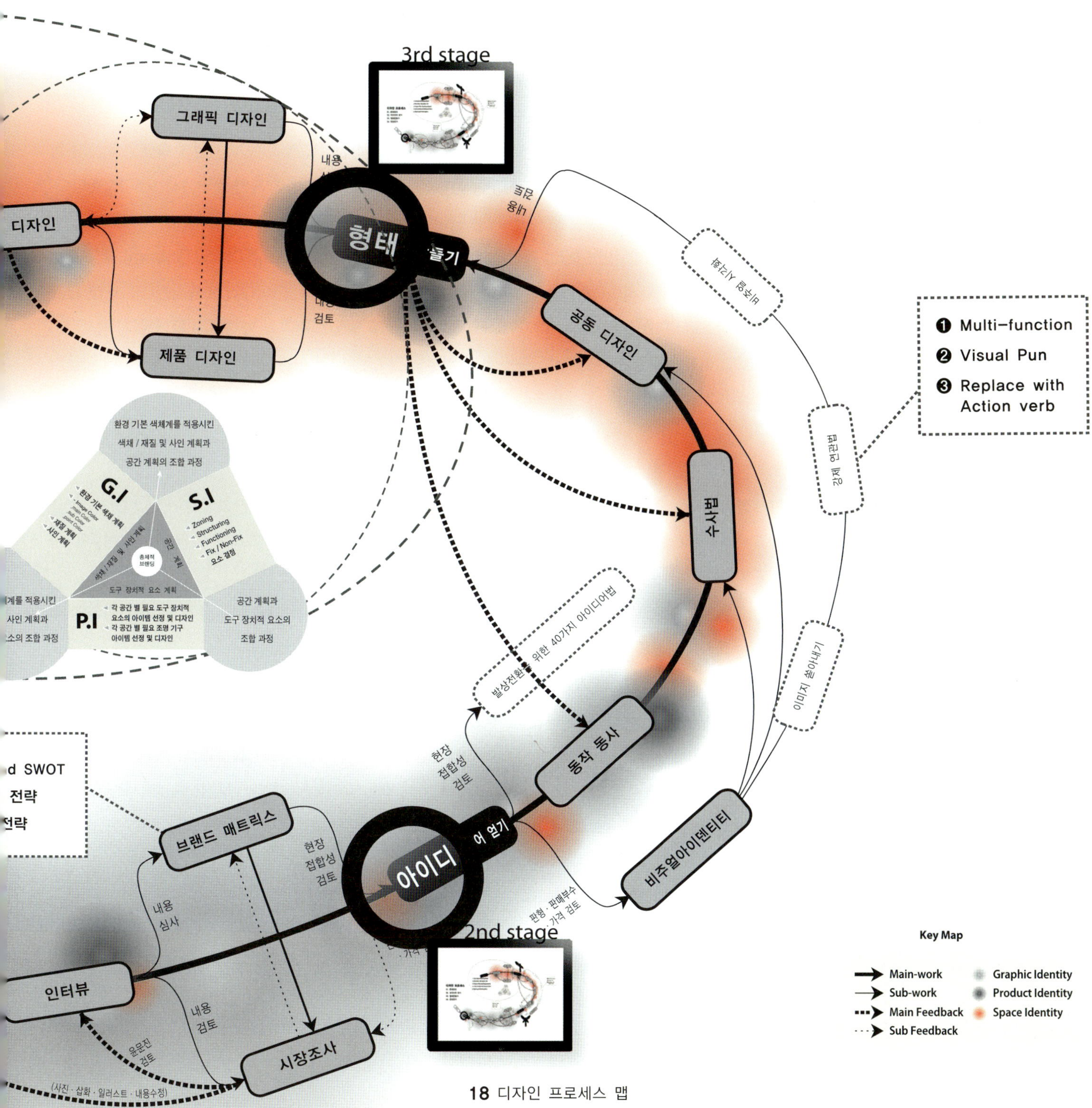
3rd stage
그래픽 디자인
디자인
형태
제품 디자인
공동 디자인
수사법
동작 동사
비주얼아이덴티티
아이디
어 열기
브랜드 매트릭스
인터뷰
시장조사
2nd stage
강제 연관법
이미지 쏟아내기
발상전환을 위한 40가지 아이디어법
❶ Multi-function
❷ Visual Pun
❸ Replace with Action verb
현장 접합성 검토
판형 · 판매부수 · 가격 검토
내용 심사
내용 검토
윤문진 검토
(사진 · 삽화 · 일러스트 · 내용수정)
d SWOT
전략
G.I
S.I
P.I
환경 기본 색체계를 적용시킨 색채 / 재질 및 사인 계획과 공간 계획의 조합 과정
공간 계획과 도구 장치적 요소의 조합 과정
Zoning
Structuring
Functioning
Fix / Non-Fix 요소 결정
각 공간 별 필요 도구 장치적 요소의 아이템 선정 및 디자인
각 공간 별 필요 조명 기구 아이템 선정 및 디자인
총체적 브랜딩
도구 장치적 요소 계획
Key Map
Main-work
Sub-work
Main Feedback
Sub Feedback
Graphic Identity
Product Identity
Space Identity

18 디자인 프로세스 맵

디자인적 사고 5

디자인 측면에서 브랜드 분석하는 법

마케팅 측면에서 브랜드 분석과 디자인 측면에서 브랜드 분석은 다르다.
즉 리니어(linear)한 선적으로 표현하는 것이 마케팅적 측면의 과정이라면, 이는 디자인적 측면은 피드백 형태의 환상형의 과정들로 진행된다. 또한 마케팅 측면에서는 4P로 했지만, 디자인 측면에서는 5P로 한다.

앞에서 마케팅 측면을 봤다면 디자인 측면에서 살펴보면, 먼저 문제정의(D.P : Define Problem, 상황을 분석한다. 마케팅 측면과 비슷하다) → 아이디어 얻기(G.I : Getting Idea, 아이디어 도출하기) → 형태 만들기(C.F : Creation Form, 시각화해 나가기) → 완성하기(final result, 뭔가의 형태를 만들어낸다. 행사든지 브랜드 로고 마크, 제품, S.I 등 우리는 모든 공간(외부 공간이든, 내부 공간이든, 행사 공간 등) 안에 만들어지는 것들이다.

어떻게 문제를 정의하는가는 먼저 '문제정의(Define Problem)' 단계를 살펴보면,
1. 문제정의(Define Problem) : 문제 인식을 통한 문제 정의하기
2. 브레인스토밍(Brainstorming) : 생각나는대로 동시다발적으로 폭격하기, 그리고 생각하는 과정들을 사진으로 찍기
3. 마인드 맵(Mind Map) : 핵심어(Main Keyword) 즉, 한 가지 커다란 의미를 갖는 주요 단어를 중앙에 놓고 거기서 가지치기를 하면서 뻗어나가기, 생각하는 과정들을 사진으로 찍기
4. 인터뷰(Interview) : 포커싱 그룹(Focusing Group)을 잡아서 집적 인터뷰하기
5. 시장 조사(Market Research) : 브랜드 아이템에 관한 시장 조사로서 마케팅 측면에서는 SWOT분석으로 마켓을 분석하지만, 디자인 측면에서는 어떻게 이 문제를 정의해 나갈 것인가를 위해서 여러 가지 Brand Matrix를 보게 된다. 마케팅 측면에서는 SWOT 분석처럼 X축, Y축은 동일한데 디자인 측면에서는 어떤 관점에서 들어가는지 살펴볼 것이다.

여기까지의 과정이 문제 정의를 명확화하는 Define Problem의 단계이다.

그 다음 아이디어를 얻는 단계에서는 물론, 앞의 1~5단계에서도 아이디어를 얻을 수 있다. 이 과정이 일반적이라는 것이지, 이러한 과정은 굉장히 복합적 단계로 나타날 수도 있다. 이미 첫 단계에서부터 결과물이 예상되며 시작될 수도 있는 것이다.

이미 결과를 예측하고 갈 수도 있다. 이런 경우에는 그 결과에 대한 타당성과 신뢰성을 찾기 위해서 각 단

계별로 정리해 나가기도 한다. 즉, 설득의 논리가 있어야 한다.

다음의 '아이디어 얻기(Getting Idea)' 단계는 비주얼라이제이션(visualization)을 위해 달려가는 단계이다.

6. 아이디어 얻기(Getting Idea)
7. 비주얼 아이덴티티(Visual Identity)
8. 동작 동사(Action Verb) : 중요한 것은 '동작성 동사'로 해보기
9. 수사적(Rhetoric) 표현 : 수사학적으로 해보기
10. 공동 작업(Co-creation, Collaboration) : 협력 작업을 통한 창조적 작업

그러나 아이디어를 얻기 위한 방법이 꼭 이러한 방법 밖에는 없는가?
절대 아니다. 이것은 예시를 든 것뿐이다.

그 다음은 '형태 만들기(Creation Form)'단계로 어떻게 형태화해 나갈 것인가?
형태 만들기(Creation Form)의 단계는 다음에 진행되는 작품 사례를 통해 설명하겠다. 그 이전에 창의적인 디자인 프로세스의 각 단계별 진행되는 사항들을 자세히 설명하고 형태 만들기(Creation Form)의 단계들은 3부에서 진행하는 '토탈 브랜드 디자인 메뉴얼 개발'을 통해 설명할 것이다.

4.2 디자인 프로세스

4.2.1 문제 정의(Define Problem)

창의적인 프로세스의 초기 단계에서 문제를 정의하기 위해 사용하는 기법들을 다룬다. 여기에는 브레인스토밍(Brainstorming), 마인드 맵(Mind map), 인터뷰(Interviwe), 시장 조사(Market Research), 브랜드 매트릭스(Brand Matrix)가 있다. 먼저 브레인스토밍과 마인드 맵같은 방법들은 핵심이 되는 콘셉트를 생성시키며, 인터뷰, 포커스 그룹 및 브랜드 매트릭스 등은 사용자가 무엇을 원하며 기존에 어떠한 프로세스를 진행했는지 물으며 문제를 명확하게 찾아간다. 이런 기법들 대부분은 프로젝트의 어떠한 단계에서도 일어날 수 있다.

이러한 기법들이 필요한 이유는 대부분 창조적인 디자인 방법들이 아이디어를 드러내고 비교하며, 분류하거나 결합하고 순위를 매기며 공유하는 등의 형태로 정해지며 아이디어를 표면화한다. 사고는 단지 머리 속에서 일어나지 않는다. 순식간의 지나가는 아이디어를 단어와 스케치, 모형이나 제안서 등의 실체로 만든다. 이러한 사고는 공통의 목표를 향해 함께 일하는 팀 안에서 더욱 더 자주 일어난다.

(1) 브레인스토밍(Brainstorming)

브레인스토밍은 본래 군대에서 유래되었다. 브레인스토밍이라는 단어는 큰 인기를 끌며 사람들을 창의적으로 사고하게 만든 『독창력을 신장하라(Applied Imagination, 1953)』의 저자이자 매디슨가의 광고인 알렉스 F. 오스본에 의해 처음 표현되었다. 브레인스토밍은 다양한 방향에서 단번에 문제를 공격하고 속사포 같은 질문을 퍼부으며 실행 가능한 해결책을 내는 것을 의미한다. 최근 브레인스토밍은 유치원의 수업에서부터 기업의 이사회에 이르기까지 다양한 곳에서 효율적으로 사용되고 있다. 브레인스토밍과 관련된 기법들은 프로젝트를 시작하는 단계에서 디자이너가 문제를 규명하고 초기 콘셉트를 잡는 것에 도움을 준다. 이러한 프로세스들은 항목을 기록하거나 간단한 스케치 혹은 다이어그램을 통해 표현할 수 있다.

19 브레인스토밍의 예시 'COUPLE'

(2) 마인드 맵(Mind map)

'빛의 사고, 빛나는 사고'로 불리는 마인드 맵은 디자이너들이 주어진 문제와 주제 또는 관련된 영역을 빠르게 분석하게 하는 심적 연구이다. 중심이 되는 용어나 아이디어로 시작하며, 디자이너는 연상되는 이미지나 콘셉트를 빠르게 그린다.

마인드 맵은 토니 부잔(Tony Buzan)이라는 유명한 심리학 작가가 발전시켰고 출판물과 워크숍을 통해 자신의 방법을 홍보했다. 마인드 맵을 만드는 방법은 먼저 중앙에 한 단어를 적고, 중심 구절이나 이미지를 중심으로 연상되는 것을 거미줄 치기한다. 이렇게 연상된 단어나 이미지를 중심으로 동의어, 반의어, 동음이의어, 합성어 등과 같이 카테고리로 나타낸다.

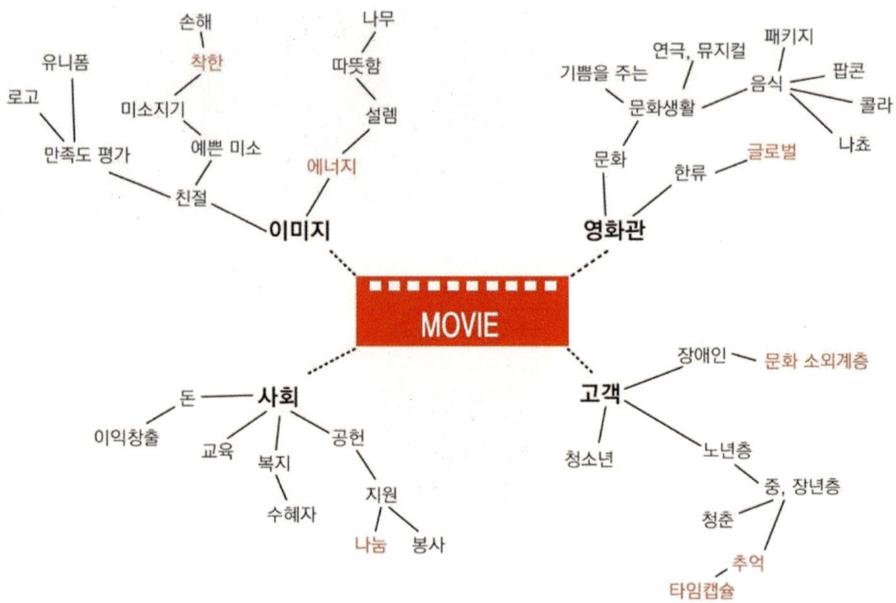

20 마인드 맵의 예시 '영화(Movie)'

(3) 인터뷰(Interview)

인터뷰는 현장연구의 기본적인 형태이다. 디자이너가 직접 관찰하고 대화에 참여하는 것은 참가자들의 행동과 신념을 이해하는 것을 돕는다. 디자이너는 몇몇 주된 원칙을 적용하여 사용자에 대한 의미있는 관찰과 인터뷰를 이끌어낼 수 있다.

(4) 브랜드 매트릭스(Brand Matrix)

데비 밀만(Debbie Milman)과 마이크 베인 브릿지(Mike Bainbridge)는 "시장 조사는 예술이지 과학이 아니다. 감성적인 연결고리와 디자인 감수성을 살펴보는 것을 시도하라."고 말한 바와 같이, 브랜드 매트릭스는 이성적이거나 감성적, 상류층과 대중 같은 두 개의 상이한 측정값을 교차시키기 위해 X축과 Y축을 사용한다. 여기서 매트릭스 다이어그램은 대개 제품 개발, 패키징, 사인 디자인, 로고 디자인, 인테리어 디자인, 서비스 디자인, 브랜딩 디자인 등 폭넓은 분야에서 사용된다. 기업이나 기관들은 기존 브랜드를 업데이트하기도 하고 새로운 브랜드를 런칭하는 데 사용하기도 한다.

브랜드 매트릭스를 만드는 방법은 첫째, 상황을 확실히 파악하고 리스트를 작성한다. 둘째, 반의어(예, 동쪽-서쪽, 높음-낮음, 선함-악함 등)를 찾는다, 셋째, 매트릭스에 리스트 중 중요한 요소들을 기록하고 그 결과 가운데 의미 있는 점들을 연결하여 패턴을 찾는다. 그중 스위트 스폿(Sweet Spot)을 찾아 분석한다.

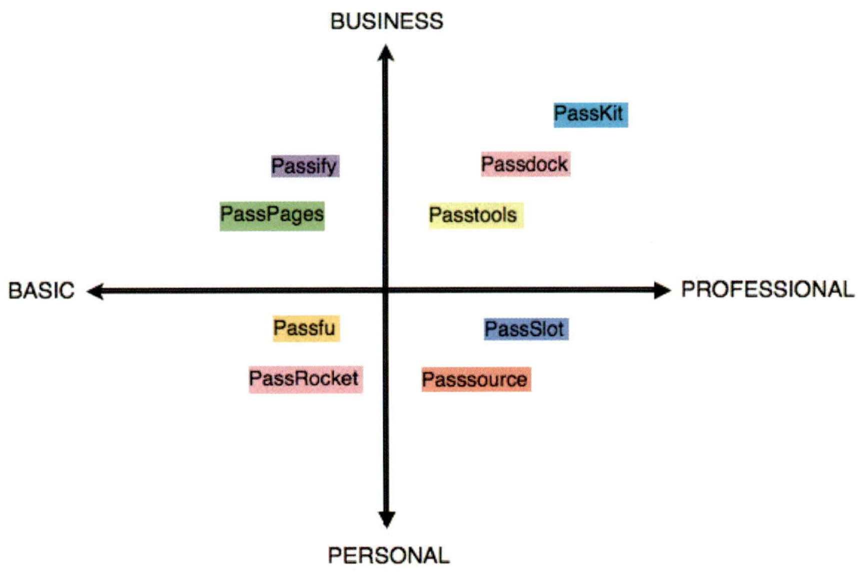

21 브랜드 매트릭스의 예시

4.2.2 아이디어 얻기(Getting Idea)

(1) 비주얼 아이덴티티(Visual Identity)

창조적인 비주얼 아이덴티티를 위한 방법으로는 이미지 덤핑(Image Dumping), 강제 연관법(Forced Relationship), 비주얼 시각화(Visualization with 4 senses) 등이 있다.

❶ 이미지 덤핑(Image Dumping)

전통적인 브레인스토밍은 팀 안에서 자주 거행되는 언어적인 행위라면, 비주얼 아이덴티티 중 이미지 덤핑은 개인적으로 작업할 때 더 잘 맞도록 브레인스토밍을 시각적 수단으로 변형시킨 기술이다. 이미지 덤핑을 하는 방법은 첫째, 프로젝트의 기본적인 목적과 한도를 분명하게 한 후 종이와 연필을 가지고 작은 드로잉을 빠르게 그리기 시작한다. 둘째, 제한 시간(20분 안)을 설정하여 20개의 스케치를 목표 삼아 그린다. 비교할 수 있도록 각 페이지에 작고 다양한 드로잉을 넣는다. 셋째, 동일한 아이디어를 다른 각도로 그려보고 아이디어를 검토하면서 계속 진행한다.

❷ 강제 연관법(Forced Relationship)

강제 연관법은 서로 다른 2개 혹은 그 이상의 것을 서로 합쳐 새로운 도구나 기능을 갖게 하는 것이다. 여기에는 다기능 / 복합기능 / 기능바꾸기, 시각적 익살, 동작 동사로 치환하여 그리기가 있다.

❸ 비주얼 시각화(Visualization with 4 senses)

떠오르는 아이디어를 인간의 다섯 가지 감각 중에서 미각, 청각, 촉각, 후각의 이미지를 시각적으로 표현하는 방법이 있다. 예를 들어 '달콤한'이라는 미각의 이미지를 떠올리는 순간 이를 시각적으로 표현하는 방식이다. 이는 '달콤한' 이미지를 나타낼 수 있는 사진물을 이용해서 꼴라쥬 형식으로 표현한다. 이는 미각, 청각, 후각, 촉각을 이용해서 표현하고자 하는 바를 시각적으로 표현함으로써 창의적인 아이디어를 떠올리는 데 많은 도움이 될 수 있다.

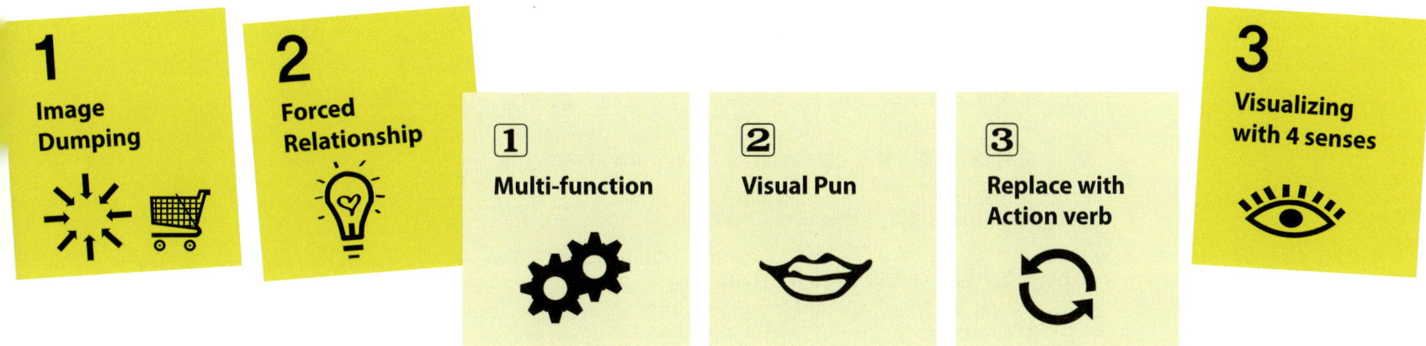

이미지 덤핑

시간 제한(10분)을 두고 이미지를 이용하여 브레인스토밍으로 진행.

강제 연관법

새로운 아이디어 개발을 위해 특정 사안이나 아이디어에 대해 질의하고 새로운 조합의 개념을 만들어내는 방법.

❶ 순서
1. 문제 요소 분리
2. 요소 간의 관계 찾아내기
3. 순서대로 관계 기록하기
4. 결과되는 관계를 분석하여 아이디어나 패턴 찾아내기
5. 패턴으로부터 신규 아이디어 개발하기

❷ 내용·형식·기능의 강제연관

다기능, 복합기능, 기능 바꾸기

시각적 익살

시각커뮤니케이션에 있어서의 유머 표현
Visual Fun

동작 동사로 치환하여 그리기

❶ 녹이기, 축소하기, 확대하기, 비틀기, 얼리기, 구부리기 등

❷ 형용사 이미지스케일에 이미지 붙여보기
(image mix → self branding에도 적용하기)

❸ 형용사 추출하기
(의성어, 의태어)

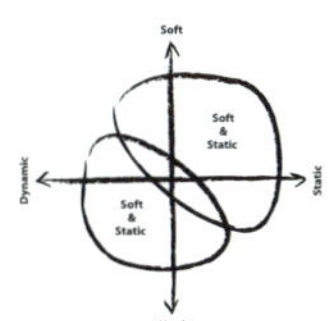

사감(四感)을 시각적으로 표현하기

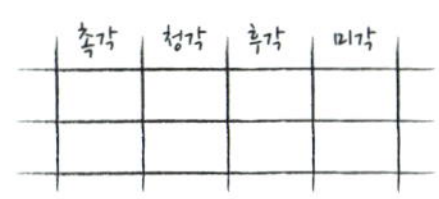

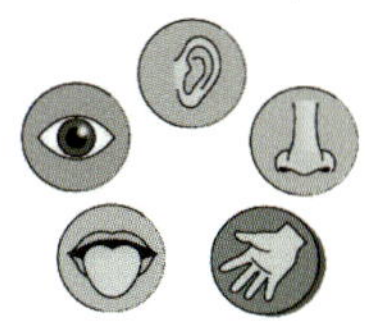

22 비주얼 아이덴티티

디자인적 사고 6

발상전환을 위한 40가지 방법 / 40 Ways to change your concept[21]

21 이진민, 공간연출 디자인, 도서출판 유니프, 2004

01. 거꾸로 보기 viewing upside-down

02. 엉뚱하게 짝짓기 juxtaposition without intention

03. 내외부 뒤집기 turning inside-out

04. 비례바꾸기(좁고 높게, 가늘고 길게) changing ratio (narrow and high, thin and long)

05. 부분 잘라내기 trimming

06. 스케일 과장 / 축소하기 over-scaling / under-scaling

07. 순서 또는 배열하기 changing order or arrangment

08. 빼내기 / 끼워넣기 deletion / addition

09. 프레이밍하기(틀에 넣어 보기) framing

10. 차원바꾸기(2D〉3D〉4D〉, 3D〉2D〉1D) changing dimentions (2D 〉 3D 〉 4D, 3D 〉 2D 〉 1D)

11. 장르바꾸기 또는 섞기: 영화 → 디자인, 음악 → 회화 → 건축
    crossover between genres: movie → design, music → painting → architecture)

12. 속도 / 운동감있게 만들기 enhancing sense of speed /movement

13. 문맥바꾸기 intertexttuality

14. 직설법 / 비유법 사용하기 using indicative mood / metaphor

15. 환원하기 또는 단순화하기 reduction or simplication

16. 근원, 흔적 찾기 location root, traces

17. 충돌시키기 collision

18. 신기술 / 신도구로 바꾸어서 생각하기(사이버 갤러리 등)
    utilizing new technology / new tools to change thought (cyber gallery, etc)

19. 껍데기 덮기 / 쌓아보기 / 뚜껑버리기 covering with shell / stacking /removing cover

20. 동서양 바꿔놓기 / 지역바꾸기 / 시대섞기
    reversing the east and the west / changing regions / mixing old & new

21. 겹쳐보이기, 레이어 만들기 overlapping /layering

22. 틈새내기 / 공간내기 creating gaps / layering

23. 반복해서 놓기, 여러개 만들기 repeated placement, multiple creation

24. 초현실주의적 기법 사용하기 using surrealistic techniques

25. 동, 식물 형태의 부분과 움직임 모방하기

    imitating the form and movement of animals and plants

26. 무작위로 흩뜨리기 scattering

27. 의도적으로 거칠게 하기 intentional roughening

28. 조각내기, 분절하기 fragment, articulation

29. 키치적 요소의 도입하기 / 의도적으로 천박하게 만들기

    introducing kitsch elements / intentional shallowness

30. 느낌의 언어화하기, 언어 요소의 시각화, 청각화하기

    articulation of feelings, visualization of language elements / auralizing

31. 오브제의 정신성과 이야기 부여하기 bestowing mentality and story to object

32. 주어진 프로그램의 통합하기, 나누기, 모자이크 하기

    integration, division, mosaic processing for the given program

33. 기존가치의 몰수와 전도 forfeiting and reversing established values

34. 하드웨어와 소프트웨어의 분리해서 생각하기 dividing between software and hardware

35. 다른 분야의 사람들과 공동작업하기 / 논쟁하기 group work / debate with people in other fields

36. 보는 위치와 자세 바꾸기 changing viewpoint and posture

37. 관심있는 것들을 모아 재구성하기 collecting and reconstructing objects of intrest

38. 고정된 것 움직이게 하기와 그 반대 moving fixed objects and vice versa

39. 단층만들기 / 어긋나게 만들기/빗나가기 making a landslide / making a slant / deviating from

40. 재료 바꾸기(딱딱한 것 부드럽게, 막힌 것 투명하게)

    changing material (from hard to soft, opaque to transparent)

(2) 동작 동사(Action Verb)

브레인스토밍을 발명한 알렉스 F.오스본은 창의력을 부추기는 다른 실용적인 테크닉을 고안했다. 그중 한 가지는 한 아이디어에 '확대하다', '재배열하다', '바꾸다', '맞추다', '수정하다', '대치하다', '반전시키다', '결합하다' 등의 다른 동사를 적용하였다. 이러한 동사들은 구조적이고 가시적인 변화나 변형을 제안한다. 아래는 별을 이용하여 '비틀다', '말다', '찌르다', '뚫다', '오그라들다', '두껍게 하다'를 동사로 표현한 것이다.

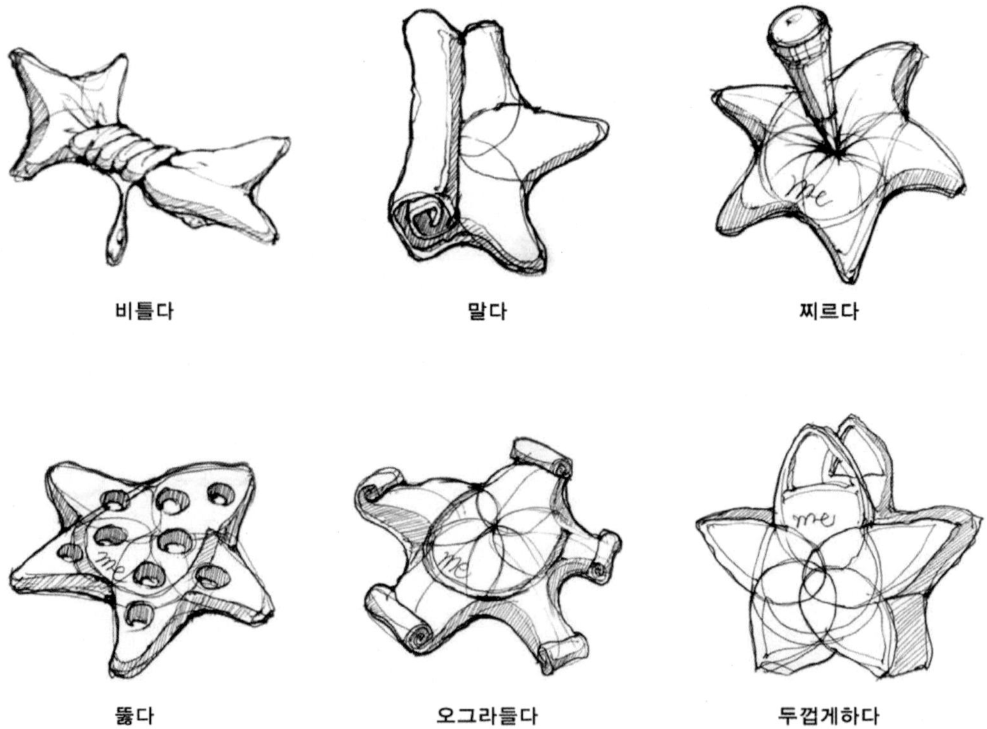

23 동작 동사의 예시 '별'

(3) 수사적(Rhetoric) 표현

수세기 동안 시인과 작가들은 사람들의 이성 · 연민 · 관습 · 이유 · 감정 · 도덕을 보여주기 위해 언어의 기술적인 양식을 조심스럽게 사용해왔다. 수사학이나 소통의 예술은 콘셉트들이 활발하게 연결될 수 있다. 수사적 방법은 디자인에 있어서도 동일하게 작용할 수 있다. 아리스토텔레스의 수사학은 첫째 설득의 수단, 둘째 사용되는 스타일이나 언어, 셋째 연설의 다양한 부분의 적합한 배치 등이다. 디자이너들은 설득, 스타일 그리고 배치의 형식을 가지고 논한다. 디자이너들에게 특정한 가치란 평범한 소통에서부터 벗어나는 수사적 표현 또는 글의 서식과 전략이다.

변화법
레코드 판(Record pan)의 판 글자를 변기의 기능으로 변화

비유법
레코드 판(Record pan)을 통해 들려오는 아름다운 음악의 선율을 꽃으로 비유

중의법
한 어휘에 두 가지 이상의 다른 뜻이 포함되어 있는 비유법

과장법
PAAN의 글자를 크게 표현

도치법
변화법의 하나로써 어순을 바꾸어 표현

의인법
판(PAN)에 사람의 얼굴 모양을 표현

역설법
판(PAN)에 돼지의 움직임이나 모양을 표현

의태법
판(PAN)에서 들여오는 아름다운 선율을 식물의 움직임이나 모양으로 표현

24 수사적 표현

(4) 공동 작업(Co-creation, Collaboration)

공동 작업은 디자인 연구의 한 형태로 제품과 플랫폼, 출판과 환경을 만드는 프로세스에서 실수요자를 참여시키는 것이다. 대부분의 디자이너는 자신을 최종 결과를 조정하는 사람으로 보지 않고 청중을 적극 참여시킬 수 있는 놀이를 프로세스에 넣는 사람으로 본다. 인터뷰와 포커스 그룹이 대개 문제를 정의하고 결과를 평가한다면, 공동 디자인은 창의적인 제작 활동에서 사용자와 청중을 포함하는 기술을 생성하는 것을 의미한다.

4.2.3 형태 만들기(Creation Form)

자유로운 연구와 발상의 시간이 지나고 나면 디자이너는 발전시킬 한 두개의 콘셉트를 골라 연마하기 시작한다. 아이디어를 구체화하고자 형태를 만들고 컬러를 고르고, 소재나 재질을 정하는 일은 콘셉트를 정해 개발하는 단계보다 언제든 앞서 실행될 수 있다. 또 그렇게 자유롭게 형태를 만들면서 더 나은 콘셉트가 발견되기도 한다. 그중 목업(Mock-up)은 실제로 디자인을 대량생산했을 때 어떻게 보이고, 느끼고, 다룰지 미리 시뮬레이션하는 것이다. 목업은 3D입체로 만들거나, 드로잉이나 포토 몽타주같은 그래픽 작업으로 제작된다. 목업은 비례, 형태, 표면 그리고 위계 구조 등 형식적이고 물리적인 디자인 속성을 관찰하는 데 매우 유용하여 디자이너들은 실험적인 모형을 제작하여 소재와 균형, 구조적 세부 사항을 시험해 본다. 포토샵으로 시뮬레이션하거나 실제 재료를 수작업으로 만들어 아이디어를 형태로 만든다. 여기서는 그래픽 디자인, 프로덕트 디자인, 스페이스 디자인으로 완성해 나가기 위한 형태를 만들어 가는 과정으로 각각 그래픽 아이덴티티, 프로덕트 아이덴티티, 스페이스 아이덴티티 요소들을 반영하여 총체적인 브랜드 아이덴티티를 구축해간다.

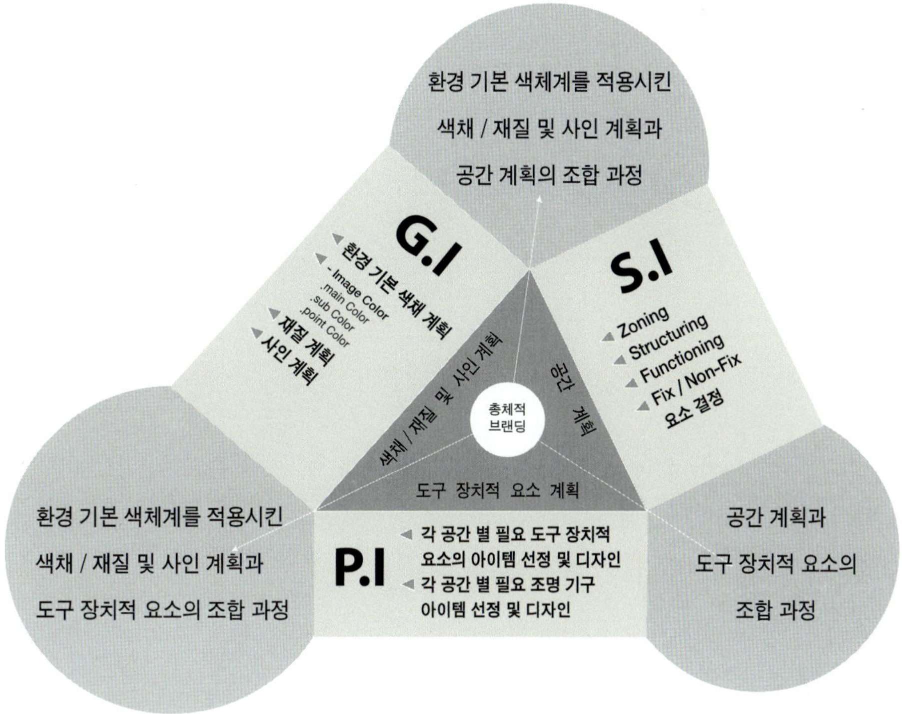

25 총체적 브랜딩[22]

22 이진민, 실내 디자인의 이해 : 프로세스 방법론, 서울예대 개발 교재 근간발췌 리터치, 1996, p.9

4.2.4 완성하기(Final Result)

앞의 세 단계를 통해 콘셉트가 만들어지면 그래픽, 제품, 공간의 통합 아이덴티티 구축을 위해 다음은 단계별로 Conceptual Plan Work, Plan Floor / Elevation / 3D, Product Plan(furnishing element), Color & Material Schemetic Plan, Mock-up & 3D Simulation을 진행하면서 완성해 나간다.

BRAND
ΣΡΛΩΕ
MARKETING
BRAND
ΣΡΛΩΕ
MARKETING

3부 토탈 브랜드 디자인 매뉴얼 개발

3부. 토탈 브랜드 디자인 매뉴얼 개발

物,

1. 물건을 만들다

1. 物, 물건을 만들다

프로덕트, 식음, 서비스를 주제로 한 브랜드 개발 프로세스

우리는 제품, 서비스가 넘쳐나는 세상에 살고 있고, 소셜 미디어의 융성과 더불어 소비자들이 제품, 서비스에 대해 얻을 수 있는 정보 역시 넘쳐나고 있다. 소셜 미디어가 가져올 기업 마케팅의 미래와 더불어 필립 코틀러는 미래의 마켓3.0 시대는 사람들의 기본 욕구를 넘어선 소비자와의 고차원적인 욕구를 충족시켜주는 기업이 마켓3.0 시대를 주도해 나갈 것이라고 말한다.[23] 이는 조직이나 개인이 자신의 목적을 달성시키는 교환을 창출하고 유지할 수 있도록 시장을 정의하고 관리하는 과정[24]으로 정의되던 기존의 마케팅의 이론적 / 실제적 영역이 '기본 욕구를 넘어선 소비자의 고차원적 욕구'를 충족시키기 위한 감성과 창조적 사고를 포함하게 되는 것을 시사한다. 시장은 멈춰있지 않고 끊임없이 진화하고 변화하기 때문에 시장 흐름을 이해하고, 파악하여 대처하는 것은 기업의 승패를 결정짓는다. 쉽게 변화하는 시장에서 창조적 마케팅 요구에 대응하여 기업이 일정 기간에 달성해야 할 마케팅 목표를 위해서는 종합적인 마케팅 활동의 기본 계획을 세워야 한다. 마케팅 정책에 따라 대상 시장, 경쟁 관계, 그 밖의 환경 조건의 변동에 대응하여 마케팅 믹스의 구성을 결정하는 마케팅 전략을 결정해야 하는 것이다. 마케팅 전략은 광고 전략, 제품 전략, 판매 촉진 전략 등 각 부문별 전략의 기본을 결정하는 것이므로 이 과정에 기업 조직의 기획력이 총동원된다. 마케팅 전략을 수립하는 모든 과정이 중요하지만, 그 중에서도 목표가 중요하다. 마케팅을 하려는 목표를 바로 세워야 그 과정에서 분석과 전략이 도출되는 것이다.

23 필립 코틀러, 마켓 3.0, 타임 비즈, 2010

24 미국마케팅학회 AMA, Marketing, 2004. 9. 15

Process & Methods

1.1 프로세스와 방법

마케팅 전략을 결정하는 기본 마케팅 전략의 수립 과정은 다음과 같다.

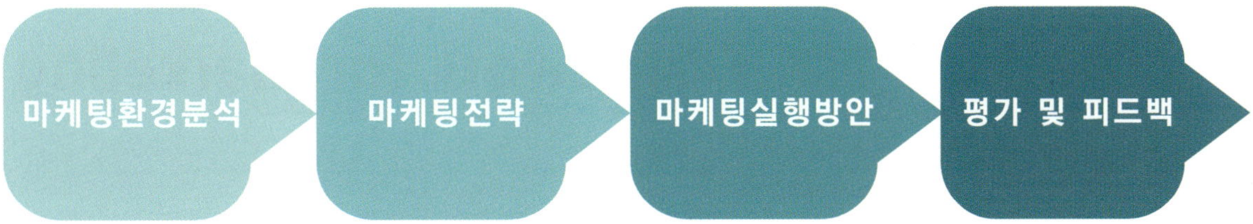

01 ● 거시환경분석
02 ● 시장분석
03 ● 시장에서의 KFS 도출
04 ● 3C 분석
05 ● SWOT 분석
06 ● 자사의 핵심 성공요소 도출

07 ● 마케팅 목표 수립
08 ● STP 전략

09 ● 마케팅믹스 (4P)

10 ● 마케팅 성과 측정
11 ● 개선 과제 도출

26 마케팅 전략 수립과정

1.1.1 마케팅 환경 분석, 마케팅 조사(Marketing Research)

거시적으로 Social(사회 문화), Technological(기술), Economy(경제), Political(정책규제) 환경을 분석한다. 또한 상품 조사, 소비자 조사, 광고 조사 등 필요한 자료를 수집하고 조사를 실시한다. 마케팅 시장 조사는 정량적 조사(우편, 전화, 개인면접 등)와 정성적 조사(관찰, 심층면접, 포커스 그룹 인터뷰 등)로 나뉜다. 비용과 시간이 많이 소요되므로 생략하는 경우도 많다. 마케팅 전략 수립 시, 가장 기초적이며 가장 중요한 것은 환경을 분석하는 일로 내부적 환경과 외부적 환경으로 구분된다.

27 마케팅을 위한 프레임워크

❶ 내부적 환경 요소

a) 상품 또는 서비스의 차별적 특징과 장점

b) 브랜드와 고객 이미지(상품적 측면, 기업적 측면)

c) 조직과 인력

d) 예산

e) 자사의 마케팅 4P(상품, 가격, 유통, 프로모션)

f) 지원 인프라(고객 서비스, 전산 시스템 등)

❷ 외부적 환경 요소

a) 산업 및 시장에 관한 법률과 규제사항

b) 시장 내 경쟁사의 브랜드 포지셔닝과 이미지

c) 경쟁사의 마케팅 4P(상품, 가격, 유통, 프로모션)

d) 수요예측

e) 원자재, 대체재 및 인프라 수준

f) 시장의 수요와 공급 규칙

1.1.2 3C 분석

3C 분석(고객: Customer, 자사: Company, 경쟁사: Competitor) 혹은 유통 채널 분석을 포함하여 4C 분석(고객: Customer, 자사: Company, 경쟁사: Competitor, 채널: Channel)이라고도 한다. 일반적으로 기업은 이윤 극대화를 위해 시장환경을 분석하는데, 그중 3C 분석은 일반적으로 기업 성장을 위해 분석하는 분석툴 중 하나로 자사, 고객, 경쟁사를 분석하는 것을 의미한다.

❶ 자사 분석

일반적으로 SWOT 분석을 통해 기업 내·외부의 환경과 강점 그리고 약점을 파악한다.

❷ 고객 분석

기초적인 STP 분석을 진행한다. 각각의 분석은 고객 분류, 타겟, 제품 포지셔닝으로 하는 기초적인 분석으로 구성되며 이는 3C 분석의 기초적인 분석에 해당한다.

❸ 경쟁사 분석

경쟁사 분석의 경우 자료수집의 범위에 따라서 다르나, 시장 분석, 마켓 체인 분석, 포트폴리오, 재무 분석 등이 포함된다. 3C 분석에서 중요한 것은 나의 목표에 맞는 분석을 하는 것이다. 예를 들어 나의 목표가 시장 5위 안에 드는 것이면, 그 위의 경쟁자를 집중 분석해야 한다.

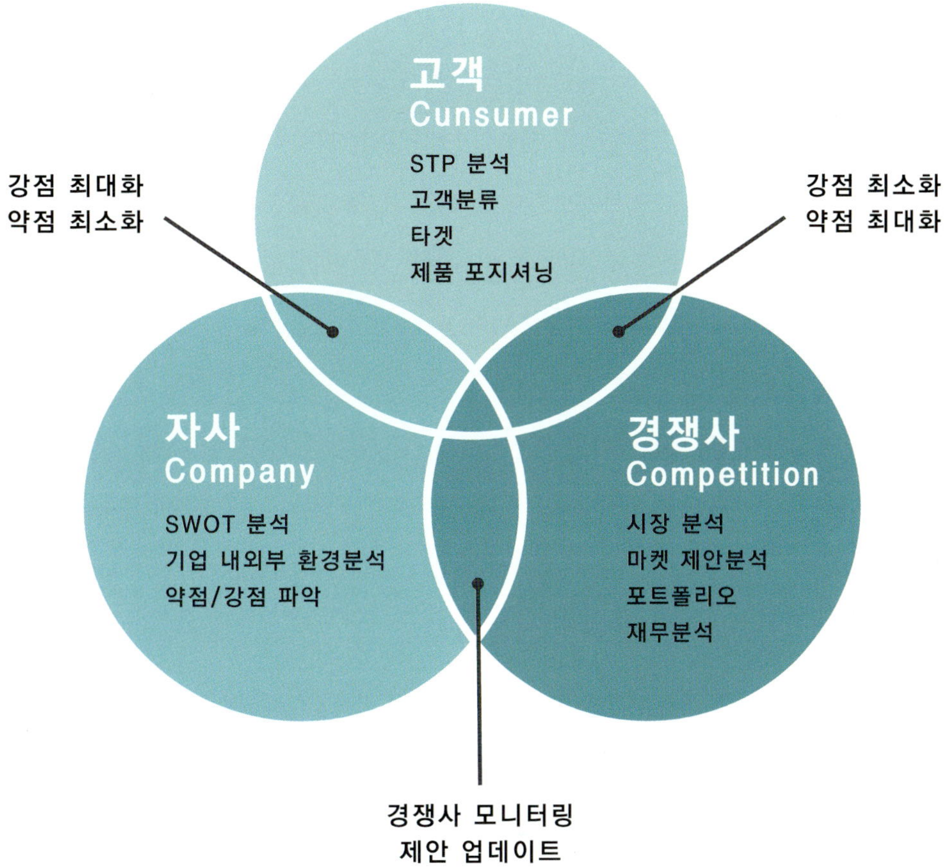
고객
Cunsumer
STP 분석
고객분류
타겟
제품 포지셔닝
강점 최대화
약점 최소화
강점 최소화
약점 최대화
자사
Company
SWOT 분석
기업 내외부 환경분석
약점/강점 파악
경쟁사
Competition
시장 분석
마켓 제안분석
포트폴리오
재무분석
경쟁사 모니터링
제안 업데이트

28 3C 분석

1.1.3 SWOT분석

신제품이나 서비스를 출시할 시장는 크게 통제 가능한 내부 환경과 통제 불가능한 외부 환경으로 나누어진다. 내부환경을 강점 요인(Strengths)과 약점 요인(Weakness)으로 구분하고, 외부환경을 기회 요인(Opportunities), 위험 요인(Treats)으로 나누어 기업의 강점을 최대한 활용하면서 환경에 대해 전략적으로 다양하게 접근할 수 있는 방법이 SWOT분석이다. SWOT분석은 외부 환경 및 내부 강점을 바라보는 것에 대한 전략적 사고에 대한 중요성을 의미한다.

SWOT 분석의 시행과 해석에는 두 가지 방법이 있다. 첫 번째는 SWOT를 그대로 사용하는 방법이며, 두 번째는 외부 환경과 내부 환경의 조합으로 작성하는 방법이다.

❶ 목표

마케팅 전략 수립에 필요한 상황을 정리 · 분석하여 명확한 목표 수립

❷ 핵심 문제와 기회 파악

a) 내부적 요소 : 강점 / 약점(SW)

b) 외부적 요소 : 기회 / 위협(OT)

c) 우선 요소 : 지금 이 상황이 유리한가 아닌가? 만일 그렇다면 왜 그런 것인가?

❸ SWOT분석

SWOT을 분석하는 방법으로는 크게 S.W.O.T를 각각 사용하고 서로의 상호 작용을 고려하는 방법과 각각의 환경의 조합을 이루어서 사용하는 방법이 있다.

a) S.W.O.T.를 각각으로 사용하고 서로의 상호 작용을 고려하는 방법

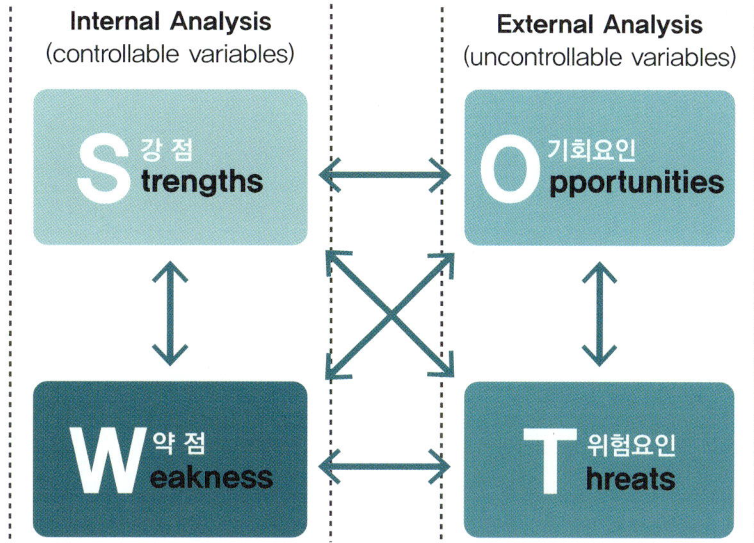

29 SWOT 분석

b) 각각의 환경의 조합을 이루어서 사용하는 방법

30 내 · 외부 환경요인에 따른 SWOT 분석

1.1.4 STP(Segmentation, Targeting, Positioning)

STP는 마케팅 전략의 핵심으로 시장을 세분화(Segmentation)하고, 목표로 하는 표적 시장을 설정(Targeting)하여, 해당 소비자에게 브랜드의 이미지를 각인(Positioning)시키는 전략이다.

❶ 시장세분화(Segmentation)

고객의 성격, 연령, 필요성, 라이프 스타일 등에 따라 고객을 작은 그룹으로 나누는 것을 말한다. 세분화의 기준이 되는 것에는 인구통계학적 기준, 지리적 기준, 심리적 기준, 행동적 기준 등이 있다. 나이·성별·직업·교육·수입으로 나누는 것이 인구통계학적 기준으로 나눈 것이며, 국가·도농지역·기후 등으로 나눈다면 지리적 기준 , 취향·가치관·개성 등으로 나눈다면 심리적 기준, 언어·라이프스타일·소비패턴으로 나눈다면 행동적 기준으로 나눈 것으로 볼 수 있다.

❷ 고객시장 설정(Targeting)

특정 잠재 고객을 설정하고, 거기에 초점을 맞추어 마케팅 하는 것을 말한다. 예를 들어 브랜드에 대한 애정, 지식, 태도에 따라서 소비자 집단을 나눠보면 다음과 같다.

a) 카테고리 전문가 : 제품 카테고리에 강한 애정을 가진 소비자로 제품들 사이의 아주 작은 차이도 구분해낼 수 있을 정도로 많은 지식을 지니고 있다. 제품군에 대해서는 높은 충성도를 보이지만, 브랜드는 다양한 것을 추구하기도하며, 여러 브랜드들을 동시에 소비하기도 한다.

b) 기회주의자 : 제품군에 대한 전문 지식을 가지고 있다는 점에서는 카테고리 전문가와 비슷하다. 그러나 브랜드, 카테고리에 대한 충성심과 애정은 그다지 높

지 않다. 한마디로 지식은 있지만, 충성도와 애정은 없는 집단이라고 볼 수 있다. 이들은 거래 자체를 중시하는 집단으로 쿠폰, 할인 행사 등의 기회를 좇아 다닌다.

c) 실용주의자 : 브랜드나 제품군, 시장 내 경쟁상황 등 그 어느 것에도 관심이 없다. 가격이 낮은지, 편리한지가 중요한 집단으로 분류된다.

d) 냉소주의자 : 냉소주의자는 한마디로 카테고리에 염증을 느끼는 아웃 사이더라 할 수 있다.

e) 브랜드 충성자 : 카테고리에 속해있는 다양한 브랜드 중 어떤 특정 브랜드를 매우 좋아하는 소비자이다.

이렇게 세분화되어 나뉜 각 집단은 '어떤 제품을 선호하느냐', '어떤 쇼핑패턴을 지니느냐', '어떤 태도를 갖느냐'에서 차이를 보여준다. 같은 그룹은 동질성이 확보되지만, 그룹 간에는 이질성을 보이게 된다. 이러한 관점에서 시장을 세분화 하는 것은 고객의 욕구를 충족시키는 제품을 제공하기 위해서 반드시 필요한 전략이라고 볼 수 있다.

❸ 포지셔닝(Positioning)

잠재 고객의 마음에 제품을 위치시키는 것으로 소비자의 인식을 변화시켜 마케팅 전략의 목표를 달성하기 위한 분석 방법이다. 포지셔닝 분석의 첫 단계로는 먼저 소비자의 머릿속에 있는 자사의 현재 포지션을 파악하고, 두 번째 단계로 장기적인 관점에서 봤을 때 경쟁 우위를 점할 수 있는 위치를 탐색해야 한다. 그 다음 동일한 포지션 내에 있는 경쟁 브랜드에 대해 명확한 분석을 하고, 자사의 자원, 마케팅 목표 등을 고려해 단계적 포지션 전략을 수립한다. 포지셔닝은 제품에 대해 무엇을 하는 것이 아니라 잠재 소비자의 마음에 어떤 행동을

25 Jack Trout & Al Ries, Industrial Marketing, 1981

취하는 것이다.[25] 이는 경쟁사들과 자사의 브랜드를 어떻게 효과적으로 차별화(differentiation)하여 경쟁우위를 확보할 것인지가 핵심이며, 효과적인 포지셔닝을 위해서는 포지셔닝 맵의 작성이 필수적이다. 포지셔닝 맵이란 자사와 경쟁사의 위치를 2차원 혹은 3차원의 그래프로 나타낸 것을 말한다. 브랜드가 앞으로 어느 방향으로 가야할지 쉽게 파악할 수 있게 도와주며, 소비자들이 브랜드의 정체성을 인식하도록 도와준다. 이때 포지셔닝의 기준이 되는 지표들을 선정하는 것이 중요하며, 포지셔닝 지표는 제품에 대해서 소비자들이 구매 의사결정을 할 때 중요하게 고려하는 것으로 선정해야 한다.

Case Study

STP 분석 사례: 스타벅스 사례

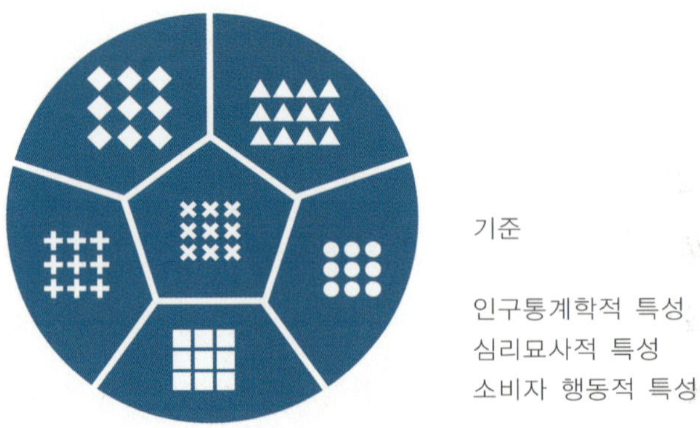

31 커피시장에 대한 세분화

32 스타벅스의 SWOT 분석

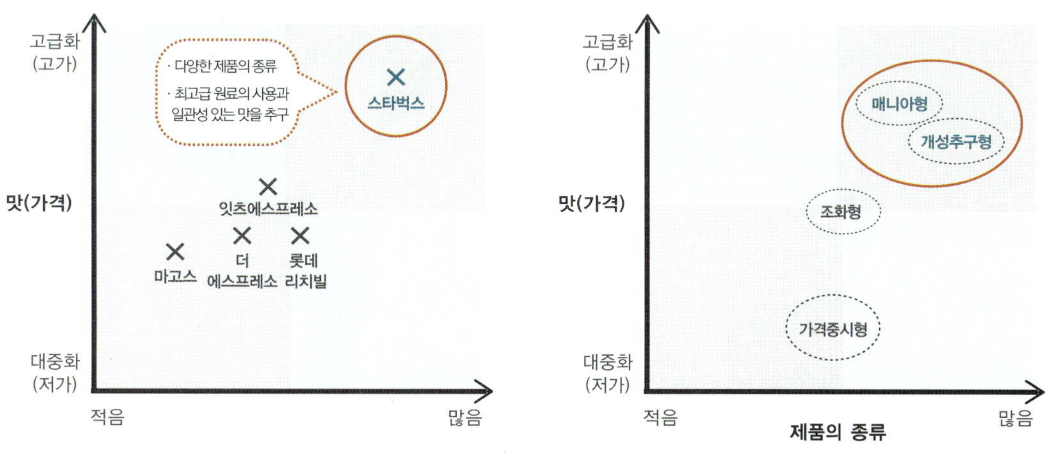

33 스타벅스의 STP 전략

SWOT, STP를 적용한 스타벅스 프랑스 현지화 전략(paris)

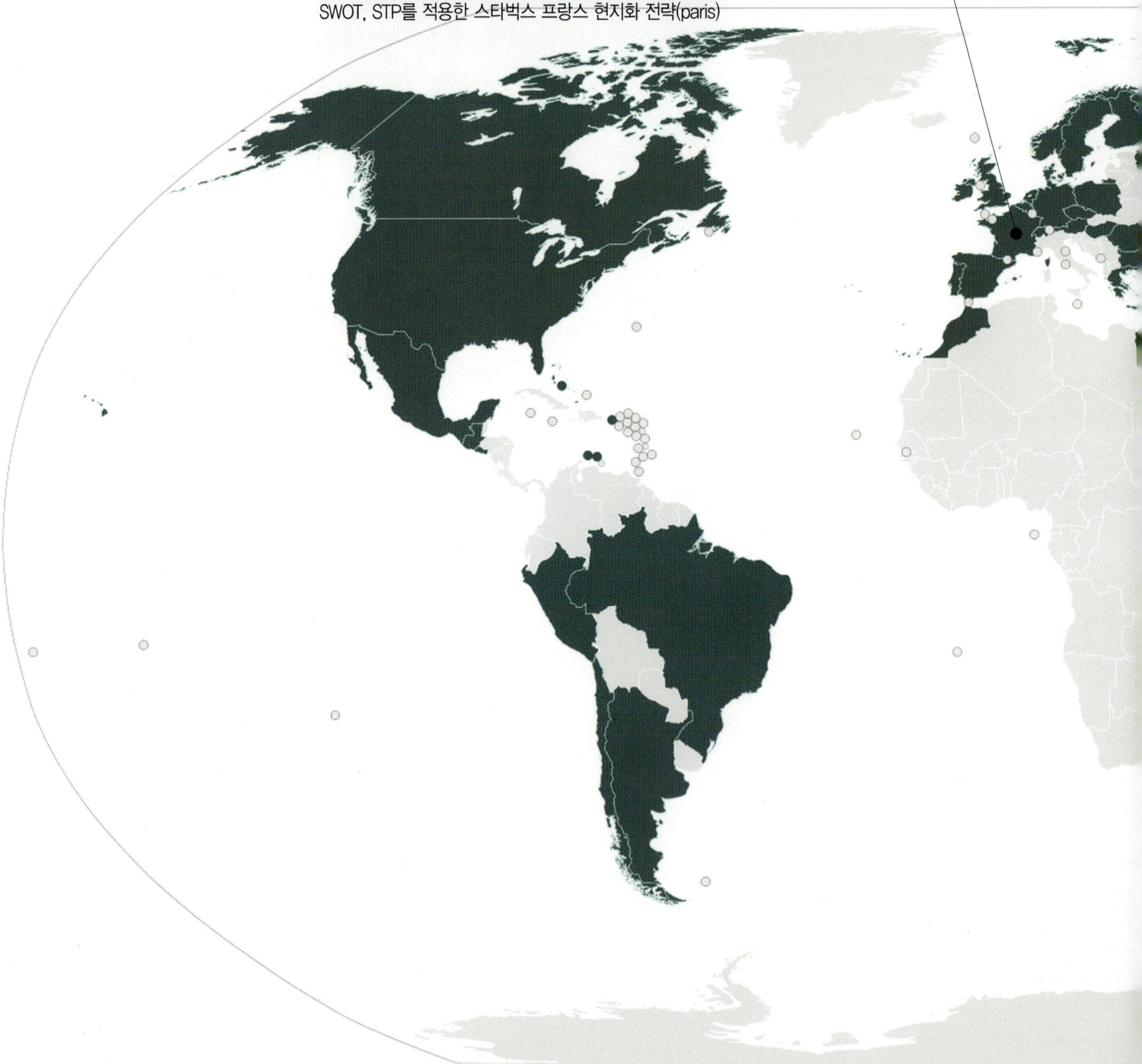

SWOT, STP를 적용한 스타벅스 중국 현지화 전략(china)

SWOT, STP를 적용한 스타벅스 한국 현지화 전략(Korea)

SWOT, STP를 적용한 스타벅스 일본 현지화 전략
(Kengo Kuma designed this Starbucks near the Dazaifu Tenmangu shrine in Dazaifu, Japan, 2013)

SWOT, STP를 적용한 스타벅스 인도 현지화 전략
(Starbucks coffee, india)

34 스타벅스의 현지화 전략 사례
http://en.wikipedia.org/wiki/Starbucks

35 SWOT, STP, 시장세분화를 통해 현지화에 성공한 스타벅스 한국의 사례(소공동 스타벅스)

1.1.5 마케팅 믹스(Marketing Mix)

STP전략에서 나온 포지셔닝 목표의 효과적인 달성을 위하여 마케팅 활동에서 사용되는 여러가지 요소를 최적으로 조합하는 것이다. 마케팅의 핵심요소인 4P(Product-제품, Price-가격, Place-유통, Promotion-판촉)에 대한 전략을 세우는 것이다. 4P란 기업이 기대하는 마케팅 목표를 달성하기 위해 마케팅에 관한 각종 전략·전술을 종합적으로 실시하는 것으로 마케팅 믹스(Marketing Mix)라고도 하며, 이러한 4P의 각 요소들은 서로가 일관성이 있어야 하고 보완상의 위치에 있어야 한다. 그 구성 요소를 살펴보면 다음과 같다.

❶ Product(상품의 선정)

이 요소에서는 어떤 상품인지, 어떤 브랜드로 해야 하는지, 어떤 네이밍으로 해야 하는지, 어떤 서비스를 제공해야 하는지 등을 결정하고 이에 대해 전략을 수립하게 된다. 이는 소비자 욕구를 충족시키는 제품과 서비스를 개발하는 것으로 가장 핵심적인 마케팅 활동이라 할 수 있다.

❷ Place(유통경로의 선택)

어디서 판매를 하는가, 어디를 통해 유통을 할 것인가를 고민하는 단계로, 자사의 제품과 서비스가 어떤 경로를 통해 어디에서 타겟 고객에게 판매할 수 있는지 파악해야 한다. 쉽게 말해 제품은 명품 콘셉트인데 재래시장에서 판매한다면, 소비자의 입장에서는 받아들이기 힘들며, 판매도 일어나지 않을 것이다. 그렇기 때문에 마케팅 조사를 통해 소비자들이 어떻게 우리의 제품과 서비스를 이용하는지 파악하는 것이 중요하다.

❸ Price(가격의 설정)

가격 변화에 따른 소비자들의 반응을 조사하여 가격 결정은 성공적 마케팅 전략의 필수적 요소라고 할 수 있다. 가격 결정의 주요 요인으로는 제품의 콘셉트, 타겟 소비자층, 마진율, 경쟁업체 등 여러 요인을 파악하여 가장 합리적인 가격결정을 통해 판매를 극대화할 수 있도록 한다. 가격결정 모델 등이 복잡한 것이 있지만, 비 경영전공자가 가격결정을 위한 분석은 쉽지 않기 때문에, 대략적으로 저가/고가 정책, 마진구조 등을 적용하거나 아니면 고객 설문을 통해 적정 가격대를 설정하기도 한다.

❹ Promotion(광고, 판매촉진의 구체화)

이 요소는 기업들이 하고 있는 모든 커뮤니케이션 전략을 말하며, 소비자들이 접하는 광고나 캠페인, 행사 등을 어떻게 할 것인지를 생각하는 단계이다. 그래서 광고 콘티 등이 설명되며, 어떤 매체에 어느 정도 기간을 두고 집행을 할지 등이 결정하게 된다. 제품이나 서비스가 아무리 좋아도 홍보를 제대로 못한다면 그 제품, 서비스는 묻혀지기 마련이다. 그렇게 되지 않기 위해서 광고목표 설정, 시각적 정보와 광고 카피의 개발, 광고매체 선택, 광고기간 선택 등을 잘 파악하여 효과적인 프로모션 활동을 해야 한다.

36 4P MIX

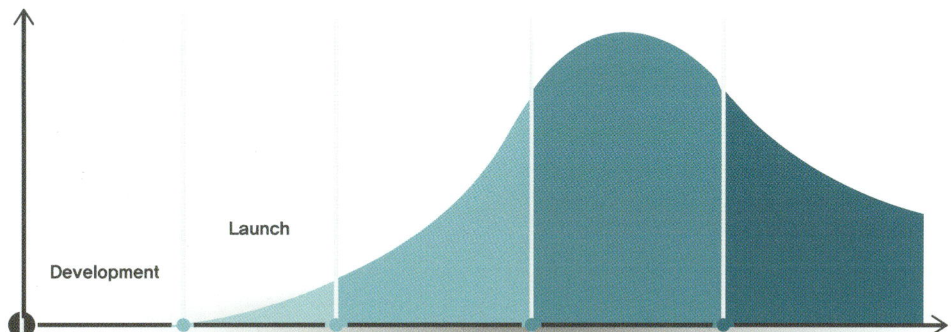

	INTRODUCTION	GRWOTH	MATURITY	DECLINE
Focus	Educate the market and build brand identity	Refine the product and build brand preference	Augment and differentiate the product and build brand reputation	Phase out weak models, reduce costs, and milk the brand
Marketing segmentation	Latent	Emerging	Fragmented	Eroding
Competition	Limited	Growing	Fierce	Fading

37 Product life cycle

Case Study

Product 사례 : NIKE

나이키의 대표적인 제품으로 축구용품과 골프용품을 들 수 있다. 축구용품은 세계 축구강국들의 유니폼과 세계 유명클럽의 유니폼을 마케팅 전략으로 내세웠으며, 골프웨어 제품에는 타이거 우즈를 앞세운 스타 마케팅을 전략화하고 첨단과학을 이용하여 동일 가격대 중에서 가장 성능이 우수한 골프 클럽과 공을 개발 및 판매하고 있다. 이러한 나이키는 타 브랜드와 달리 브랜드 및 모델 다양화의 대표적 성공 사례라 할 수 있다.

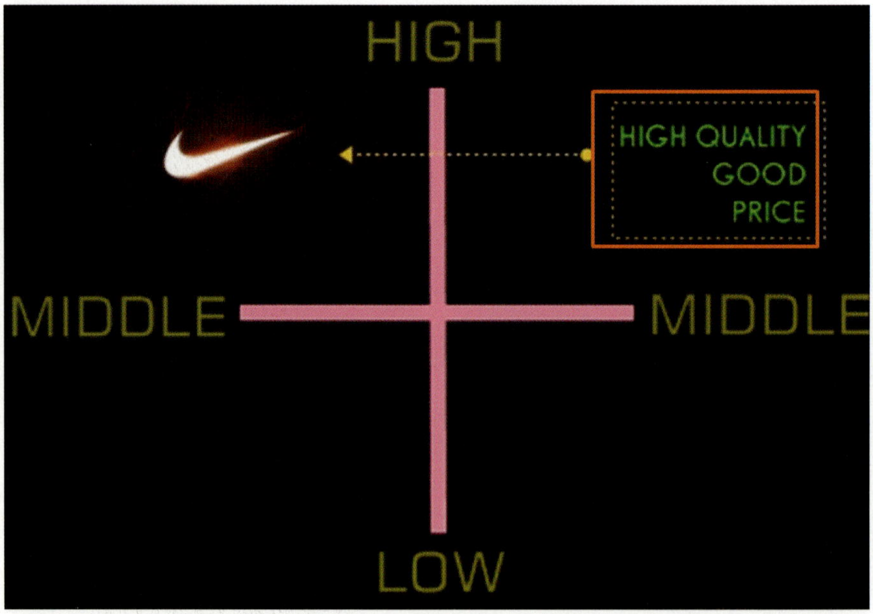

38 나이키의 Products Positioning

39 나이키의 Product Mix 전략에 따른 제품 라인 확장

40 첨단과학을 적용한 Miami Dolphins Uniform-NIKE

41 나이키의 스타 마케팅(Tiger Woods)

Place 사례

나이키의 Place 전략의 첫 번째 특징은 아웃소싱(Out Sourcing)을 들 수 있다. 이는 즉 생산과 유통을 전략적으로 분리한 것이다. Nike 본사는 철저한 기술력으로 첨단 디자인과 고품질 상품을 개발해 내는 데 사력을 집중시키고 나머지는 외주에 맡긴다는 독특한 경영 스타일을 유지하고 있다. 이를 통해 각 국가별 유통업체들과 제휴 관계를 통해 유통을 관리하여 전 세계 110개국의 영업망과 50개국 400개의 생산 공장을 구축하여 기회비용을 줄이고 생산의 유동성을 원활화하였다. 즉, 생산은 인건비가 저렴하고 운동화 제조용 재료의 산지로 선정하여 물류비를 절감하고 생산원가를 줄인다는 전략을 사용한다.

두 번째 특징은 온라인 웹 사이트를 통한 신규 거래선 확보로 웹사이트에 관심을 갖지 않다가 1998년 서둘러 온라인 기업으로의 전환을 시도한 것이다. 이 전략은 기존 오프라인 대리점주 반발로 인해 온라인 매장의 판매 전용 품목을 한정하는 것으로 전개 되었으나, 오히려 오프라인 매장에서 구매하기 힘든 고가, 고품질의 상품군을 구성하여 온라인 마켓의 차별성을 강화하였다. 또한 대리점에 판촉 활동을 강화하는 차원에서 지원액을 증액하여 온라인 판매 상품과 대리점 취급 상품을 분리하는 전략을 사용하였다. 이는 신·구 채널 간 경쟁을 피하는 데 초점을 둔 것으로, 인터넷 고객과 대리점 고객의 구매 성향이 다르다는 이해에서 나온 전략으로 볼 수 있다. 나아가 전자 상거래에서의 아웃소싱을 시도하여 하나의 사이버 회사를 설립(Nike.com)하여 온라인 유통과 소싱을 통한 비용과 시간의 효율을 제고하였다.

세 번째 특징은 글로벌 유통망 확보를 통한 세계화 전략을 들 수 있다. 이는 미국 시장의 성장 한계를 극복하기 위한 전략의 하나로, 해외 시장 개척 노력으로 국제적으로 분업화된 생산 네트워크를 구축한 것이다. 이는 현지 생산을 통해 미국 내 판매 물량을 확보하고, 현지 시장에서의 판매까지 고려함으로써 현지 생산, 현지 판매의 자기 완결적인 구조를 구축하여 효율적 세계화 전략을 수행하는 것으로 평가 받고 있다.

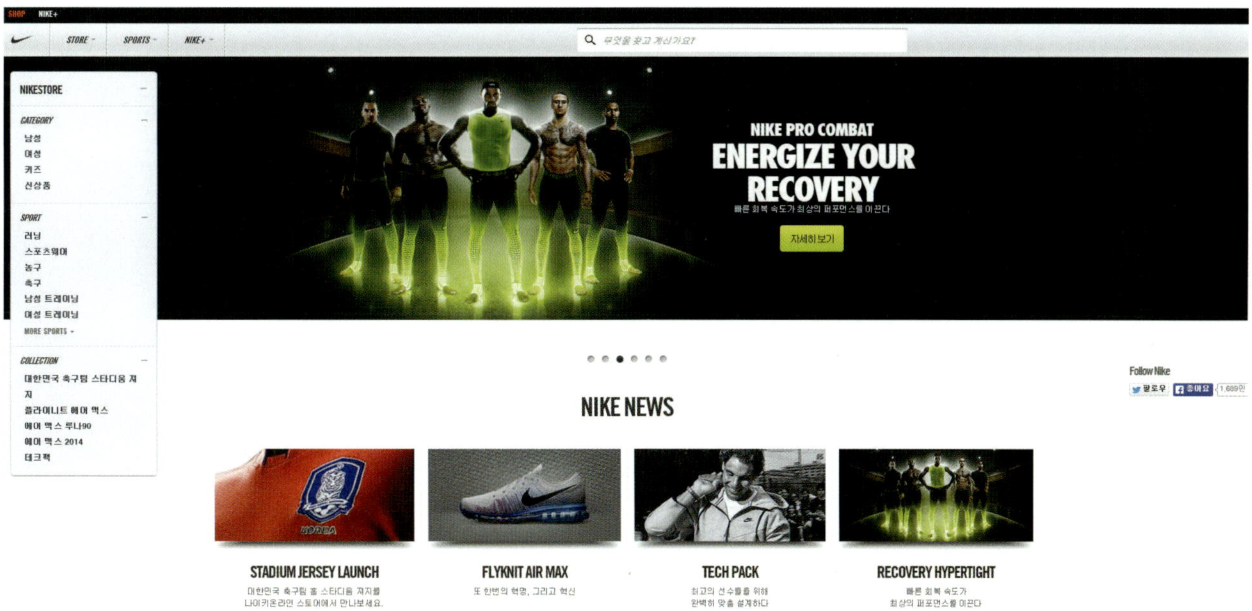

42 Nike.com

Price 사례 : NIKE

나이키는 고 기능성 운동화로 고가판매 정책을 채택하고 있다. 운동화의 품질이나 광고, 판촉비 등의 투자를 고려하고 소비자의 심리를 이용하는 고가 정책을 주로 하고 있다.

나이키 코리아에서는 수백 개의 전국매장 제품의 가격 및 세일 기간을 결정하여 각 매장 간의 네트워크를 구성해 서로 협력을 할 수 있는 시스템을 갖추고 있다. 이러한 각 매장이 서로 제품을 교환할 수 있도록 하고, 각 매장이 필요한 시기에 충분한 물량을 스스로 확보할 수 있는 방법을 제공하고 있다.

제품 가격 결정 기준		
원가	시장 경쟁	소비자 수요

43 제품가격 결정기준

	초기 고가 전략	초기 저가 전략
가격 수준	고가 → 저가	저가 → 고가
전략 목표	초기 수익성	시장 점유율 / 고객 애호도 증대
목표 시장	High-end Market	Low-end Market
적응 조건	수요가 높거나 경쟁이 약한 것으로 기대	수요가 낮거나 경쟁이 높은 것으로 기대

44 초기 가격 전략

Promotion 사례

❶ 광고

대중에게 가장 쉽게 접근할 수 있는 방법이다.(예: 마이클 조던/ TV광고)

❷ 할인 판매(Sale)

가장 매력적인 촉진 수단 중 하나이다. 그러나 너무 잦은 세일은 브랜드 이미지에 악영향을 줄 수 있다. 세일에는 일반적으로 정기 세일, 상설 판매, 대형 세일 판매 등이 있다.

❸ 이벤트

미니 축구 대회, 길거리 농구 대회, 스노우보드 대회, 인라인 대회, 마라톤 대회, 유명 스타와의 조깅같은 다양한 이벤트를 주최함으로써 젊은 층에게 상당한 어필을 할 수 있다.

4P Mix 사례 : 삼성 래미안 갤러리

45 문정동 래미안 스타일관

<table>
<tr><th colspan="2">주거 공간 마케팅 전략</th><th>삼성건설</th></tr>
<tr><td rowspan="4">브랜드</td><td>브랜드 이름</td><td>來美安(래미안)</td></tr>
<tr><td>브랜드 이미지</td><td>편안함, 자부심 추구
살고 싶은 집의 대명사</td></tr>
<tr><td>브랜드
아이덴티티</td><td>미래를 내다보는 공간
아름다움을 담은 공간
편안하고 안락한 공간</td></tr>
<tr><td>브랜드
차별화 전략</td><td>- 한자 브랜드 이름으로 차별화
- 한자의 곡선적인 부드러움은 여성적인 섬세함과 기술력, 따뜻한 주거문화를 상징</td></tr>
</table>

46 래미안 브랜드 분석

주거 공간 마케팅 전략		
마케팅믹스전략	적용	구성요소
상품전략 (Product)	단지배치	단지 내 환경 및 경관
		다양한 커뮤니티 시설
	평면설계	차별화된 입면 디자인 조망축과 풍경축의 확보
		가변형, 맞춤형 평면 계획
	인테리어	다양한 실내 디자인
		통합 디자인
	첨단기능	지능형 단지 통합 시스템
		초고속 정보통신 시스템
	에너지절감	대체 에너지 이용
		에너지 관리 시스템
	안전관리	출입, 도난 방지 시스템 화재 감지 및 경보 설비
촉진전략	광고 콘셉트	브랜드 인지도, 선호도 향상
	광고 슬로건	브랜드 이미지 구축에 용이
	4대 매체	브랜드 신뢰성, 친근성 재고
	주택문화관	기업 이미지 재고 및 체험
가격전략	금융조건	금융 보장제도
	프리미엄 효과	고급화 전략
		브랜드 가치 프리미엄
유통전략	입지조건	자연, 생활, 교육, 교통 환경
	분양전략	분양대상, 시기의 차별화

47 래미안 브랜드 4P Mix 전략[26]

26 김희정 · 이정교(2012), 주거 공간의 브랜드 이미지 제고를 위한 마케팅 전략 연구, 한국 공간디자인학회 논문집, Vol.5, No.20

1.2 토탈 브랜드 디자인 : 物(판매하는 물건들)

1.2.1 브랜드 디자인과 브랜드 커뮤니케이션

(1) 브랜드 커뮤니케이션의 개념

브랜드 커뮤니케이션(Brand Communication)은 브랜드 아이덴티티(B·I)를 수립하고 브랜드 포지셔닝을 통해 브랜드의 이미지를 소비자들에게 각인시키는 제반 활동을 말한다. 브랜드 포지셔닝과 더불어 브랜드 이미지를 형성하는 방법의 효과성과 효율성을 결정하는 데 중요한 역할을 한다.

“

브랜드 커뮤니케이션은 브랜드의 이미지를 소비자들에게 각인시키는 제반 활동을 말한다.

❶ 브랜드 아이덴티티

브랜드 아이덴티티(Brand Identity)란 기업이 목표 고객의 마음 속에 심어주기를 원하는 바람직한 연상을 말한다. 즉, 브랜드 아이덴티티는 소비자에게 제시되어야 할 브랜드의 모습이자 비전, 목표인 것이다.

❷ 브랜드 포지셔닝

브랜드 포지셔닝(Brand Positioning)은 제품의 이미지 중에서 기업이 고객에게 인식시키고 싶은 이미지를 강조하는 것이다. 즉 브랜드를 전략적으로 경쟁 브랜드와 차별시켜 어떤 위치를 차지하게 할 것인가를 정하는 것이다.

❸ 브랜드 이미지

브랜드 이미지(Brand Image)란 소비자들이 브랜드를 어떻게 인식하고 있는가를 형상화한 것, 즉 소비자들에게 실제로 보여지고 있는 브랜드의 모습이다.

(2) 브랜드 커뮤니케이션을 위한 디자인 연습 : 物(판매하는 물건들)

❶ 物

판매하는 물건들을 다시 하위 테마로 세분하여 보면, 제품(판매하는 물건들), 식음(Cafe & Resturant), 서비스 등(병원, 스파, 미용실, 금융 등)으로 나눌 수 있다. 이러한 브랜드 커뮤니케이션에 있어서 판매하는 물건들은 디자인과 마케팅의 관계성을 잘 설정해야 한다.

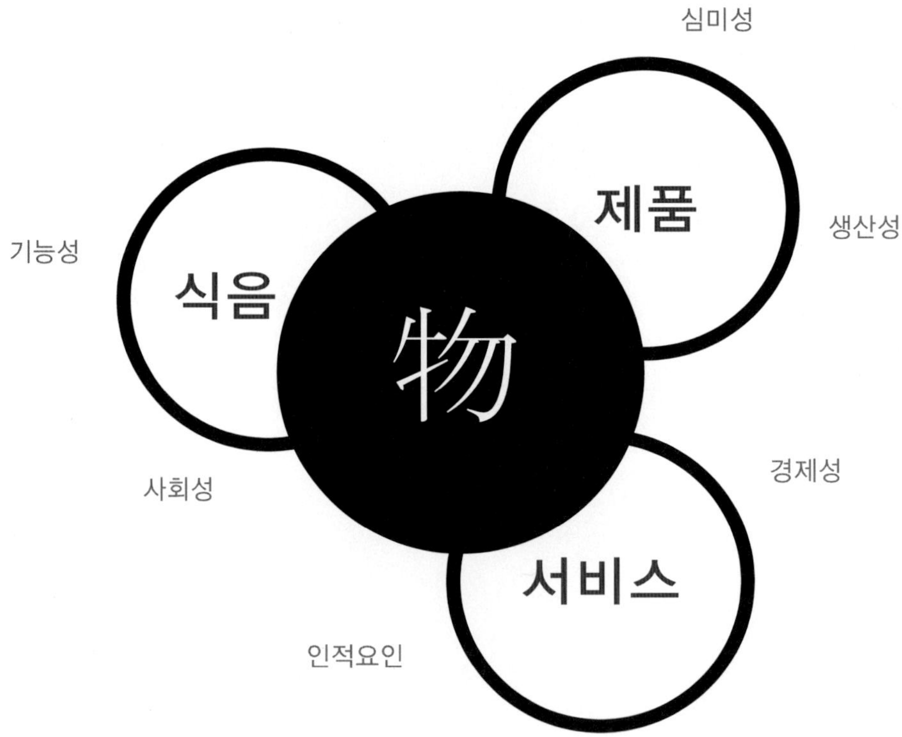

48 物의 3요소

❷ 디자인 관련 요인

심미성, 기능성, 생산성, 경제성, 인적요인, 사회성

브랜드를 디자인하는 작업은 크게 디자인적 측면(평면 디자인, 입체 디자인, 공간 디자인)과 실제적 측면(시각 디자인, 제품 디자인, 환경 디자인)으로 구분할 수 있다.

디자인 분야는 평면적이고 입체적인 요인들이 중복되거나 공통적으로 활용된다. 브랜드를 개발하기 위해 디자인을 한정적인 차원으로 분류하기보다는 포괄적인 디자인의 역할 중에서 특정화된 전문 분야에의 응용에 따라 디자인의 가능성을 이해하고 활용하는 것이 중요하다.

a) 평면 디자인하기 : 그래픽 아이덴티티(graphic identity)

b) 입체 디자인하기 : 프로덕트 아이덴티티(product identity)

c) 공간 디자인하기 : 스페이스 아이덴티티(space identity)

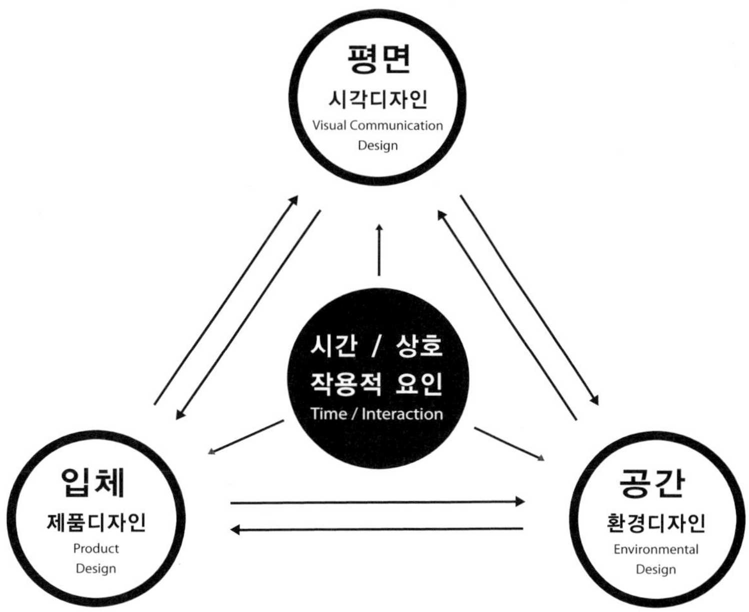

49 디자인의 분류

1.2.2 한식 세계화를 위한 사찰음식 바루(BARU) 통합 브랜드 개발

(1) Background & Purpose

세계적으로 식문화에 대한 관심이 높아지면서 국가적인 정책 차원으로 음식 문화의 중요성을 인식하고 음식 문화 산업분야에 대한 다각적인 지원이 활발하게 이루어지고 있다. 이미 전 세계적으로 미각의 나라로 알려진 프랑스의 경우 '음식은 문화이고

곽지연 · 김해영 · 이지윤 · 최유빈 · 허은영(학생작품)

27 이미령, 파리의 사랑 뉴욕의 열정, 2010, 우듬지, p.80

28 장병주, 한국전통 사찰음식의 대중화와 관광상품화 방안에 관한 탐색적 연구, 동북아관광학회, 2011, p.148

예술이다'라고 주장하며 자신들의 전통 미식을 유네스코 세계 무형 문화유산으로 등재시켰다.[27]

현대인들은 2000년 이후부터 등장한 '웰빙'의 단순히 잘 먹고 잘사는 것에서 좀 더 나은 윤택한 삶으로 나아가기 위해 올바른 식문화에 대한 관심이 늘어가고 있다. 이러한 사회적 현상과 추세에 따라 식문화 및 식생활의 패턴은 웰빙, 로하스, 웰니스 형태로 변하고 있으며 음식과 관련한 건강에 대한 관심도 증가하도 있다.[28] 특히, 건강과 관련하여 채식위주의 사찰음식에 대한 사회적 관심이 급격히 높아지고 있으나 사찰음식에 대한 지식이나 관련 음식브랜드의 개발은 미흡한 실정이다.

본 장에서는 한국 사찰음식의 대중화 및 세계화를 위해 브랜드를 개발하고 프랜차이즈화하는 데 있어서 '브랜드-디자인-마케팅'을 그래픽 아이덴티티(Graphic Identity, 이하 G · I), 제품 아이덴티티(Product Identity, 이하 P · I), 스페이스 아이덴티티(Space Identity, 이하 S · I)의 융합된 시점에서 브랜드 아이덴티티를 구축해나가는 일련의 과정들을 정리하였다. 향후 이러한 사찰음식의 통합브랜드디자인 개발 메뉴얼은 사찰음식 이외의 타 브랜드 개발에 있어서도 G · I, P · I, S · I의 통합된 브랜드 메뉴얼의 기초 자료로 활용될 수 있을 것이다.

(2) theoretical background

❶ 한식 세계화와 사찰음식

한식 외식기업의 해외시장 진출은 1990년대 초부터 본격적으로 시작되었으며, 1992년 이후 해외 투자이민에 대한 투자 제한폭이 확대되면서 대형 한식당의 해외진출이 증가하였다. 1990년대 중반 이후 국내 프랜차이즈 업체가 증가하기 시작하였으며, 세계무역기구(WTO) 체제 출범, 인터넷 기술의 발달로 글로벌 시장이 형성되면서 국내 프랜차이즈 업체들은 미국이나 일본 등 선진국보다는 새로운 시장 개척이 가능한 중국으로 많이 진출하게 되었다.[29] 이처럼 국내 프랜차이즈 산업은 해마다 비약적인 성장을 이루고 있으나 그중 해외 한식당의 경우 가족경영구조로, 식당이 영세한 자영업의 형태가 대부분이다. 따라서 문서화, 계수화되지 못하고 즉흥적으로 관리되고 있어 전형적인 가족경영의 단면을 그대로 답습하고 있다.[30] 따라서 한식의 세계화를 위해서는 무엇보다도 철저한 시장분석과 표적

29 김미영, 한식 패스트푸드형 레스토랑의 미국진출을 위한 현지인의 인식에 대한 연구: 미국LA 지역을 중심으로, 세종대 박사논문, 2007

30 구희영, 한식의 세계화를 위한 시각적 접근에 관한 연구: 푸드코디네이션 및 서비스품질을 중심으로, 성신여대 박사논문, 2009, P.39

시장 공략 등 하나의 통합된 브랜드로서 한식의 음식을 세계시장에 알리면서 동시에 브랜드의 가치 및 철학을 소비자들에게 소구할 수 있는 브랜드 매뉴얼 개발은 절실하다.

최근 영양학자들은 현대인의 건강을 위협하는 요인으로 영양부족이 아니라 경제적 풍요 속에서 오는 영양과잉으로 보고 있다. 비만, 심혈관 질환 및 암과 같은 소위 복지병(welfare disease)을 비롯해 대식증(bulimia), 거식증(anorexia)과 같은 각종 식습관 이상 증후군을 인류의 가장 위협이라고 경고하고 있다.[31] 이처럼 앞으로의 식생활이 과거 1세기 전의 자연적인 상태로 돌아가야만 개인적인 차원에서는 질병을 예방하고 치료할 수 있으며, 국가적인 차원에서는 급증하는 의료비의 증가를 억제할 수 있다고 부연하고 있다.[32]

31 정혜경, 이정혜, 음식문화 연구의 다양한 이론적 시각과 연구주제들, 이화여대 출판부, 식품영양정보 제7호, 1996

32 차복경, 이순재, 수행기간에 따른 스님들의 식생활과 영양소 섭취실태: 운문사 스님들의 사례를 중심으로, 동아사아 식생활학회지, 제7권 제1호, 1997

이에 사회적 이슈이며, 식문화에 대한 대안으로 최근 사찰 음식에 대한 관심이 증가하고 있다. 사찰에서는 정신 수행을 하는 승려들이 운동량이 적어 건강이 나빠지고 몸이 허약해지기 쉬워 승려들의 건강을 위해 소화가 잘되고 수행에 정진할 수 있도록 에너지는 충분한 사찰 보양식을 먹는다. 한편 현대인들은 매일 컴퓨터 앞에 앉아 정신노동을 하므로 운동량이 적은 라이프스타일을 영위하고 있기 때문에 사찰 보양식이 현대인의 라이프스타일에 적합하다고 볼 수 있다.

불교에서 음식을 먹는 것은 단순히 식사의 개념을 벗어나 하나의 수행으로 보고 있다. 그중 '발우공양(鉢盂供養)'은 이러한 불교의 수행정신에서 나온 말이다. 발우는 사찰음식을 담는 '스님의 그릇'을 뜻한다. 발우공양은 그릇을 헹구는 것으로 식사를 시작하고 식사가 끝날 때도 물로 헹구어 남은 음식을 모두 먹은 후 청수물로 그릇을 헹구어 정리한다. 이러한 행동까지 공양으로 생각하고 행하는 데 정성을 다한다. 자기의 그릇은 자기만이 쓸 수 있도록 하는 청결함과 모든 이가 공평하게 나누어 먹는다는 평등사상도 이 안에 담겨 있다고 볼 수 있다. 특히 쌀알 하나도 그것을 지어낸 이의 공덕을 헤아려 버림이 없도록 하는 마음은, 음식으로

33 위키백과, 발우공양http://ko.wikipedia.org/wiki/%EB%B0%9C%EC%9A%B0%EA%B3%B5%EC%96%91, 2014.07.13

배보다 정신과 마음을 채우는 스님들의 수양덕목이다.[33]

발우공양의 사회적 효과로는 첫째, 환경을 오염시키지 않는 친환경적인 식사법이라 할 수 있다. 자신이 먹을 만큼의 음식물을 받고 그것을 남김없이 먹기 때문에 음식물 쓰레기가 전혀 나오지 않으며, 따로 설거지를 할 필요가 없어서 설거지 물도 절약된다. 사찰 신도들도 식사를 할 때에 음식물 찌꺼기를 남기지 않고 깨끗이 닦아 먹는 실천을 한다. 둘째, 미각을 통한 맛의 경험뿐만 아니라 공감각, 청각, 시각 등 오감을 자극하는 체험마케팅으로 발전시켜 이는 문화관광상품으로서의 가능성을 타진해 볼 수 있다. 물론 사찰음식을 문화관광콘텐츠로 발전시키기 위해서는 대중이 좀 더 쉽게 다가갈 수 있도록 대중화 및 현대화로 변화할 필요가 있다. 따라서 본 연구에서는 이러한 한국의 사찰음식을 대중화하기 위한 노력으로서 '브랜드+디자인+마케팅=사찰음식의 통합 브랜드'의 개발 프로세스를 밝히고자 한다.

❷ 사찰음식의 현황과 대안

34 강경갑, 한국전통 사찰음식의 대중화 방안, 초당대 석사논문, 2010

20~50대 남녀를 대상으로 사찰음식에 대한 인식 및 실태조사에서[34] 사찰음식은 '채식이다', '대체로 소박하고 친근감이 있다', '맛이 있다', '영양이 풍부한 건강식이다', '정신을 맑게 해주는 선식이다', '약이 되는 음식이다', '신선한 자연식품의 재료가 많다', '다이어트에 좋다' 등으로 나왔으며 그 중 '건강식'에 대한 응답률이 가장 높았다. 그리고 사찰음식을 섭취하는 빈도로는 '거의 안 먹는다'가 절반 이상의 응답률을 보였으며, 먹는 경우에는 대부분 사찰에서 경험해 본 것으로 나타났다. 이처럼 사찰음식에 대한 관심은 늘어가고 있지만 정작 사찰음식을 접할 수 있는 기회나 장소가 부족하여 사찰음식의 대중화에 대한 브랜드 개발은 절실하다고 볼 수 있다. 또한 사찰음식 변형의 필요성에 대해서는 사찰음식이 슬로우 푸드(Slow Food)여서, 조리가 간단하거나 먹기 편한 패스트 푸드(Fast Food)의 장점 등을 보완하여

대중화시킬 필요가 있는 것으로 조사되었다.

이러한 사찰음식의 현황 파악을 통한 대중화 방안[35]으로는 사찰음식의 이미지 제고, 브랜드화, 시장세분화, 홍보전략이 있다. 그중 기존의 사찰음식을 접한 대부분의 소비자층이 40~50대 이상의 층으로 시장세분화에 있어서 20~30대 등 젊은 층을 겨냥한 다각적인 전략이 필요한 것으로 파악되었다. 따라서 본 장에서는 한국 사찰음식의 세계화 및 대중화를 위해 디자인과 마케팅을 융합한 통합브랜드 개발 및 구축의 프로세스를 정리하였다.

35 장병주, 한국전통사찰음식의 대중화와 관광상품화 방안에 관한 탐색적 연구, 동북아관광학회, 2011.05, p 156~158 부분 발췌

(3) 한국 사찰음식 바루(BARU) 브랜드 디자인 프로세스

❶ 문제 정의(Define Problem)

사람들은 과소비와 과식에 익숙해져 건강의 위협을 받게 되었다. 특히 근대부터 이어진 식품의 발달로 영양과잉 상태가 진행되었으며, 육류 및 지방의 과잉 섭취로 각종 성인병의 발병률이 높아지고 있다. 현대인들의 입을 즐겁게 해주는 음식이 삶을 위협하고 있는 것이 현실이다. 때문에 채소와 저염식의 식단으로 구성된 사찰음식을 통해 건강한 식문화를 제안하고자 한다.

마인드 맵(Mind Map)

마인드 맵은 주어진 시간 동안 '식음 공간'이라는 키워드를 중심으로 연관된 단어들을 나열하는 과정이다. 이 과정을 통해 나온 단어들을 연관 지어 브랜드의 정체성을 결정짓도록 한다. '식음 공간'의 주요 단어는 슬로우푸드, 발우, 공양, 건강식, 채식, 간소, 절제, 조화, 자연식 등으로 꼽을 수 있다.

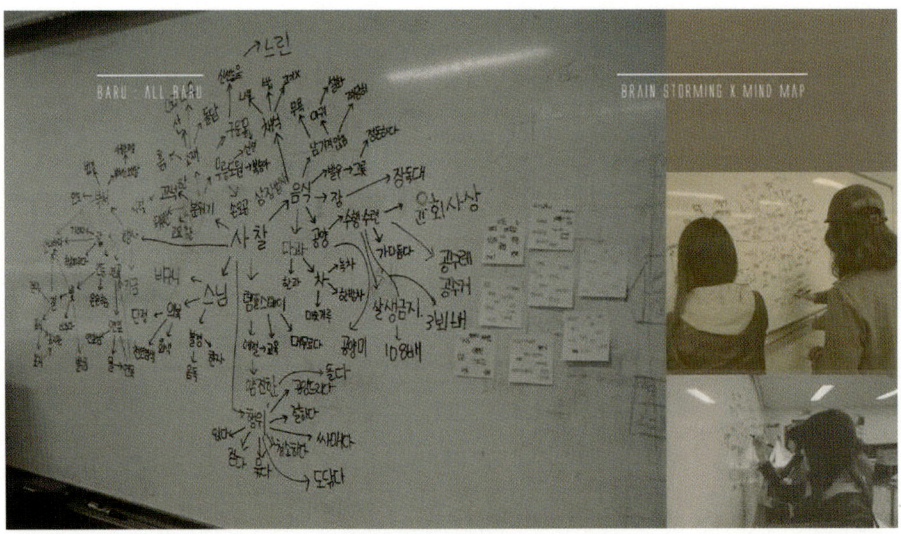

50 사찰의 마인드 맵

시장조사(Market Research)

브랜드의 고객층은 20~30대의 활동적인 대학생과 직장인으로, 바쁜 일상에서 병든 식단에 길들여진 현대인들을 반영한다. 때문에 가장 바쁜 시간이자 고객들을 만족시킬 시간인 아침 시간을 주로 공략하여 프로모션을 진행하도록 한다. 단순히 음식을 사고 파는 것이 아닌 건강한 식문화를 전파하는 장이 되어야 하며, 트렌드에 뒤쳐지지 않는 브랜드가 되도록 한다.

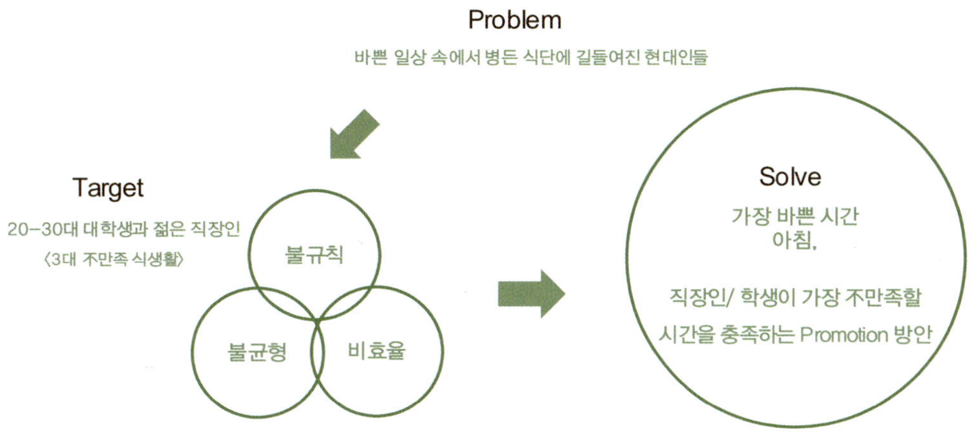

51 트렌드 조사

a) Brand SWOT

바루 브랜드에 대한 SWOT는 다음과 같다. 강점(Strength) 측면에서는 최고의 웰빙 건강식, 시원 담백하고 깔끔한 맛, 사람들의 건강과 다이어트에 대한 높은 관심에 부응하는 아이템. 약점(Weakness) 측면에서는 긴 조리시간, 사찰음식이라는 어감이 주는 종교적인 느낌. 기회(Opportunity) 측면에서는 슬로우푸드의 대명사, 새로운 한류열풍으로 인한 외국인의 관광객 증가 추세. 위기(Threat) 측면에서는 주변 음식점들과의 경쟁, 신종 외식사업이기 때문에 목표 소비자들에게 인식이 부족한 상태, 가격이 비싸다는 인식이 팽배해 있다.

52 바루 브랜드의 SWOT

b) 5P 전략

가. People : 사람들의 몸과 마음을 달래는 건강한 음식 어필, 마음을 담아 정성껏 요리하는 사찰 음식 강조, 어디서든 곁에서 쉽게 접할 수 있는 친근한 브랜드임을 강조

나. Product : 간편화, 단순화된 사찰음식 절차 등이 간소화된 음식 식사(정식 등의 코스를 레스토랑에서 경험), 상품(도시락, 패키지 단품 등 마트와 매장에서 판매)

다. Price : 중저가의 상품 가격, 먹는 행위로 인해 기존 가격이 높은 편이므로 상대적으로 낮은 식품 단가, 품질 저하가 되지 않기 위해 최저가를 피하고, 대중화를 위해 최고가를 피하도록 한다.

라. Place : 레스토랑(정식을 체험하고, 식문화를 경험할 수 있는 곳) 인지도를 높이기 위해 유명한 장소에 위치한다(명동, 강남). Take Out 전용 매장, 대중교통과 인접해 있는 위치, 타겟들을 접하기 쉬운 곳

마. Promotion : 팝업레스토랑, 사찰음식에 대한 고정된 시각을 탈피, Food Truck, 이동성이 쉽고, 간편하게, 건강한 사찰음식을 트럭이라는 매개체를 통해 즐길 수 있도록 한다.

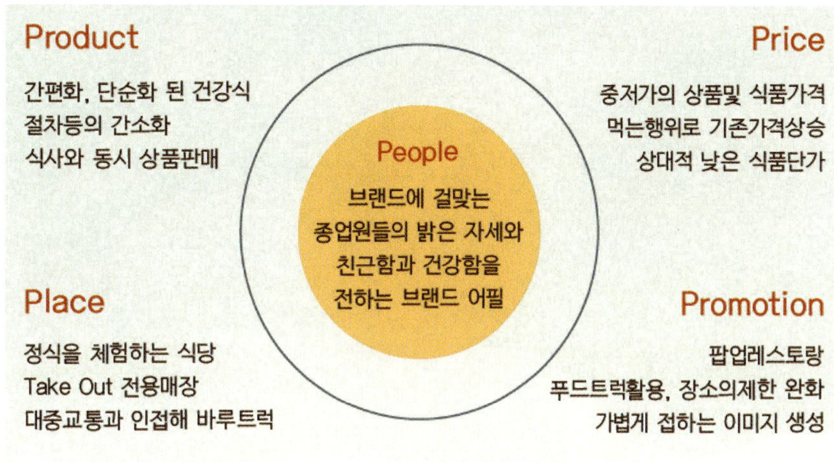

53 바루의 5P전략

브랜드 매트릭스(Brand Matrix)

브랜드 매트릭스는 경쟁업계와의 관계를 파악해 전략을 수립하는 과정이다. X, Y 축의 요소를 중심으로 하여 브랜드의 해당 위치를 파악하도록 한다. 또한 이 내용이 반영되어 브랜드를 생성한다. 아래의 포지셔닝은 사찰음식관련 브랜드들의 포지셔닝이다. 그리고 기타 전통음식업계에서의 포지셔닝을 통해 '바루'의 마케팅 포지셔닝을 찾을 수 있다.

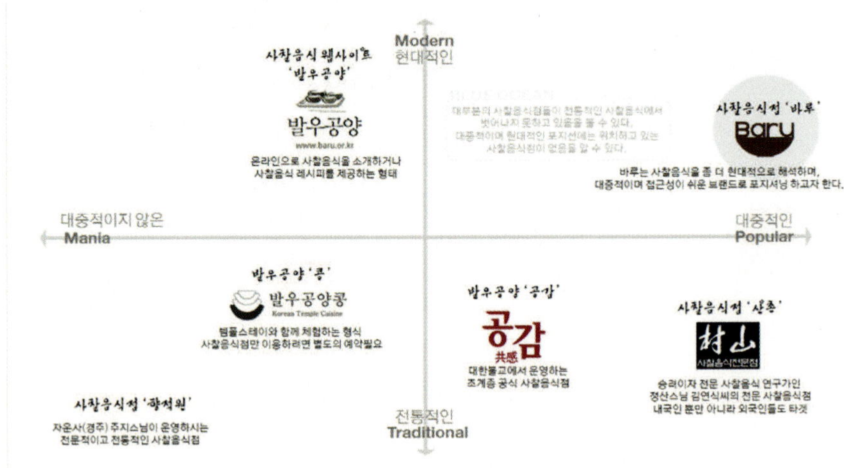

54 사찰음식 바루 브랜드 포지셔닝

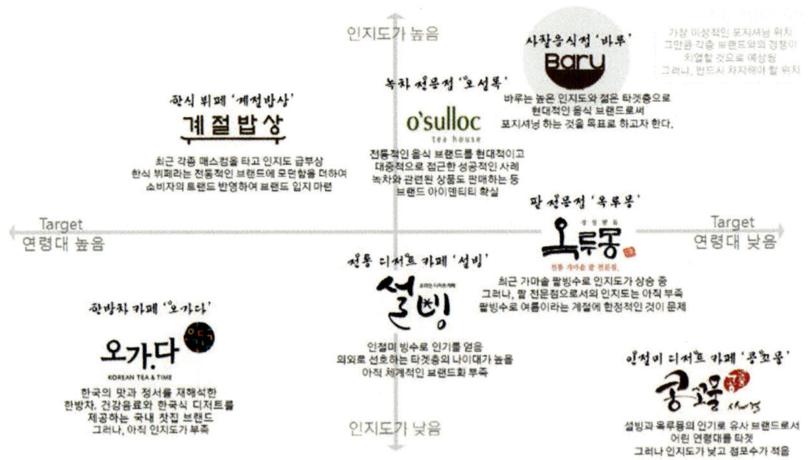

55 기타 전통음식업계-바루 포지셔닝

바루와 기타 전통음식업체와의 포지셔닝을 통해 바루 브랜드만의 타겟을 반영한 컬러 매트릭스를 만든다. 이러한 컬러 매트릭스는 X축에 네가티브-포지티브, Y축에 엑티브-패시티브로 하여, 타겟은 아직 사찰음식에 대한 인지도가 낮은 20~30대로 선정한다.

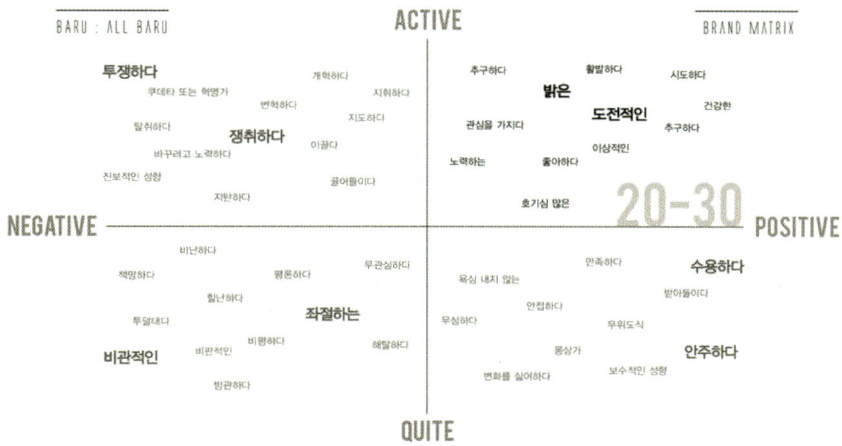

56 타겟 반영을 위한 컬러 매트릭스

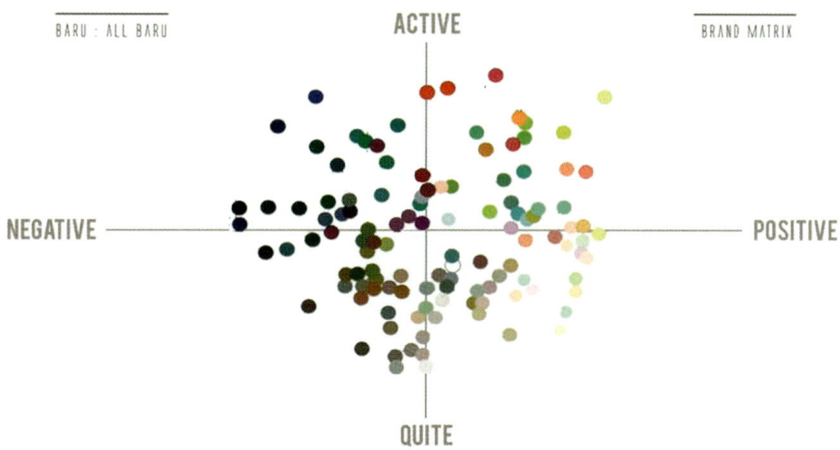

57 타겟 반영을 위한 키워드 매트릭스

❷ 아이디어 얻기(Getting Idea)

브랜드에 해당하는 정체성을 시각화 하는 과정을 통해 브랜드의 이미지를 결정짓도록 한다. 앞의 단계에서 진행된 키워드들을 조합, 분해하여 브랜드만이 지니는 독특한 이미지를 생성하는 과정이다.

디자인적 사고 7

브랜드를 개발함에 있어서 마케팅 측면에서는 수리적인 것, 즉 분석 능력이 요구된다. 고객 분석 시 고려해야 할 사항으로는 상황 분석(Situation Analysis), 마케팅 전략(Marketing Strategy), 마케팅 믹스(Marketing Mix), 마케팅 모니터링(Marketing Monitoring)이 있다. 이와 반대로 디자인 측면에서는 감정(Emotion), 감정의 움직임이 주는 효과라든지 또 하나는 디자이너의 감각(Sense)이다.

즉 감성적이고 감각적인 능력이 요구된다. 우뇌와 좌뇌에서 감정과 감각이 강한 것은 우뇌쪽이 디자인이다. 디자이너는 감성과 감각이 주는 것을 조우할 필요가 있다. 조형을 만들어 내는 사람들(디자이너)은 우뇌이다. 즉 미래창조형이다.

그래서 디자인 측면에서 브랜드 매트릭스를 고려해야 할 사항으로는 인지도(Awareness), 비용(Cost), 시장 및 고객 분류(Classify Marketing), 명성(Reputation), 안전성(Safety)이 있다. 매트릭스를 만들 때는 기존의 브랜드들이 마이너가 되는 것을 쇄신하기 위해 매트릭스를 사용하기도 하고, 지금의 상황을 점검할 때도 쓴다. 한 곳에만 포지셔닝하지 않고 매트릭스는 상황에 따라 계속해 나가는 것이다.

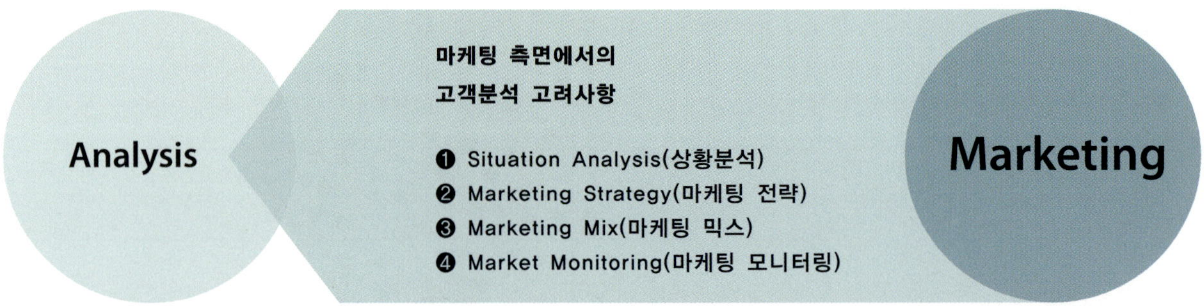

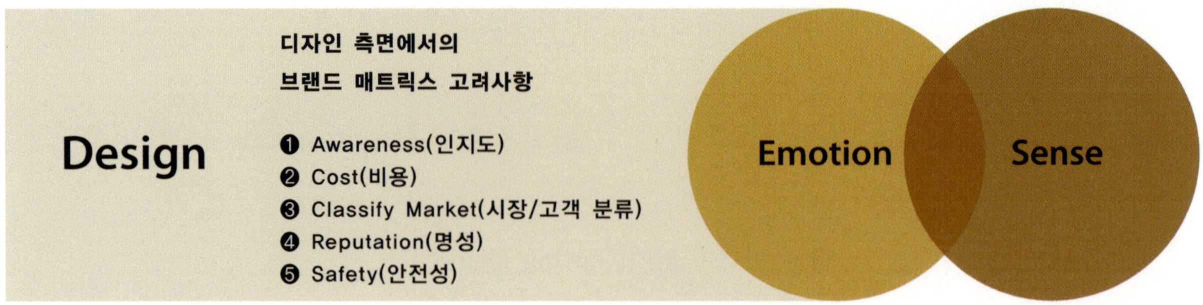

58 디자인과 마케팅 측면의 고려사항

비주얼 아이덴티티(Visual Identity)

비주얼 아이덴티티에는 이미지 덤핑, 강제 연관법, 비주얼 시각화 등이 있다. 여기서는 바루 브랜드 로고와 마크, 또는 시그니처를 개발하는데 시각적 익살과 40가지 아이디어, 동작 동사를 이용하여 개발하였다.

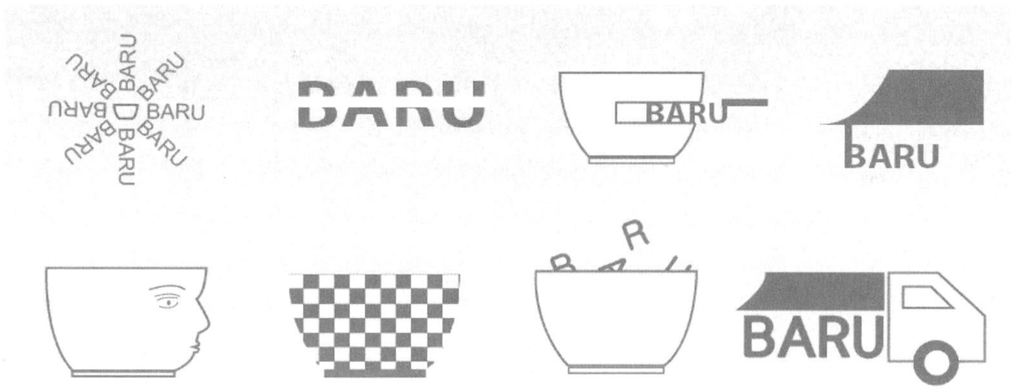

59 시각적 익살

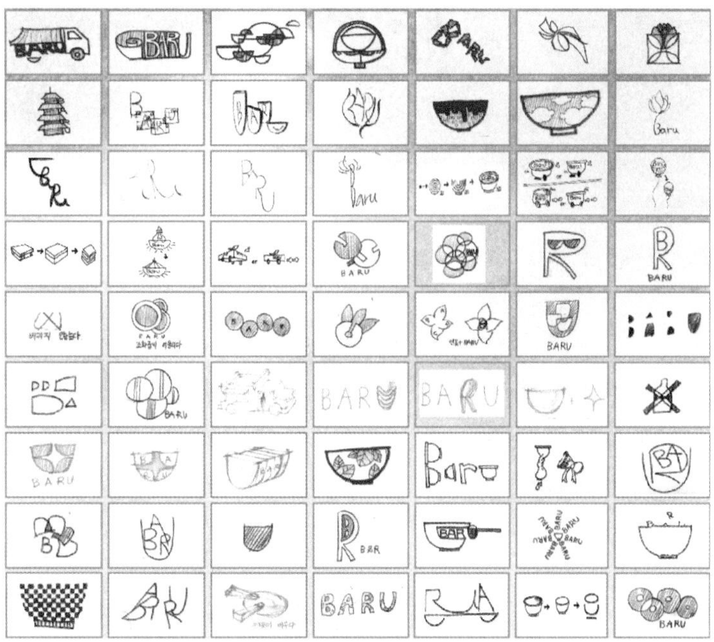

60 발상전환을 위한 40가지 아이디어 적용

동작 동사(Action verb)

동작동사와 시각적 익살들의 작업을 통해 사람들의 행태를 고려해 과정을 심화한다. 이 과정은 디자인의 깊이를 더하고 더욱 다채로운 아이디어들을 도출해낸다.

61 동작 동사

❸ 형태 만들기(Creation Form)

앞의 문제정의와 아이디어 얻기를 통해 정리된 내용들은 2D의 그래픽 아이덴티티, 3D의 프로덕트 아이덴티티, 4D의 스페이스 아이덴티티 측면으로 브랜드 매뉴얼을 정리하면 다음과 같다.

2D 측면 : 그래픽 디자인

브랜드 로고

사찰음식의 사상을 담은 그릇 발우

평등, 청결, 절약, 공동체, 복덕
이 모두가 한데 어우러진 발우공양의 마음으로
세계인을 한데 모으다

BARU : ALL BARU

VISUAL WORKS

바르게 먹다, 바루
All Baru, Baru

기존의 브랜딩은 사찰에서 색감을 얻어
자연의 색감을 담아내려 하였으나
젊은 층을 공략하기에 자칫 무겁고 고요한
이미지들로 가득하다

BARU : ALL BARU

VISUAL WORKS

메뉴판 디자인

간판 디자인

3D 측면 : 제품 디자인

패키지 디자인

BARU : ALL BARU

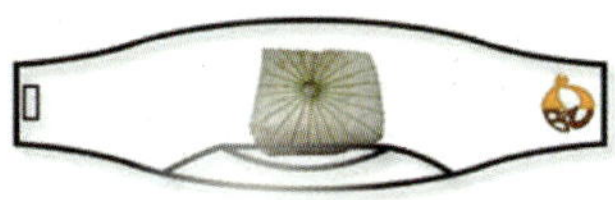

바루만의 노란색감을 살린 패키지와
이를 기존의 일회용백이 아닌
보따리처럼 매고 다닐수 있도록하여 사찰의 특징을
일상에 담고자하였다

유니폼 디자인

BARU : ALL BARU

VISUAL WORKS

바루의 건강함을 자연스럽게 노출시키는 유니폼은
건장한 남녀의 근무자로 하여금 생기를 전하도록 한다
또한 기존 스님의복에 로고의 과감한 배치를 더해
사찰음식이 더이상 고요한 것임이 아님을 보여준다

4D 측면 : 공간 디자인

트럭 디자인

“

차량 디자인은 움직이는, 시선을 끄는 브랜드 아이덴티티이다.

이상과 같이 사찰음식의 세계화를 위해 바루 브랜드의 그래픽 아이덴티티, 프로덕트 아이덴티티, 스페이스 아이덴티티는 총체적으로 매뉴얼화된 것이다. 여기서 한 가지 추가적으로 설명하자면 스페이스 아이덴티티해서 바루의 사례처럼 공간을 차량이라는 특수한 환경에 놓고 볼 때 "차량 디자인은 움직이는, 시선을 끄는 브랜드 아이덴티티"라고 할 수 있다.

요즘에는 일반 도로에서도 브랜드 인지도를 강화하는 작업이 훨씬 수월해졌다. 회사 차량에 일관된 아이덴티티 디자인을 적용한 도색으로, 다양한 형태와 내용의 커뮤니케이션을 할 수 있기 때문이다. 멋진 차량 디자인은 길 위에서 브랜드의 차별적인 아이덴티티를 알릴 좋은 기회를 제공한다. 도시의 복잡한 출퇴근길이나, 근교의 석양을 보러 가는 한적한 교외 도로에서도 그 목적은 똑같다. 바로 브랜드를 알리고 그 이미지를 만들어가는 것이다.

승용차나 버스, 트럭은 물론 기차나 비행기, 모터사이클, 특수 차량 등 기업과 브랜드 소속 모든 운송 기기가 대상이 된다. 고객이 차량을 보는 경우는 천천히 길을 걷고 있거나, 자동차를 타고 빠르게 이동하고 있을 때, 또는 건물 안에서 무심코 창밖을 바라보는 경우 등 다양하다.

따라서 차량 디자인을 위해서는 차량 크기나 형태에 따른 가독성뿐만 아니라 일반적으로 고객이 해당 차량을 보는 거리(비행기와 소형 승용차는 관찰자가 보는 거리가 다를 수 밖에 없다.), 표면의 컬러, 움직일 때의 속도나 조명 등 이동 상황까지도 고려해야 한다.

1.2.3 콘돔 유(YOU) 통합 브랜드 개발

(1) Background & Purpose

한국의 성문화 개방성 및 건정성에 대한 2011 대한민국 성의식 보고서에 따르면 1000명 중 응답자 63.3%가 개방적이며, 66.6%가 불건전하다고 답했다. 성적 표현의 자유로움이 허용되지만 성을 상품화시키는 사회 분위기와 성적 욕망에 대한 저급

설수빈 · 심민주 · 오한결 · 이채영 (학생작품)

36 성인남녀 1000명 특별설문 2011 대한민국 성의식 보고서 '성의식 실태 국민 여론 조사', 서울에 거주하는 19세 이상 성인남녀 1000명(남 490명, 여 510명)을 무작위 추출해 질문지법으로 진행, 2011.12.14

하고도 노골적인 집착, 급증하는 성범죄에 대한 우려에 의한 것으로 분석되었다.[36] 또한 2012년 보건복지부에서 전국 대학생 6000명을 대상으로 대학생의 성 태도 실태조사에서 남학생의 50%, 여학생의 29%가 성경험을 가진 것으로 나타났으며, 같은 조사에서 이들의 성지식을 측정해 본 결과 각각 56%, 54%로 낮은 수준을 보였다. 이처럼 대학생들은 성의식 개선을 위한 피임교육과 에이즈, 기타 질병에 대한 예방을 위해 정확한 콘돔 사용법 교육이 이루어져야 할 것이다. 대학생 실태조사에 이어

청소년 건강행태 및 성경험에 대한 조사에서 성관계를 처음 경험한 시기는 평균 만 15.1세(고교 1년)로 성경험이 있는 청소년 중 57.2%가 피임하지 않았다고 밝혔다. 이런 청소년들이 성인이 되어서도 성지식에 별반 차이가 없어 대학생이 되어도 별다를 바 없게 되었다.[37] 본 장에서는 이러한 한국의 성문화 개방에 따른 청소년 및 대학생들의 성의식 개선을 돕고 에이즈나 기타 성관련 질병을 예방하기 위한 콘돔 브랜드를 개발하는 일련의 과정들을 정리하였다.

37 조세일보 헬스Q, '성문화는 개방되는데 성지식 무지한 젊은층 절반 이상' http://health.joseilbo.com/html/news/?f=read&code=1327972365&seq=5535, 2014.07.17

(2) theoretical background

❶ 콘돔의 기능과 콘돔 사용의 의식변화

콘돔은 성교를 하기 전 음경이 발기했을 때 덮어 씌우는 보호막이다. 이것은 일반적으로 라텍스 고무로 만들어지며 모양, 색깔, 크기 그리고 표면상태가 다양하다. 일부는 윤활제나 살정제로 코팅이 되어 있어 효율성이 높고 사용하기 편리하다. 콘돔은 성교를 하는 동안 사정된 정액을 모아주며 보호막의 역할을 한다. 이것은 정액이 질내로 들어가는 것을 막아줌으로써 정자와 난자가 만나는 것을 방지한다. 이러한 콘돔의 장점은 값이 싸고, 사용방법이 간편하며, 의학적으로 위험이 없고, 임상검사가 필요 없다. 그러나 단점은 성교의 자연스러움을 방해하거나, 사용 시 찢어지는 경우 임신이나 성병예방에 실패할 수도 있다.[38] 이러한 콘돔은 오래된 역사의 산물처럼 느껴지지만 사실 그 역사는 매우 짧다. 기독교가 로마제국의 국교로 인정된 이래 중세까지도 낙태는 지옥에 떨어질 중죄에 해당했다. 인공적인 피임도 낙태의 방편으로 인식했기 때문에 죄악이나 다름없었다. 기독교가 맹위를 떨치기 전인 고대에 피임법이 개발되었으나 대부분 화학적인 방법을 이용했다. 악어 똥, 야생 홍당무 씨, 으깬 페퍼민트 등을 여자 몸안에 발라서 임신을 막으려고 노력했지만 성공률은 알 수 없다.

38 대한가족보건복지협회, 피임이야기,가정의 벗 Vol.35 No.3, 2002, p.17

콘돔은 17~18세기에 이르러서야 처음 세상에 모습을 드러냈다. 성생활이 지나치게 문란한 영국왕 찰스 2세 때문에 왕족을 너무 많이 만들어낼까 걱정한 궁정의사가 양의 창자로 원시적인 콘돔을 개발한 것이다. 하지만 인기를 끌진 못했던 듯하다. 극악무도한 착용감과 손상에 따른 피임 실패 가능성 때문이었다. 그래서 콘돔을 나타내는 은어는 별로 좋은 감정이 실리지 않았다. 민족 감정이 나쁜 프랑스와 영국에선 콘돔을 각각 '영국인 외투'나 '프랑스인의 편지'라고 불렀다. 1844년 드디어 라텍스를 사용한 근대적인 콘돔이 등장했고, 이후 콘돔은 원하지 않는 임신을 방지하고 성병을 예방하는 가장 손쉬운 도구로 활용되고 있다.[39] 2013년 8월 한 사설연구기관에서는 2006명(남자 1,136명, 여자 870명)을 대상으로 콘돔에 대한 조사 결과, 콘돔을 사용해 본 적이 있는지에 대한 질문에서 '사용해 본적이 없다.'가 남자 16%, 여자 18%로 대부분 콘돔을 성교 시 사용하는 것으로 조사되었다. 그러나 콘돔을 가끔 사용하거나 아직 사용하지 않는 것에 대해서는 남자 54%, 여자 50%로 사용률이 높지 않는 것을 알 수 있다. 이는 남녀 모두 흥분 당시 콘돔 착용까지 걸리는 시간에서 흥이 깨진다는 의견을 보였고, 특히 여성 대다수는 '피부에 쓸리는 듯한 통증을 느껴서', '고무느낌이 싫어서' 콘돔 사용을 꺼린다고 밝혔다. 남성의 경우 마찰로 인한 통증, 낮아지는 감도로 콘돔 사용이 유쾌하지 않다고 답했지만 임신에 대한 상대와 자신의 불안감을 줄이기 위해 되도록 콘돔을 착용한다는 의견이 다수였다. 또한 콘돔을 누가 준비하는지에 대한 질문에서 남자 59%, 여자 57%로 남자가 더 준비하는 것으로 나타났다.

39 콘돔, 좀 쓰고 살자, 이음싱글생활연구소, 2013년 9월호, http://www.singlelab.co.kr/archives/1525, 2014. 7. 18

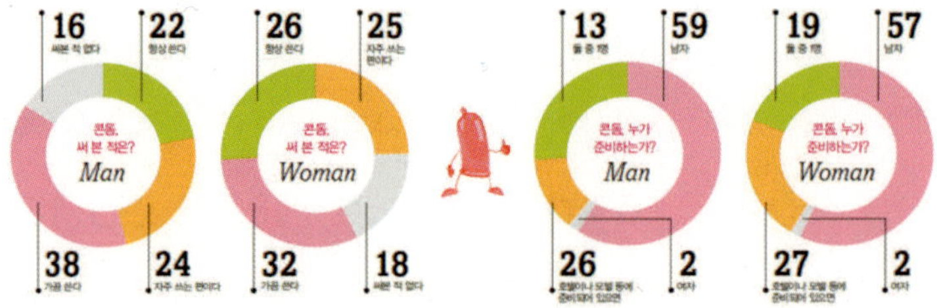

62 콘돔사용 현황(이음싱글연구소, 2013. 8)

❷ 새로운 콘돔 문화와 콘돔 브랜드의 필요성

지난 2014년 6월 4일 마이크로소프트(MS)는 영국 언론 데일리메일 등을 통해 진짜 피부처럼 느껴지는 '차세대 콘돔'이 곧 상용화 될 예정이라고 발표했다. 이는 호주 울런공과대학 연구진인 빌 게이츠 부부가 운영하는 자선단체 빌앤멜린다 게이츠 재단(BMGF)의 지원을 받아 외관상 실제 피부처럼 보이고 촉감과 기능에서도 끼지 않은 상태와 거의 흡사한 효과를 가져오는 콘돔을 만들었다고 보도했다. 연구를 이끌고 있는 바이오메디컬엔지니어 로버트 고킨 박사는 "콘돔의 가장 큰 문제 중 하나가 콘돔 없이 성행위를 하는 것보다 느낌을 둔하게 만든다는 것"이라며 "실제 피부 같은 이 콘돔이 성감을 높여 남성들의 콘돔 사용률을 높일 것"이라고 밝혔다. 또한 "사람들이 콘돔을 사용하지 않는 이유는 문화마다 다르기 때문에 그들의 필요와 욕구를 정확하게 이해해 이를 만족시킬 수 있도록 디자인하겠다"고 말했다. 특히 '질긴 하이드로젤(tough hydro-gel)' 소재로 만들어진 이 제품은 찢어질 위험이 거의 없는 '고탄력 콘돔'이라는 점에서 성병 예방과 불필요한 임신을 막는 데도 큰 도움이 될 것으로 예상된다. 이러한 "차세대 콘돔은 성행위의 즐거움을 높여주는 동시에 개발도상국들에서 산아 제한 효과를 높이고 후천성 면역결핍증(ADIS) 등 관련 질병의 확산을 저지할 것으로 보고 있다."라고 하였다.[40]

40 빌 게이츠 재단의 새로운 투자 대상은 '차세대 콘돔'…실제 피부 같은 성감과 고탄력성 지녀, 조선닷컴, 2014월 6월 6일자 신문, http://news.chosun.com/site/data/html_dir/2014/06/06/2014060601042.html, 2014.7.18

최근 국내에서도 두산그룹의 계열사인 빅앤트인터내셔널(이하 빅앤트)이 콘돔 사업에 진출을 했다. 빅앤트의 '바른 생각'이라는 브랜드명에는 '부끄럽지 않게 사용해야 하는 바른 제품'이라는 의미를 담고 있다. 그래서 제품 외관 디자인은 콘돔을 구매할 때 느끼는 불편함을 덜 수 있게 단순하고 담백하게 처리되어 있다. '바른생각'은 늘어나는 미혼모를 보면서 콘돔과 피임약 사용을 보편화하는 것이 하나의 대책이 될 수 있다는 생각과 콘돔에 대한 부정적인 생각을 없애고 청소년들도 콘돔을 구입하는 것을 부끄럽지 않게 여기는 사회분위기를 조성하는 데 목적을 두고 있다. 이러한 취지 하에 '바른 생각'은 그 판매 장소를 먼저 전국 편의점을 시작으로 손쉽게 구매할 수 있도록 하였으며, 이후 약국 등으로 확대할 계획이다. 또한 이는 TV 등 전통매체가 아닌 소셜미디어(SNS) 같은 온라인 기반 마케팅으로 젊은 층을 공략하고 있다. 콘돔 판매 수익금은 성(性)과 관련한 사업 후원 기금으로 사용하고 청소년을 위한 성교육 콘텐츠 제작에도 투자할 방침이다. 이처럼 국내외의 콘돔 문화가 생성되고 있다.

최근 국내에서는 피임약의 광고들이 TV나 매거진에서 찾아 볼 수 있지만, 아직까지 콘돔 광고는 쉽게 접하기가 힘들다. 또한 콘돔 브랜드 또한 해외의 사례처럼 다양하게 이루어지지 않아 소비자들의 구매결정에 있어서 한계점을 띄고 있다. 또한 콘돔의 구입은 전문 상점보다는 편의점이나 약국 등에서 이루어져 다양한 소비자들의 니즈를 파악하는데 어려움이 있다. 따라서 원하지 않는 임신으로 인하여 낙태나 또는 에이즈와 같은 질병을 방지하고 사회 전반적인 성인식과 문화에 대한 개선을 위해 콘돔 브랜드에 대한 개발은 절실하다고 볼 수 있다.[41] 본 장에서는 이러한 사회적 · 문화적 현상들을 배경으로 하여 콘돔 유(YOU) 브랜드를 디자인과 마케팅의 융합적 관점에서 G · I, P · I, S · I를 통합적으로 개발하고자 한다.

41 두산 회장 장남 박서원, 콘돔 사업 진출해 눈길, 아주경제 2014년 5월 24일 기사 http://www.ajunews.com/view/20140529184955775, 2014.7.18

(3) 콘돔 유(YOU) 브랜드 디자인 프로세스

❶ 문제 정의(Define Problem)

현재 한국은 성문화에 대한 개방으로 에이즈나 기타 질병 발병률이 증가하고 있어 성에 있어서 안전지대가 아닌 곳이 되었다. 특히 성(性)경험의 연령층이 낮아지고 있는 현시점에서 젊은 세대는 여전히 성지식이 무지한 상태에 있다. 콘돔 유(You)브랜드는 이러한 사회 및 문화적 문제점들을 인식하여 젊은 세대들에게 올바른 성인식 개선과 콘돔 사용의 보편화라는 문화적 맥락에서 '건강한 성을 즐기자'라는 목표 하에 새로운 통합 브랜드를 개발하고자 한다.

마인드 맵(Mind Map)

마인드 맵은 주어진 시간 동안 '콘돔'이라는 키워드를 중심으로 연관된 단어들을 나열하는 과정이다. 이 과정을 통해 나온 단어들을 연관 지어 브랜드의 정체성을 결정짓도록 한다. 콤돔의 주요 단어는 Confidence, Safety, Public으로 꼽을 수 있다.

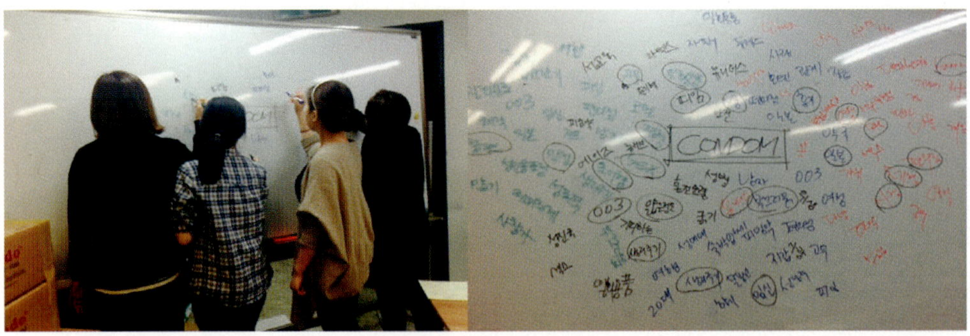

63 콘돔에 대한 마인드 맵

이러한 마인드 맵을 통해 추출된 핵심 키워드로 브랜드 네이밍을 만들었다. 여성의 몸을 상징하는 Y, 콘돔의 형태를 상징하는 O, 남성의 몸을 상징하는 U는 'YOU'라는 브랜드를 개발하였다. 또한 영어의 YOU는 '당신'이라는 뜻으로 나보다는 상대방을 먼저 생각한다는 측면에서 서로에 대한 배려의 의미와 상대방에게 선물한다는 의미를 담고 있다.

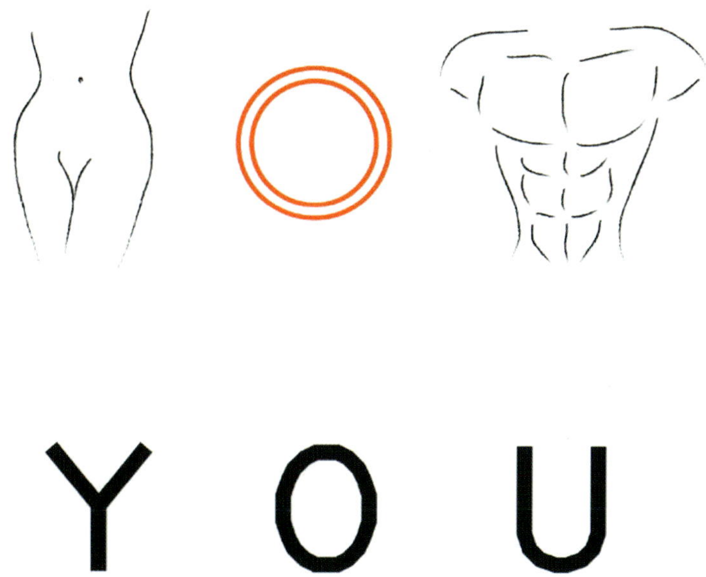

64 콘돔 브랜드 네이밍 YOU

시장조사(Market research)

현재 국내에서 콘돔 시장은 그 범주가 좁고, 광고 및 홍보에서도 규제를 받고 있는 실정이다. 해외 시장에서는 콘돔을 너무나 당연히 사용하는 물품으로 인식되고 있지만 아직까지 국내에는 콘돔에 대한 방송광고 · TV홈쇼핑은 사실상 불가능한 실정이다. 따라서 현재 국내 콘돔업체는 홍보상의 규제로 인해 내수 시장보다는 해외 시장을 공략하고 있다. 또한 한국은 경제협력개발기구(OECD) 국가 가운데 낙태율 1위임과 동시에 콘돔 사용률이 20~30%로 최하위라는 오명을 듣고 있다. 그만큼 성문화에 있어서는 아직 후진국이며 성 인식에 대해 개선되어야 할 점들이 많다. 콘돔 발명은 페미니즘 관점에서 보면 중요한 전환점이 될 수 있지만 국내 성인층에서는 아직 콘돔을 구매하는 것은 남자들의 역할로 인식되어 있다.

최근 콘돔에서 변화되고 있는 것은 브랜드와 포장이 중요한 마케팅 포인트로 작용하고 있다. 현재 유니더스와 경쟁하는 세계적인 콘돔 회사로는 영국의 듀렉스, 미국의 트로전, 일본의 오카모토 등이 있다. 오카모토의 경우 자사 제품에 베네통 상표를 넣어 시판해 국내에서도 젊은이들 사이에 브랜드를 알리는 효과를 거뒀다. 유니더스도 몇 년 전에 세계에서 통하는 디자인을 만들기 위해 독일의 유명한 디자인 회사와 함께 유럽에서도 통할 수 있는 디자인을 만드는 시도를 했다. 특히 몇 년 전에 개발된 '동물 시리즈'는 전 세계 모든 사람을 대상으로 남녀, 인종, 국적, 종교와 상관없이 모두를 고려하여 디자인한 것이며, 독일의 유명한 러브퍼레이드 등에 공식 스폰서를 해 호평을 받고 있다. 이러한 국내외 콘돔 시장에 대한 동향과 함께 Brand SWOT와 브랜드 매트릭스를 분석하면 다음과 같다.

a) Brand SWOT

브랜드의 올바른 마케팅 방향 수립을 위해 SWOT분석을 사용하여 브랜드 YOU를 분석하였다. 먼저 YOU의 강점(Strength) 측면에서는 편안하고 거부감 없는 디자인, 공익성, 품질성, 수출의 가능성을 들었다. 기회(Opportunity) 측면에서는 콘돔 사용의 중요성 인식 증가, 다양한 제품의 변형 가능, 낮은 장소 제한성, 기능성 콘돔 시장의 대두가 있었다. 약점(Weakness) 측면에서는 낮은 인지도, 국내 광고 제재의 문제, 중소규모의 자산의 한계점, 우리나라 성에 대한 인식 부족, 국내 콘돔 시장의 수요 저조이다. 위기(Threat) 측면에서는 높은 인지도 브랜드의 위협, 제약회사의 시장 진입, 콘돔에 대한 부정적 인식 등이 있었다.

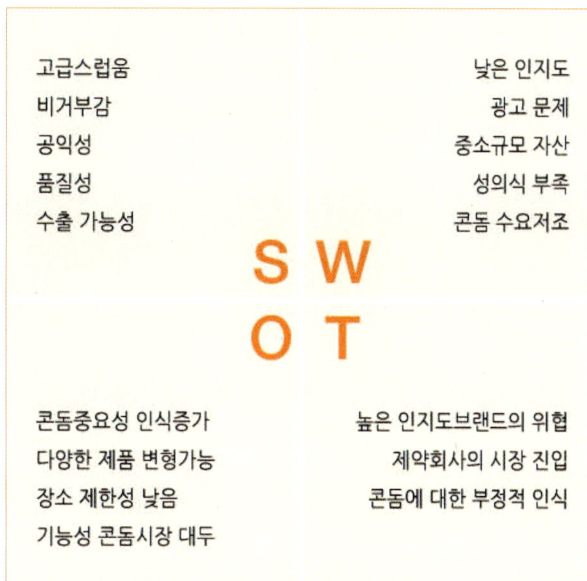

65 YOU 브랜드의 SWOT

여기서 더 나아가 좀 더 구체적인 전략을 위해 SWOT분석을 바탕으로 앞으로의 방향에 대한 대책을 고려했다. 우선 수행 과제인 SO 전략으로는 거부감 없는 디자인으로 콘돔 사용의 보편화 기여를 들 수 있었다. 우선 보완 과제인 WO 전략은 국내 광고 제재 문제인 장소 제한성을 해결하기 위해 장소 제한성이 낮은 스마트폰 앱을 통해 위치를 설명하며, 다양한 이벤트를 진행한다. 해결 과제인 ST로는 콘돔에 대한 부정적 인식을 공익적 성교육 캠페인을 통해 개선하며, 이를 통해 사회 기여의 공공 이미지를 구축한다. 장기 보완 과제인 WT 전략은 SNS와 서포터즈 활동을 통해 브랜드 인지도를 높이고 신뢰도를 쌓아 해외 제품의 높은 인지도, 브랜드의 위협에 대비하는 것이다.

b) 5P 전략

가. People : 올바른 성 인식을 가진 젊은이들로 자신뿐만 아니라 타인을 배려하며 공공에 관심이 있는 사람을 타겟으로 정했다. 브랜드와 함께 공익적 활동에 앞장 설 수 있는 젊은 층을 통해 보다 건강하고 긍정적인 성을 기대한다.

나. Product : 개인 구매용, 선물용 등을 구분하여 패키지를 구성하며, 콘돔 패키지라고 알 수 없는 디자인을 통해 구매자들의 흥미와 디자인적 욕구를 충족시킨다.

다. Price : 젊은 층이 구매하고 선물하기 부담스럽지 않은 가격 설정을 하였고, 구매 수량에 따라 할인되는 가격을 제공할 수 있도록 하였다.

라. Place : 홍대, 대학로 등 젊은 층과 유동 인구가 많은 지역이며 인터넷 쇼핑을 활발히 하는 메인 타겟(Main Target)인 20~30대 젊은 층의 성격에 맞춰 인터넷 샵을 운영하여 대량 구매 위주의 판매를 제공한다.

마. Promotion : 브랜드 SNS 계정 운영, 서포터즈 후원, 공익광고 캠페인 등을 들 수 있으며 스마트폰 앱을 통해 생리주기 체크, 가까운 지점 확인 등을

제공하며 스템프 카드를 통해 마일리지 적립한다. 또한 여러 제품의 브랜드들과의 콜라보레이션을 통하여 다양한 디자인과 이벤트를 제공한다.

- **PEOPLE** 올바른 성의식을 가진 20대 여성
- **PRODUCT** 개인 구매용, 선물용 패키지 구성
- **PRICE** 젊은 층이 구매하고 선물하기 부담스럽지 않은 합리적인 가격
- **PLACE** 로드샵 : 홍대, 대학로 등 젊은 층과 유동 인구가 많은 지역
  인터넷 : 인터넷 사용이 활발한 타겟에 맞춰 인터넷 샵 운영
- **PROMOTION** 브랜드 SNS 운영, 서포터즈 후원, 공익광고 캠페인
  SMART PHONE APP : 매직 캘린더, 지점 확인, 할인쿠폰 다운
  STAMP CARD : 마일리지 적립
  COLLABORATION : 타 브랜드들과의 콜라보레이션

66 YOU 브랜드의 5P 전략

브랜드 매트릭스(Brand Matrix)

브랜드 매트릭스는 경쟁업계와의 관계를 파악해 전략을 수립하는 과정이다. X,Y 축의 요소를 중심으로 하여 브랜드의 해당 위치를 파악하도록 한다. 또한 이 내용이 반영되어 브랜드를 생성한다.

브랜드 이미지 측면과 성별로 매트릭스를 구성했을 때, 현재 듀렉스, 유니더스, 아카모토가 인지도가 있는 편이며, 후발업체로 최근 동아제약에서 콘돔 브랜드를 출시하였다. 따라서 YOU 브랜드는 브랜드 이미지를 최상으로 끌어올리면서 기존에는 콘돔을 남성이 구매하고 준비하는 형태를 띄었다면 숨어있는 잠재고객인 여성을 타겟으로 하여 포지셔닝하였다.

67 YOU 브랜드 이미지

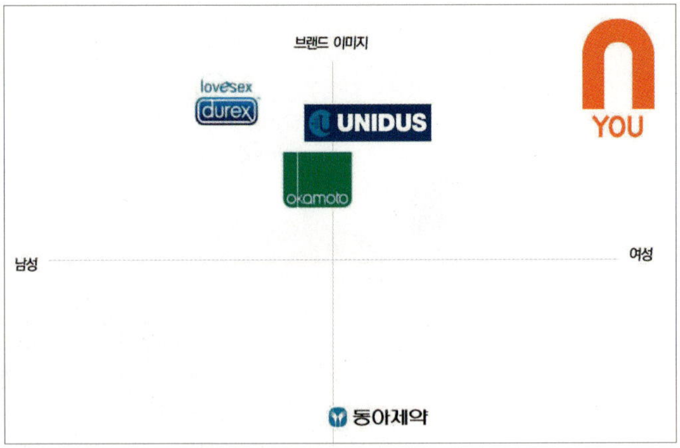

68 브랜드이미지-성별 매트릭스

또한 가격과 디자인측면으로 구분하였을 때, 현재의 브랜드들은 듀렉스와 아카모토가 고가이지만 평이하게 디자인되었으며, 그에 비해 유니더스는 중가, 동아제약은 저가를 타겟으로 하고 있다. 이에 YOU브랜드는 여성을 타겟으로 하여 고급스러움을 추구하면서 부담 없이 구매할 수 있도록 디자인에 위트함을 주도록 포지셔닝 할 수 있다.

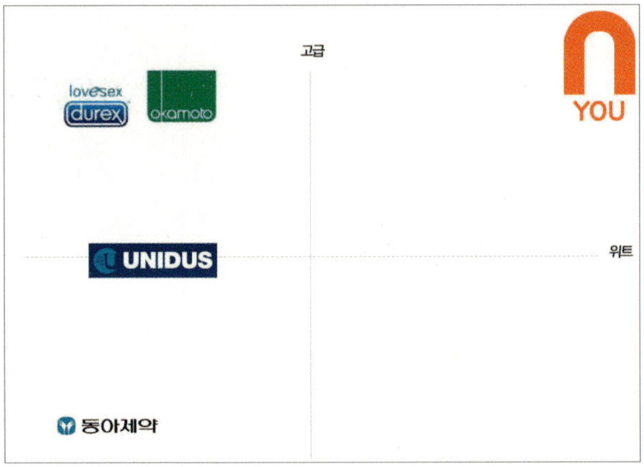

69 가격-디자인 매트릭스

❷ 아이디어 얻기(Getting Idea)

브랜드에 해당하는 정체성을 시각화하는 과정을 통해 브랜드의 이미지를 결정짓도록 한다. 앞의 단계에서 진행된 키워드들을 조합, 분해하여 브랜드만이 지니는 독특한 이미지를 생성하는 과정이다.

비주얼 아이덴티티(Visual Identity)

a) 이미지 덤핑

콘돔의 형태를 나타내는 이미지와 콘돔이 쓰이는 주변의 이미지들에 대해 떠오르는대로 그려넣은 것이다. 이는 20대 여성의 라이프스타일로서 긍정적이고 개방적이다. 주 타겟에 대한 이미지와 라이프스타일을 고려할 수 있다.

70 이미지 덤핑

b) 강제 연관법

20대 여성에 대한 이미지 덤핑에서 끌어낸 라이프스타일적 요소들의 내용, 형식, 기능을 콘돔의 내용, 형식, 기능과 연관시켜 자연스럽게 그들의 라이프스타일적 요소의 하나가 될 수 있도록 한다.

71 강제 연관법

+

=

콘돔모양의 소파

=

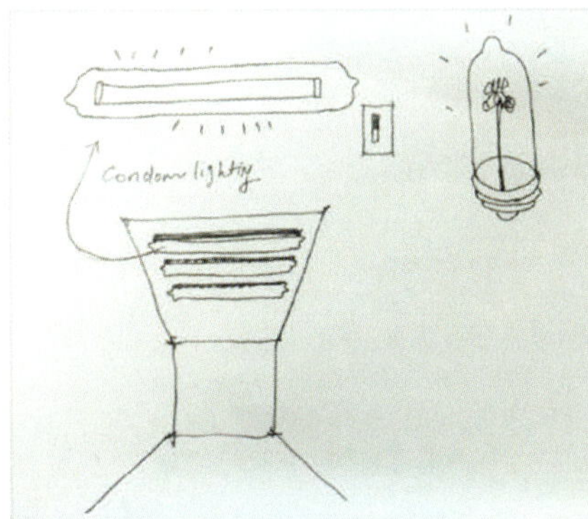

콘돔모양의 램프

c) 시각적 익살

기존의 콘돔에 대한 이미지를 개선하기 위하여 긍정적인 이미지와 부정적인 이미지에 대해 생각해보고 이를 시각적 익살 요소를 믹스하여 제품 디자인 개발에 응용한다.

72 시각적 익살

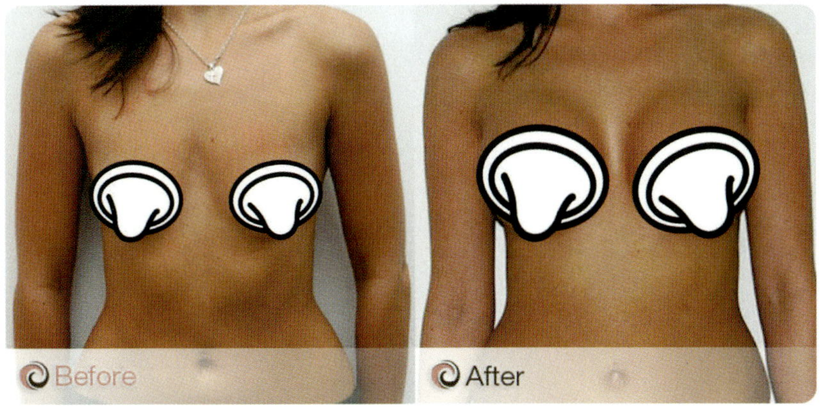
Before
After

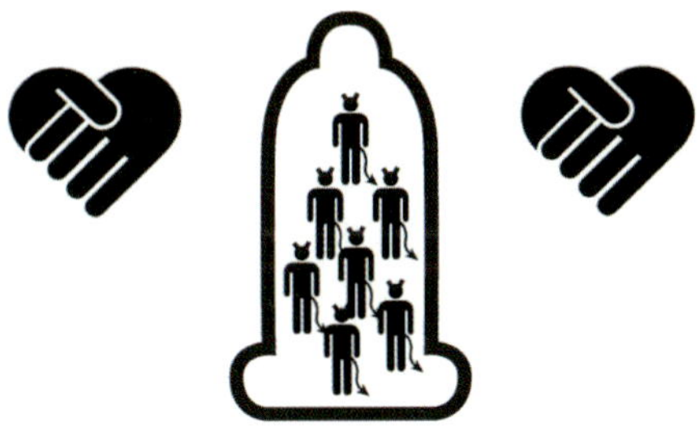

d) 동작 동사

콘돔과 연관되는 동사들을 무작위로 떠올려 보면 '말랑말랑해지다', '꼬다', '딱딱해지다', '녹이다', '늘어나다', '갑옷을 입히다', '커지다', '따뜻해지다'로 나타났다.

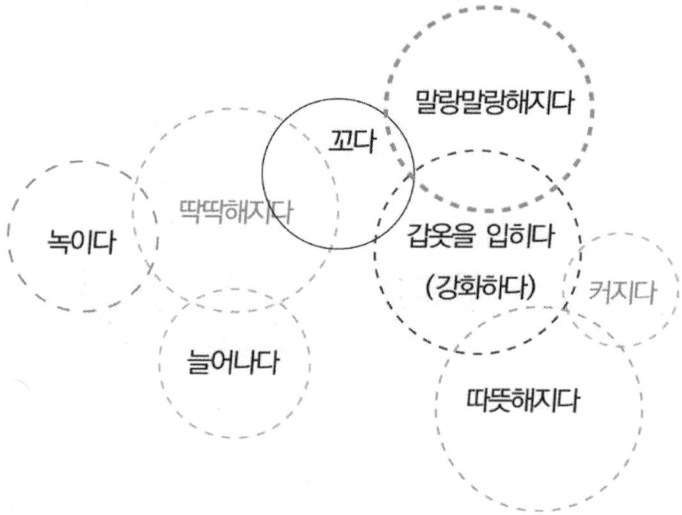

73 동작 동사

다음은 이러한 동사들을 중심으로 이미지로 표현한 것이다.

Melting Condom

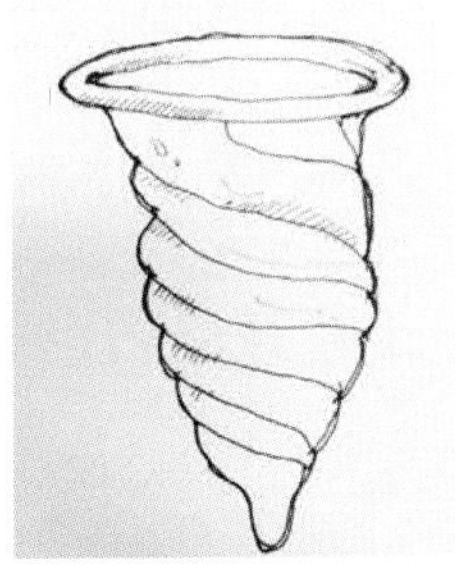

Condom Twist

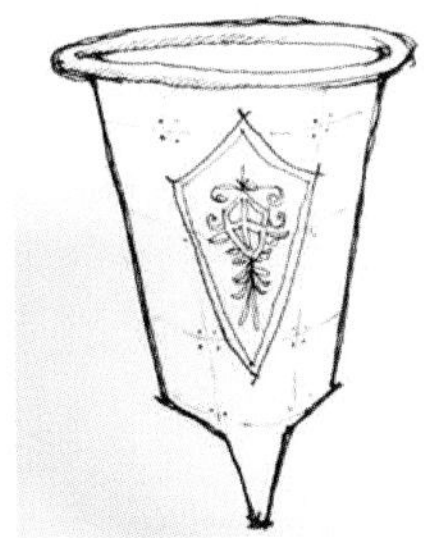

Armor Condom

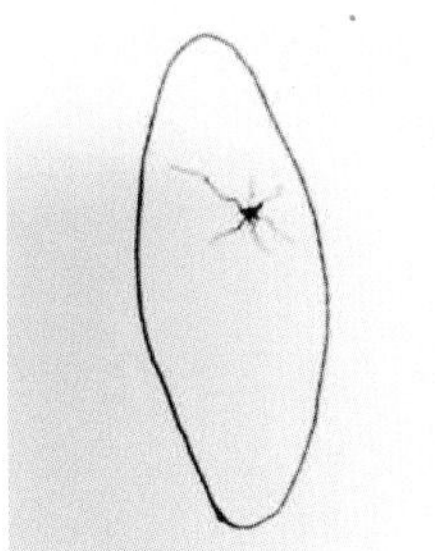

Egg Add

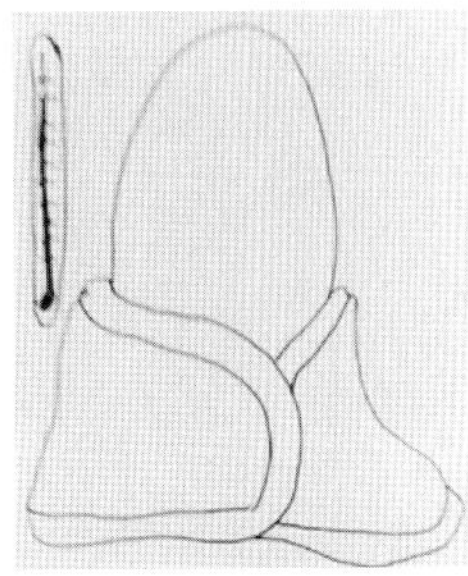

Warm Condom

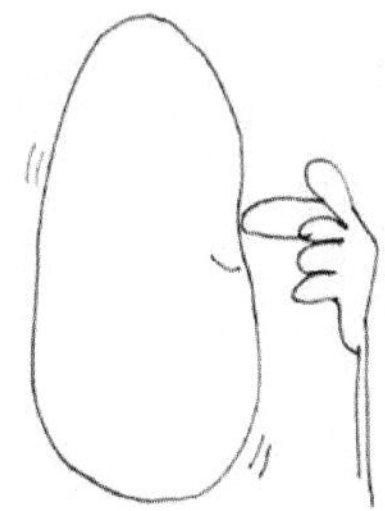

Soft Condom

Big Condom

Stretch Condom

디자인적 사고 8

아이디어를 활성화시키는 방법 :

1. 기본적인 콘셉트로 시작한다.
2. 중심이 되는 이미지나 아이디어에 동작의 시리즈를 더해본다.
3. 뒤로 한걸음 물러나서 당신이 무엇을 하였는지 살펴본다.

e) 비주얼 시각화

다음은 콘돔에 대한 오감을 시각화한 것이다. 후각의 시각적 표현에 있어서는 양초의 달콤한 향, 청각적 표현에 있어서는 고무끼는 소리, 미각에 있어서는 과일맛, 촉각에 있어서는 오일의 매그러운 또는 고무장갑의 거칠거칠한 느낌 등으로 표현할 수 있다.

74 콘돔에 대한 오감의 시각화

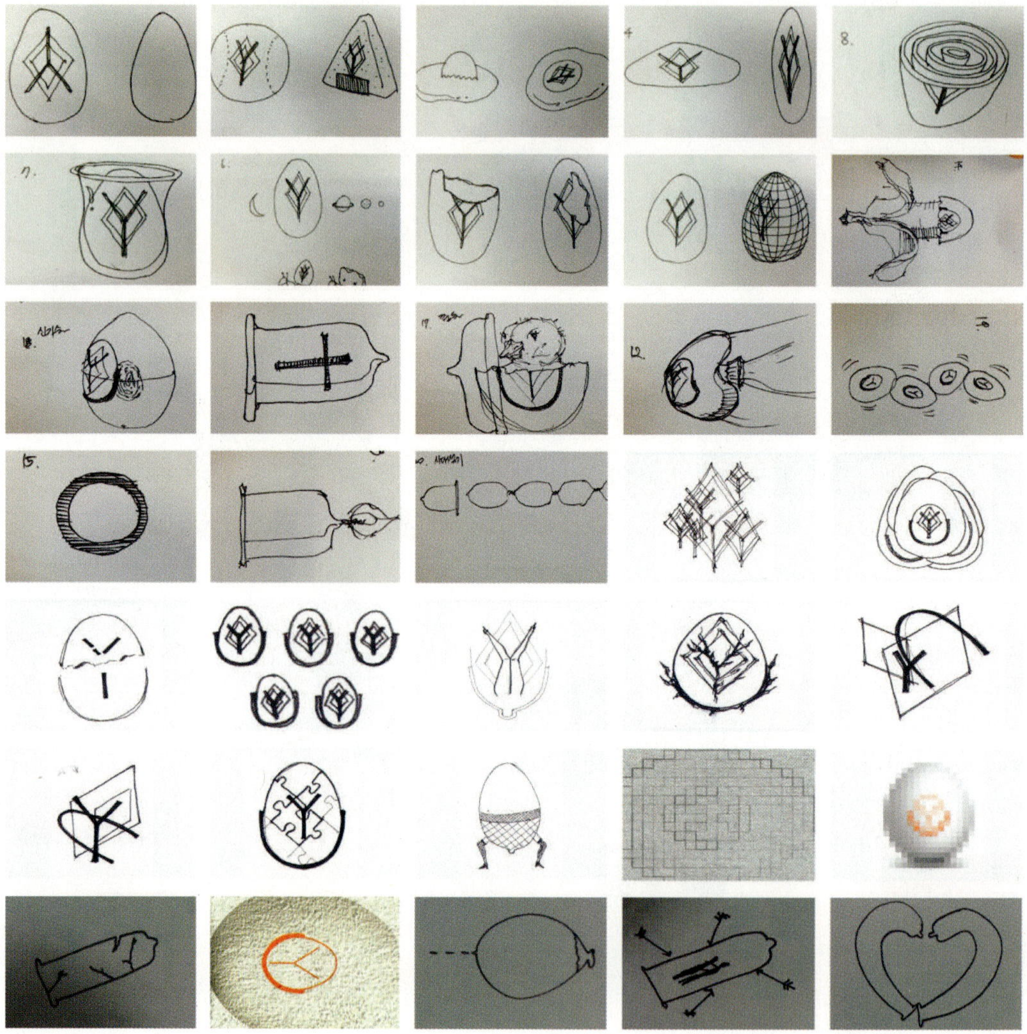

75 발상전환을 위한 40가지 아이디어 적용

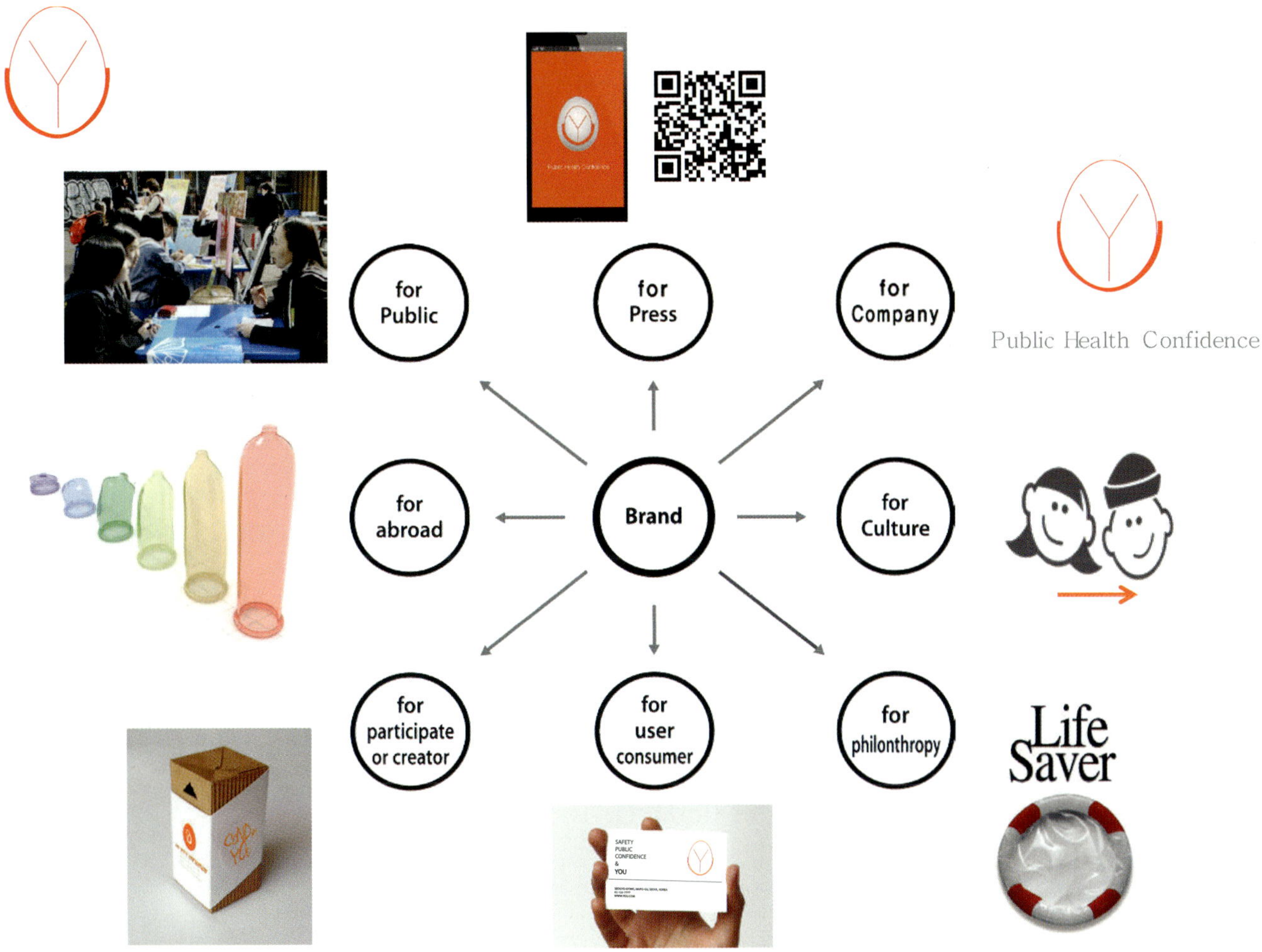

76 콘돔 YOU 브랜드의 소비자 접점

디자인적 사고 9

시각 수사학(Visual Rhetoric)은 변론술, 말하는 법, 이야기을 말한다. 일반적으로 언어에 장치, 기교를 써서 설득력과 표현성을 높이는 것으로 이는 B.C 350 아리스토텔레스(Aristoteles)가 자신의 논리를 펼치기 위해 Logos(이성에 호소), Pathos(감성에 호소), Ethos(윤리에 호소)를 주장하였으며, 현재 이러한 시각 수사학은 광고 디자인를 비롯하여 산업 디자인, 공간 디자인 분야에도 널리 적용되고 있다.

“

Visual Rhetoric

도치법 : 정상적인 배열순서를 바꾸어 강한 인상을 주려는 표현

비유법 : 원관념은 숨기고 보조관념만 드러내어 표현

의인법 : 대상을 마치 사람인 것처럼 대하여 표현

대구법 : 짝을 맞추어 늘어놓는 표현

과장법 : 실제보다 크게 또는 작게 표현

은유법 : 원관념은 숨기고 보조관념만 드러내어 표현

역설법 : 표면적인 진술 너머에서 진실을 드러내어 표현

환유법 : 다른 관념이나 사물로 대신 표현

대유법 : 부분으로 전체 표현

Pathos

Emotion

- *Emotional or imaginative impact*
- *Stories*

감성에 호소

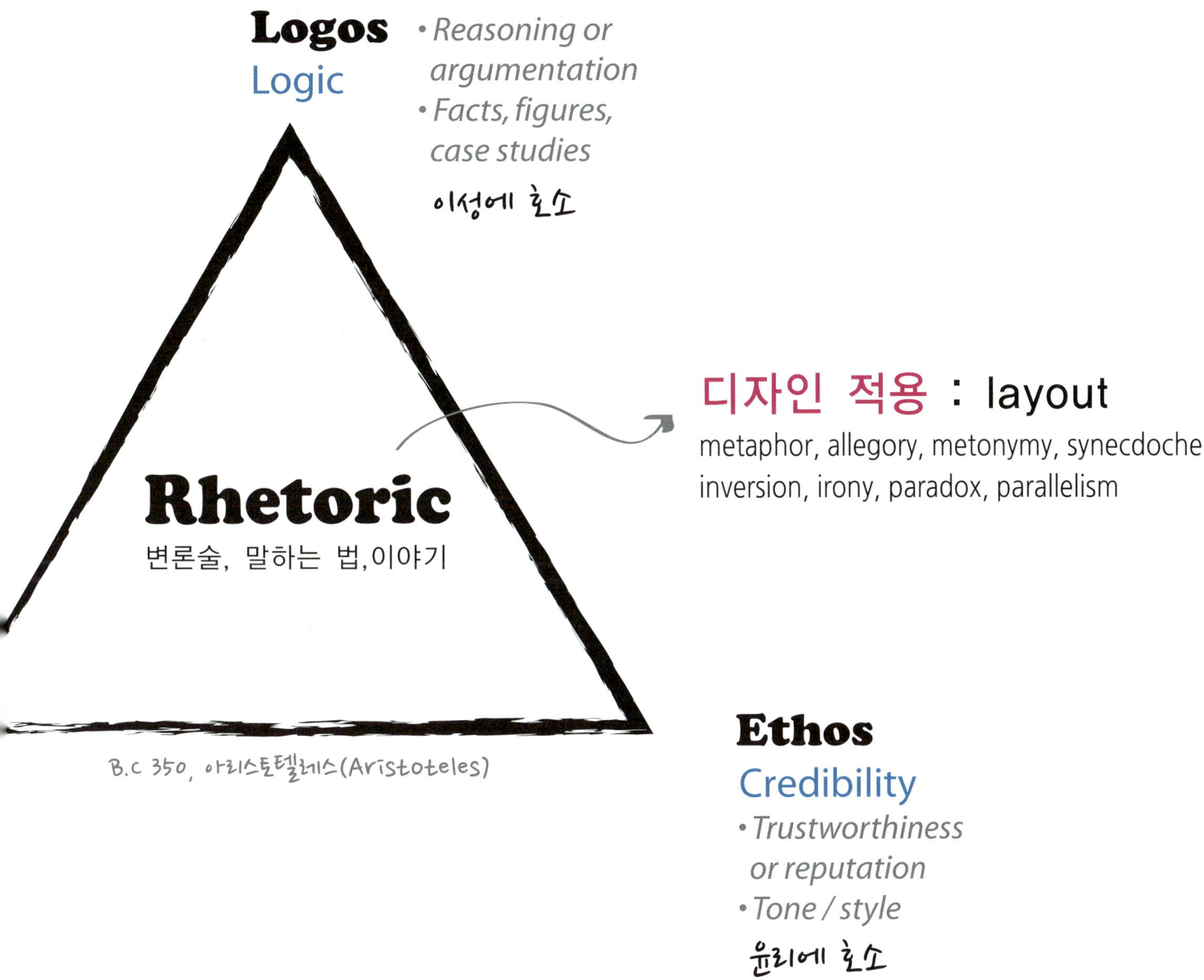
Logos
Logic
• Reasoning or argumentation
• Facts, figures, case studies
이성에 호소
디자인 적용 : layout
metaphor, allegory, metonymy, synecdoche
inversion, irony, paradox, parallelism
Rhetoric
변론술, 말하는 법, 이야기
B.C 350, 아리스토텔레스(Aristoteles)
Ethos
Credibility
• Trustworthiness or reputation
• Tone / style
윤리에 호소

❸ 형태 만들기(Creation Form)

이상의 2D의 Graphic identity, 3D의 Product identity, 4D의 Space identity측면으로 브랜드 매뉴얼을 정리하면 다음과 같다.

2D 측면: 그래픽 디자인

브랜드 로고

로고는 브랜드 네임 YOU를 합쳐 놓은 형상이다. 로고를 디자인할 때 계란이라는 소재를 넣었는데 이는 계란이 톡 깨지면서 내용물이 나오는 것을 은유하여 표현하기 위한 것이다. 중간에 Y를 넣었고 그것을 감싸고 있는 계란을 O 그리고 그 계란을 감싸고 있는 듯한 형태의 U로 한 로고 이미지 안에 YOU를 표현하였다. 계란의 안쪽에 Y와 함께 그려져 있는 다이아몬드의 형태는 방패를 형상화한 것인데 이는 '방어, 보호'라는 의미에서 사용한 것이다. 성교를 할 때 원치 않는 임신과 질병을 막기 위해 예방적 목적으로 콘돔을 사용하는 것이기 때문에 YOU 콘돔의 품질에 대한 신뢰도를 높이기 위한 의도로 넣었다.

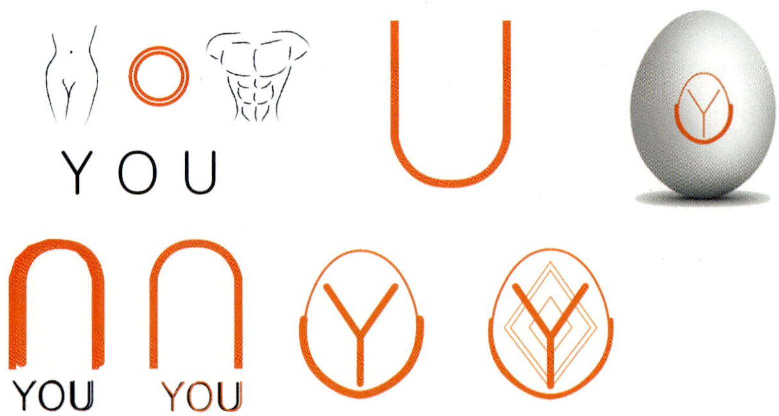

77 콘돔 YOU 브랜드의 로고 개발

비즈니스 카드 디자인

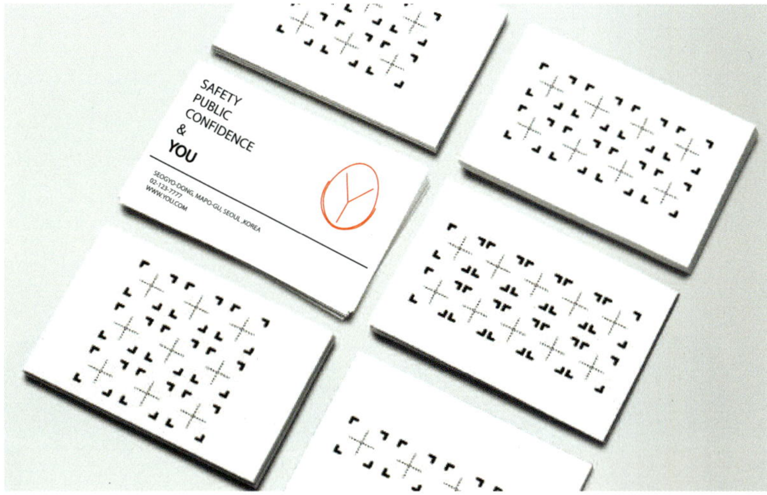

78 콘돔 YOU 브랜드의 로고 적용

어플리케이션 디자인

어플리케이션의 프로그램으로는 아래와 같이 구성하였다.

- 가까운 YOU 매장 안내
- 매장소식, 이벤트 공지
- 생리주기 체크
- 성 지식 공유 커뮤니티 게시판

79 콘돔 YOU 브랜드의 어플리케이션 디자인

스템프 카드 디자인

YOU 매장의 스템프 카드를 통해 마일리지를 적립한다. 쿠폰의 디자인은 여자 속옷의 뒷 버클로 디자인했다. 'UNHOOK 하라.' 주황색을 잡아당기게 되면 스탬프를 찍을 수 있는 쿠폰이 나온다. 브라라는 소재를 사용해 단순할 수 있는 쿠폰도 한 번 더 돌아볼 수 있게 위트를 주었다.

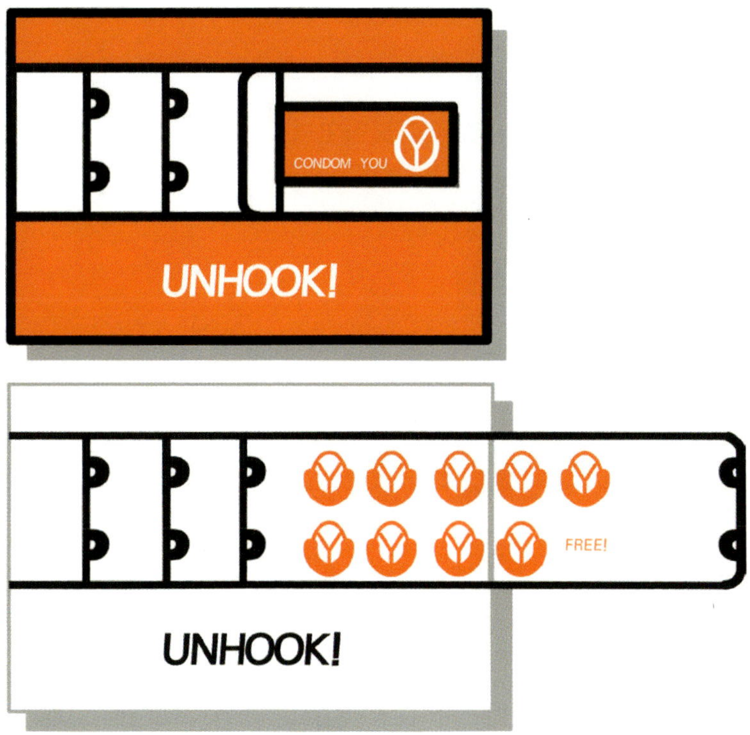

80 콘돔 YOU 브랜드의 스템프 카드 디자인

3D 측면 : 제품 디자인

패키지 디자인

패키지의 앞에는 브랜드의 로고를 넣었고, 뒤에는 YOU의 의미를 영어로 적어 넣었다. 패키지 안에 들어갈 안내서에는 밑에 그림과 같은 제품 사용 설명을 간단한 그래픽으로 표현하였다.

선물용으로 제작된 케이스로 상대방이나 혹은 친구에게 선물하거나 할 때 한 번 더 포장할 수 있게 디자인 한 것이다. 기존의 적나라한 콘돔 패키지에 비하여 콘돔 패키지 같지 않으며 귀엽고 아기자기 한 것이 팬시적인 느낌을 주어 디자인적 측면에서도 소비자들의 구매 욕구를 불러 일으킬 수 있다. 패키지는 전체적으로 오렌지, 화이트, 나무 재질을 사용해 네추럴 하면서도 에너지 넘치고 깔끔한 느낌을 의도하였다.

81 콘돔 YOU 브랜드의 패키지 디자인

4D 측면: 공간 디자인

공간 디자인

홍대, 대학로 등 젊은 층과 유동인구가 많은 지역을 YOU의 매장이 위치할 공간으로 잡았다. 브랜드의 메인 컬러인 오렌지로 매장에 포인트를 주었고 서브컬러로는 오렌지와 어울리는 화이트와 베이지, 블랙을 사용하여 조화를 이루었다.

실내 공간에 있어서는 콘돔을 진열하여 판매할 수 있는 독립형 매대를 설치 해두고 달걀을 형상화하는 테이블을 디자인하였다. 이는 손님들이 매장에서 쇼핑을 하는 동안 쉴 수 있도록 배려된 것으로 오렌지와 화이트 컬러로 믹스 앤 매치하였다.

82 콘돔 YOU 브랜드의 간판 디자인과 실내 디자인

人,

2. 사람을 생각하다

2. 人, 사람을 생각하다

역사적 인물, 현존 스타를 주제로 한 브랜드 개발 프로세스

인물 마케팅이란 특정 인물에 대한 표적 시장으로부터의 관심과 흥미 혹은 선호도를 향상시키기 위한 모든 마케팅 활동을 일컫는다. 대표적으로 인물 마케팅은 정치인들이 대중으로부터 인지도를 높여 당선을 위한 전략으로 사용하는 사례나, 기업의 CEO들이 철학과 비전 경험이나 사회봉사 등을 공유하여 기업의 브랜드 경쟁력을 강화하는 사례나, 연예인들이 긍정적인 이미지를 만들어 팬들로부터 사랑받는 사례, 스포츠 스타들이 더 높은 몸값을 받기 위한 기회를 만드는 사례들을 의미한다.

2.1 프로세스와 방법

2.1.1 온라인 상에서의 인물 마케팅

온라인 상에서의 인물 마케팅은 해당 인물에 대한 긍정적인 콘텐츠를 생성 및 노출시키는 것을 일컫는다. 네이버나 다음이 검색 트래픽의 절대적인 부분을 차지하는 우리나라의 웹 환경에서 네이버나 다음에서 해당 인물을 검색했을때, 부정적인 콘텐츠 없이 긍정적인 콘텐츠가 노출됨은 물론 이런 긍정적인 콘텐츠의 퀄리티가 읽을만한(볼만한) 가치가 있도록 생성하는 데 주력한다. 현재 노출중인 부정적인 콘텐츠 검색 결과보다 상위에 다수의 긍정적인 콘텐츠를 노출시켜 기존의 부정적인 콘텐츠가 밀려나 검색 결과에 노출되지 않도록 하는 검색엔진 최적화 기술은 물론 노출중인 부정적인 콘텐츠를 검색, 노출 제한을 시킬 수 있도록 하는 다양한 프로세스에 대한 이해가 필요한데 이는 정부 기관 및 포털 사이트의 관련 업무 프로세스에 대한 경험이 필수적으로 확보되어야 하며, 빅데이터에 대한 이해 역시 필수적이다.

2.1.2 정치인 마케팅

정치인 마케팅은 이미 미국의 레이건 대통령, 일본의 나카소네 수상이 인물의 이미지 마케팅 전략을 효과적으로 활용한 바 있으며 국내에서는 노태우 대통령이 최초로 인물 이미지 메이킹 전문가를 채용하여 그 전략 전술을 활용한 바 있다. 이는 보통사람, 옆집 아저씨의 이미지로 구체화되어 실시되었다. 온라인 상에서의 정치인 마케팅은 주로 부정적인 뉴스나 인식을 희석시키는 데 효과적일 수 있다. 정치인들에 대한 국민들의 뿌리깊은 불신 및 매일마다 쏟아지고 양산되는 뉴스나 콘텐츠에 의해 정치인들의 이름은 온라인 상에서 난도질되고 있는것이 현실이다. 이런 뉴스나 컨텐츠를 신고나 고발을 통해 제재하기 힘든 정치인들의 입장에서 최상의 방법은 인간적이고 친근한 콘텐츠를 다수 노출시킴으로써 기존의 부정적인 뉴스나 콘텐츠를 검색에 노출되지 않도록 뒤로 밀어내는 방법이다.

2.1.3 CEO 마케팅

CEO 마케팅은 CEO에 대한 신뢰를 토대로 상품이나 서비스에 대한 이미지를 높이고 영업을 촉진시키기 위해서 사용되고 있다. 주로 CEO들이 자신의 철학이나 비전, 그리고 경험이나 사회공헌 등에 대한 공유로 CEO 본인의 이미지와 해당 기업의 브랜드 이미지를 동일화시키는 전략을 취한다. 이는 브랜드 경쟁력 강화의 효과는 물론 주주에 대한 신뢰도 상승이나 실력있는 인재의 확보에도 효과적이다. 또한 CEO의 인간적인 면모에 대한 정서적 각인이 주는 효과가 거대한 대한민국에서 CEO 마케팅은 일반 대중에게 지속적이고 강력한 신뢰감은 물론 확연히 차별화되는 경쟁력을 제공할 수 있다. 온라인 상에서는 주로 블로그 마케팅의 방법으로 진행되는데 국내의 이찬진이나 외국의 조나단 슈워츠 등이 유명하다. 국내의 CEO들이 외부로 전달되는 메시지를 통한 리스크에 대한 우려 때문에 직접적인 활동을 꺼리기 때문에 CEO를 하나의 상품이나 브랜드로 포장하여 온라인 상에서 커뮤니케이션할 수 있는 방법이 요구된다.

2.1.4 스타 · 연예인 마케팅

스타 · 연예인 마케팅은 해당 인물에 대한 긍정적인 이미지를 형성하여 인지도를 높이는것은 물론 팬들과 대중으로부터 사랑받을 수 있도록 하여 가치를 높이는 일련을 활동을 의미한다. 온라인 상에서는 주로 부정적인 루머, 소문과 관련된 콘텐츠를 포털사이트와의 연계로 삭제하거나 검색엔진 최적화를 이용한 기법으로 검색에 노출되지 않도록 밀어내는 위기 관리, 평판 관리의 방법을 취하거나 대중에게 어필하거나 사랑받을 수 있는 매력을 UCC 등을 통해 다양한 온라인 커뮤니티나 포털에 유포하는 방식이다. 대중에게 인지도가 높은 연예인들의 경우 특정 사안에 대한 위기 관리, 평판 관리의 방법으로 진행되거나 해당 연예인이 출연한 작품에 대한 콘텐츠 릴리스의 방식으로 진행되는 경우가 많고 신인급 연예인들의 경우에는 핫이슈를 만들 수 있는 다양한 UCC 유포를 통해 인지도를 높이는 방식으로 진행된다. 스타 마케팅을 활용한 브랜드 스페이스 마케팅의 대표적인 사례로는 카페베네를 들 수 있다. 이 경우 대표가 주변에 연예인 네트워크를 갖췄고 카페베네 초창기 연예 기획회사 사이더스와 지분 참여 형식으로 제휴를 진행해 연예인 마케팅을 적극적으로 할 수 있었으며, 한류스타 팬 사인회 이벤트와 드라마 PPL 노출 이후 약 3배의 매출 증가가 달성되었다.

2.2 토탈 브랜드 디자인 : 人(인물)

2.2.1 고객 체험과 브랜드 스토리텔링

(1) 고객 체험

책상에서 눈을 떼고 고객의 시각에서 세상을 보는 것이 브랜딩의 필수 요소이다. 브랜딩 팀의 쇼핑은 업무와 유흥의 교집합이라 할 수 있다. 앞으로 일어날 브랜딩계의 지각변동은 고객 경험에서 시작될 것이다. 고객 체험이란 고객과의 모든 접점에서 충성도를 구축하고 지속적인 관계를 유지하는 것이다.

구매 선택의 대부분은 고객의 브랜드 경험을 높여 고객을 유혹하고 고객들이 그 브랜드 제품을 계속해서 구입하도록 기업들을 부추긴다. 모든 고객과의 접촉은 고객들과의 정서적인 접촉 기회를 제공한다. 상품에 대한 좋은 경험은 고객들에게 긍정적인 반응을 불러일으키고 나쁜 경험은 그 브랜드를 멀리하게 만들어 상품 구매 기회를 앗아간다. 브랜드를 디자인함에 있어서 고객 체험은 짧은 순간 결정된다. 가장 일상적인 거래가 잊지 못할 기억이 될 수 있게 브랜드를 디자인하고 고객에게 체험적 요소를 줄 수 있어야 한다.[42]

42 디자이닝 브랜드 아이덴티티: Planning, Design, Branding / 앨리나 휠러 저, 유승재 옮김 / 비즈앤비즈, 2012, p.19

"

결정적 순간, 가장 일상적인 거래가 잊지 못할 기억이 될 수 있다.

도노반 / 그린(Donovan / Green)은 '결정적 순간'에 대해 호텔의 사례로 설명하였다. 그는 도로변에서 호텔을 살펴보는 고객, 로비로 걸어 들어오는 고객, 방 안을 둘러보는 고객들에 이르기까지 모든 호텔 고객을 사로잡기 위한 결정적 순간을 포착했다. 이 기업은 각각의 접점을 브랜드 문화를 뒷받침하는 잊지 못할 긍정적 경험을 만들어낼 기회로 보았다.

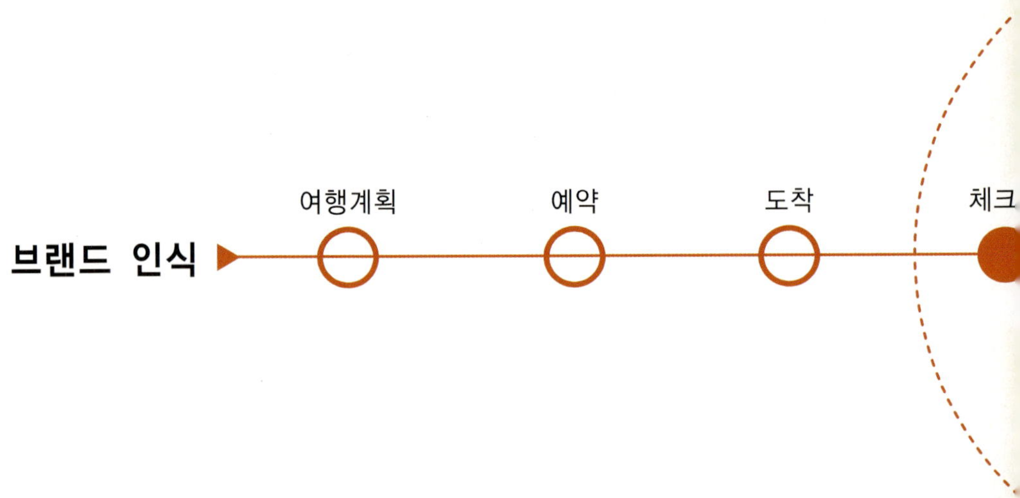

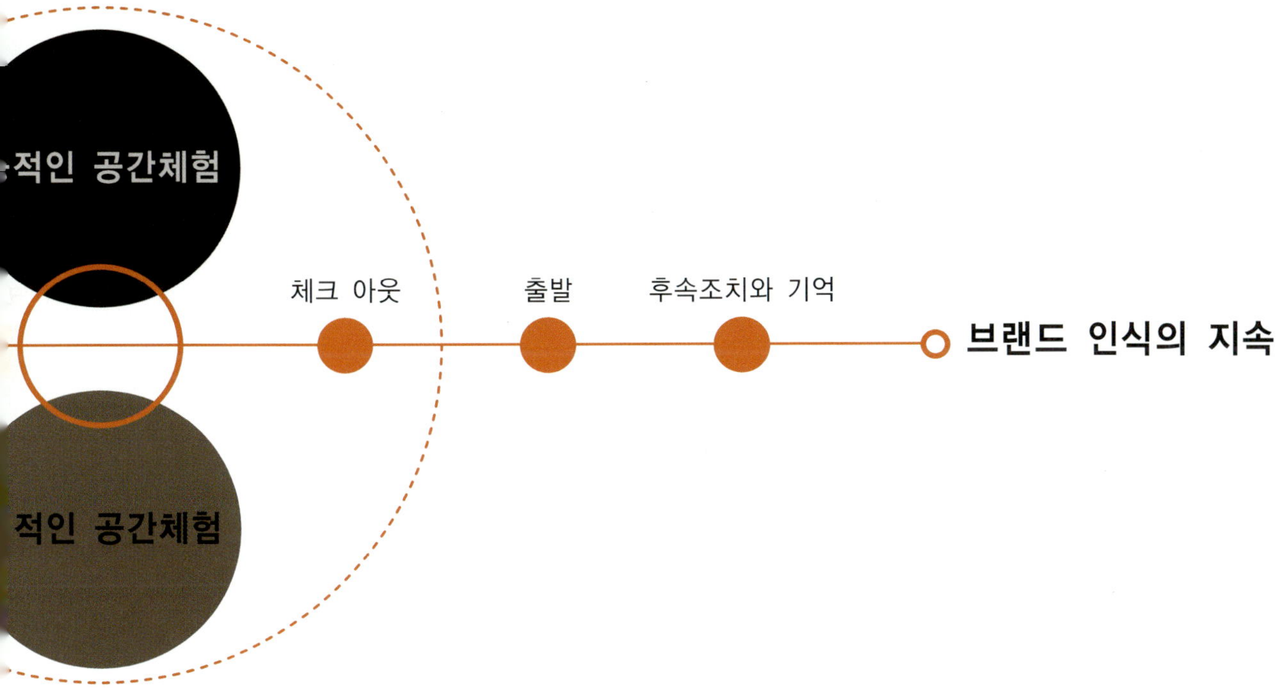

83 브랜드 인식과 브랜드 인식의 지속

(2) 브랜드 스토리텔링

브랜드 디자인의 전설 월터 랜도(Walter Lander)는 "제품들은 공장에서 생산되지만, 브랜드는 마음에서 만들어진다."라고 말한다. 이처럼 브랜드를 머리로 인지하고 마음으로 받아들이는 게 가장 효과적인 방법이 바로 브랜드 스토리텔링이다. 스토리텔링은 '스토리(Story) + 텔링(Telling)'의 합성어로 말 그대로 '이야기하다.'라는 의미를 지닌다. 즉 상대방에게 알리고자 하는 바를 재미있고 생생한 이야기로 설득력있게 전달하는 행위이다.

브랜드가 전달하려는 핵심 메시지를 소비자들이 이해하기 쉽게 전달하려는 노력이 바로 브랜드 스토리텔링이다. 스토리텔링의 중요성은 점점 더 중요하고 영향력 있는 요소로 브랜드와 소비자를 연결하는 브랜드 터치 포인트의 기반이 되고 있다.[43]

43 최영인, 브랜드 디자인 : 브랜드 스토리, BI부터 디자인, 관리까지, 길벗, 2014, p.355

"

제품들은 공장에서 생산되지만,
브랜드는 마음에서 만들어진다.

구매선택의 대부분은 고객의 브랜드 경험을 높여 고객을 유혹하고 고객들이 그 브랜드 제품을 계속해서 구입하도록 기업들을 부추긴다. 모든 고객과의 접촉은 고객들과의 정서적인 접촉 기회를 제공한다. 상품에 대한 좋은 경험은 고객들에게 긍정적인 반응을 불러일으키고 나쁜 경험은 그 브랜드를 멀리하게 만들어 상품 구매 기회를 앗아간다. 브랜드를 디자인함에 있어서 고객 체험은 짧은 순간 결정된다. 가장 일상적인 거래가 잊지 못할 기억이 될 수 있게 브랜드를 디자인하고 고객에게 체험적 요소를 줄 수 있어야 한다.[44]

44 최영인, 앞의 책, p.360

(3) 스토리텔링의 구조와 요소들

스토리텔링은 일반적으로 기승전결(起承轉結) 형식의 구조를 갖는다. 발단—전개—위기—절정—결말에 이르는 이야기를 통해 브랜드의 탄생과 고충 그리고 해결점을 찾아 마침내 좋은 제품이나 서비스를 만들어 낸 것을 소개하는 방식이다. 구조를 이루는 요소 또한 각 단계별로 필요하다.

기(起)는 브랜드의 시작에 관한 이야기이다. 왜(why) 브랜드를 만들었는가에 해당하는 부분이라고 할 수 있다. '브랜드의 탄생 배경'에 관한 이야기를 논리적으로 명확하고 간결하게 정리해 볼 필요가 있다.

승(承)은 브랜드의 발전에 관한 이야기이다. 왜 브랜드를 만들고자 했는가에서 시작된 이야기가 누가(who) 브랜드를 만들었는가와 같은 좀 더 구체적이고 직접적인 내용에 대한 언급을 피력하는 부분으로 이어져야 한다. 브랜드 스토리텔링에는 분명한 화자가 있어야 효과적이다. 주체가 없는 이야기는 흥미롭지 못한 경우가 많다.

전(轉)은 전환점을 이끌어 낼 수 있는 드라마틱한 이야기로 만들어져야 한다. 드라마

틱한 표현이라고 해서 반드시 큰 사건과 사고를 억지로 만들 필요는 없다. 브랜드를 만들다 보면 분명히 크고 작은 사건 사고가 일어나기 마련이기 때문에 그 사실을 근거로 어떤(what) 문제가 있었는지 갈등 구조를 만들고 위기감을 고조시키거나 하는 이야기들로 구성하는 것이 일반적이다.

결(結)은 위기와 갈등 구조를 해소하고 최종 결과를 이끌어 낸 상황이다. 갈등, 위기를 어떻게(how) 해결해서 브랜드가 만들어졌는지에 대한 것을 분명하게 나타내야 한다. 결 부분에는 브랜드의 비전이나 목표 등을 포함하는 것도 좋은 방법이다.

45 최영인, 앞의 책, p.360

이렇게 브랜드 스토리텔링은 소비자가 브랜드를 인식시켜 구매를 이끌어 낼 수 있는 매력적인 이야기여야 한다는 것을 전제로 한다. 고객의 공감과 해당 브랜드의 명확성, 타브랜드와의 차별점 등을 인식하게 하고 결과적으로 구매로 이어지게 하는 역할을 해야 한다.[45]

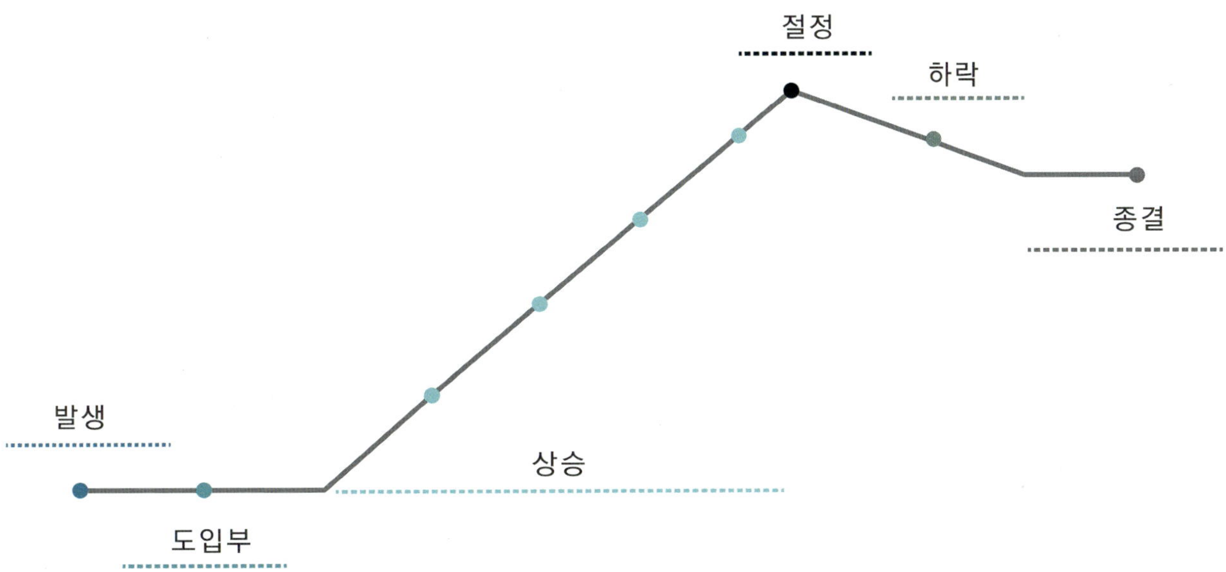

84 스토리텔링의 구조와 요소

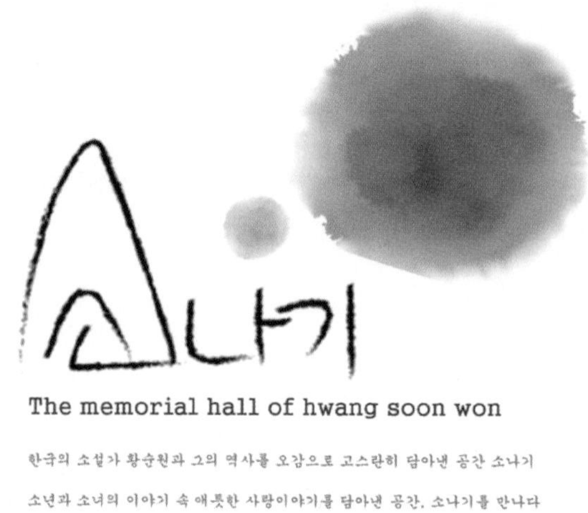

2.2.2 황순원 문학관 소나기(SONAGY) 통합 브랜드 개발

(1) Background & Purpose

국내뿐만 아니라 세계적인 도시들이 인물을 활용한 마케팅으로 지역 정체성은 물론 도시 브랜드를 키우는 데 눈을 돌리고 있다. 특히 문화예술의 도시를 지향하면서 문화예술 저명인사를 활용한 지역마케팅에 본격 나서고 있다. 축제나 특산물을 이

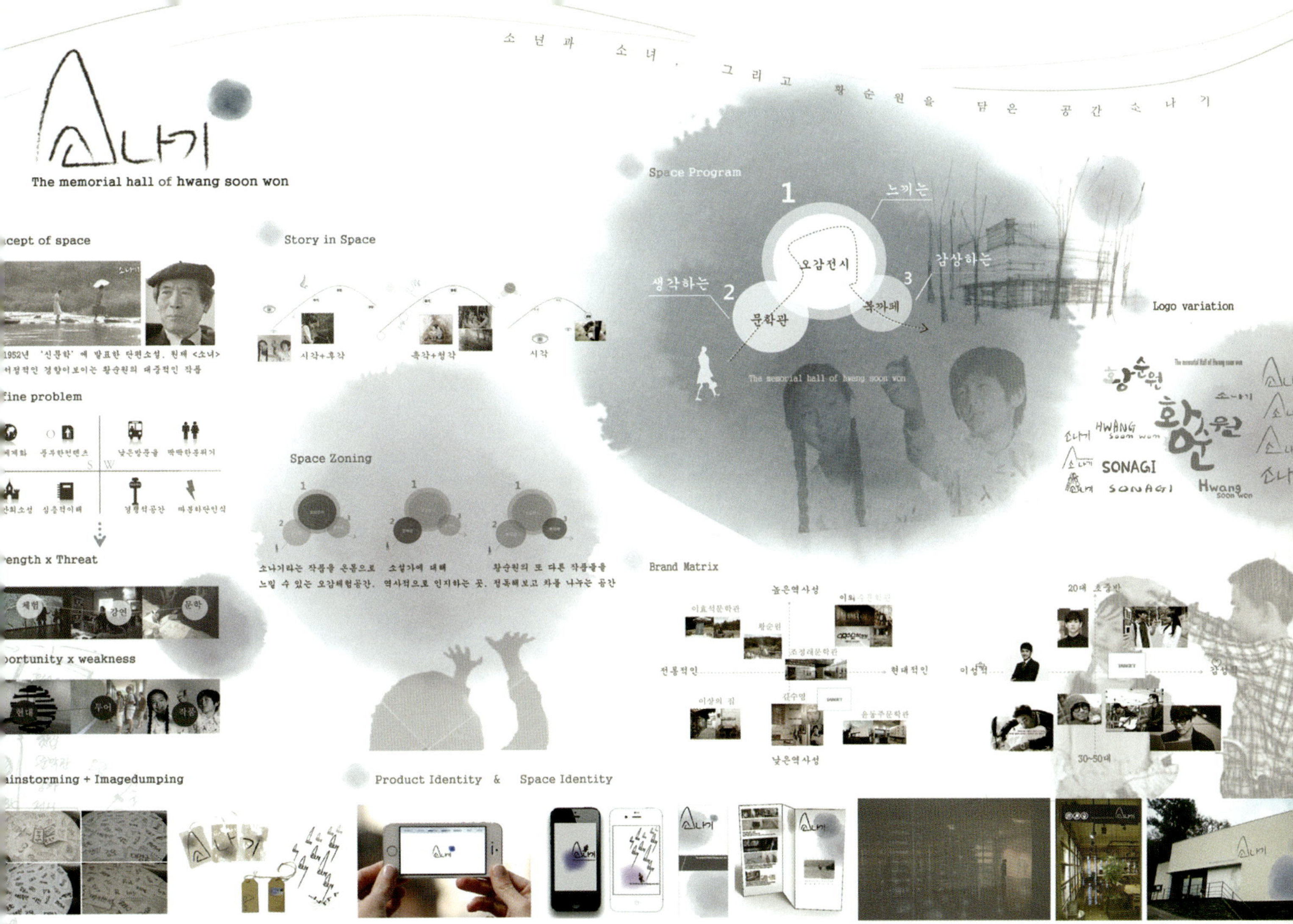

박가현 · 맹지수 · 임슬비 · 신윤화(학생작품)

용한 도시 마케팅은 너무 많아져서 지역별로 차별성이 사라진지 오래되었다. 이러한 현안들을 모색하고자 전국의 지자체들이 현재 개발해 사용하고 있는 지역 브랜드는 8000여 개에 달하고, 아울러 지역마다 공연이나 축제 등을 통해 지역문화 자원을 부각하는 데 힘을 쏟고 있지만 지역 브랜드를 활용한 마케팅이 이제 한계에 봉착하고 있다. 이에 따라 일부 지자체들은 다양한 문화예술자원을 찾아 지역 브랜드로 키우기 시작했는데 그중 하나가 그 지역의 인물을 이용한 마케팅은 수단일뿐만 아니라 도시의 정체성을 형성하는 자원이 되고 있다. 그 인물이 곧 도시의 브랜드가 되는 것이다. 그래서 인물을 활용한 마케팅은 도시 품격을 높일 수 있는 문화와도 연계되고 있다.[46]

역사적 인물을 바탕으로 공간을 설치하고 만든다는 것은 단순히 기념관 건립이나 관광지 및 전시공간을 만드는 데에 그치지 않는다. 공간을 창조함과 동시에 역사적 인물 한 사람을 현 시대의 대중들 앞에 재탄생시키고 브랜드화하는 것에는 그 의미가 있다. 한 인물에 대한 공간을 만듦으로써, 그 인물에 대해 알리는 행위, 즉 그 인물에 대해 자연스럽게 홍보하고 브랜드 마케팅을 적용하게 되는 것이다. 이번 장에서는 한국의 문학 작가 황순원의 '소나기'를 중심으로 그래픽 아이덴티티(Graphic Identity), 제품 아이덴티티(Product Identity), 공간 아이덴티티(Space Identity)를 브랜드와 디자인, 마케팅을 융합하여 통합적인 관점에서 개발해가는 일련의 과정들을 소개하고자 한다.

46 마재일 기자, [기획] 인물이 지역을 살린다. ① 지역 인물 마케팅 활용 이렇게, '인물 마케팅으로 도시 브랜드 높인다', 동부 매일신문, 2013.10.23 기사, http://www.dbltv.com/news/articleView.html?idxno=7181

(2) theoretical background

❶ 역사적 인물을 활용한 콘텐츠 개발현황

황순원과 같이 한국의 문인을 활용한 문화 콘텐츠 개발 사업을 살펴보면 크게 인물과 작품으로 나눌 수 있다. 또한 작가들을 활용한 문화 콘텐츠 개발 유형들은 출생지, 거주지, 작품의 활용 형태로 주로 나타나고 있고, 개발 유형에 따른 운영 형태별로 나누어 보면, 박물관 교육형, 지역문화 활성화형, 지역문화 공간형, 문학인 양성형, 작품 배경형, 축제 관광형으로 구분된다.[47]

그중 작품배경 형태로 운영되고 있는 황순원 문학촌 소나기 마을은 문학 테마파크로 조성되어 작가의 생애와 문학을 한 눈에 볼 수 있어 연간 9만 명의 방문객이 찾고 있다. 소설《소나기》속에 나오는 수숫단을 공원 내에 형상화했으며, 산자락

47 정명숙, 문인을 활용한 문화콘텐츠 개발 유형 연구, 성공회대 석사, 2013, p.6~8 부분 발췌

을 거니는 문학산책로도 소성했다. 그러나 양평의 황순원 분학촌 소나기 마을의 주 방문객은 주로 70~80대 연령층 혹은 가족단위로 나뉘어져있어, 20대의 유입이 타 연령대에 비해 적은 편이다. 따라서 보다 폭넓은 연령대의 방문객 유입과 한국 문학역사에 대한 관심도를 높이기 위해 작품 안에 《소나기》라는 소재를 통해 체험이 가능하고 문학적으로 20대에게 인지도가 높은 황순원의 소나기라는 작품을 선정하였다.

❷ 소설가 황순원과 소나기

황순원(黃順元)은 대한민국의 시인이자 소설가로서 1915년 3월 26일 평안남도 대동군 재경면 빙장리에서 태어나 1985년 발표한 산문집《말과 삶과 자유》를 발표한 것을 끝으로 2000년 9월 14일 타계하기까지 많은 작품을 남겼다.

85 소설가 황순원

황순원의 대표 작품인 《소나기》는 단편소설로 1953년『신문학』5월호에 발표되었고, 1956년 중앙문화사의 단편집『학』에 실렸으며, 중학교 교과서에 실리며 이후

영화와 뮤지컬로 제작되어 더욱 대중들에게 알려지게 되었다. 소나기는 이성에 눈떠가는 사춘기 소년과 서울에서 전학온 윤초시 댁 증손녀인 소녀와의 아름답고 슬픈 첫사랑의 경험을 그린 작품이다. 작품의 특징은 기-승-전-결에 따른 소년과 소녀의 섬세한 감정변화, 상징적인 소재, 서정적인 묘사가 주된 특징이다. 특히, 《소나기》는 소년, 소녀 사이의 어렴풋한 이성애의 태동을 순수하게 그린 소설로서 낭만적이고, 비극적이며, 정통적인 소설의 스토리텔링 위주의 소설이다. 또한 이 소설은 시적인 것, 자연에 대한 묘사가 정확하면서도 다분히 암시적인 표현법으로 인물의 미묘한 내면 심리를 잘 포착해내고 있다.[48]

48 정동환, 문학작품에 나타난 의미분석:황순원의 소나기를 중심으로, 한말연구 제 10호, 2002.6, p.222

86 황순원의 《소나기》 영화와 책

《소나기》는 1998년 5월 중국 상하이 역문출판사 외국 문예전문지에 번역 및 발표되었으며, 1959년 영국『인카운터』지의 단편 콩쿠르에 입상함으로써 한국 문학의 해외진출에 큰 역할을 한 바 있다. 황순원의 《소나기》를 대상으로 학계 및 업계에서도 활발한 연구나 비즈니스 사업모델로 진행되고 있다. 그중 황순원의 《소나기》를 이용하여 테마크파로 만든 양평의 홍순원 문학관 '소나기마을'은 황순원이라는 브랜드를 황순원의 일대기라는 스토리로 풀어낸 사례라 할 수 있다. 여기서 브랜드 스토리텔링은 브랜드가 전하고자 하는 핵심 메시지를 이야기라는 형식을 통해 전달하는 것을 말한다. 왜(why), 누가(who), 무엇을(what), 어떻게(how) 브랜드를 만들었는지에 대한 이야기를 동기, 주제, 목적, 방법에 대한 내용을 주로 기—승—전—결 방식으로 풀어내어 소비자로 하여금 브랜들에 대한 관심과 설득력을 갖게 한다. 훌륭한 브랜드 스토리텔링은 타 브랜드와의 차이를 명확하게 하고 호기심과 특유의 감성을 불러일으킨다.

❸ 전시공간의 오감체험

본 프로젝트는 소설가 황순원과 그의 대표작품인 《소나기》를 오감 체험 공간으로 구현시킴으로써 기존의 고정적인 문학관의 형식을 벗어나 작품을 온몸으로 체험하는 유동적인 역사적 공간으로 재구성하는 것이 목적이다. 오감체험 전시의 가장 대표적인 두 가지 사례로 '빛의 정원'과 '트로이카 전시'가 있다. 빛의 정원은 빛이라는 시각적인 요소를 통해 쌍방향적인 전시를 구현함으로써 기존의 일방적인 관찰자 시점의 관객을 참여자로서 인지시켰다. 트로이카전은 빛과 소리, 움직이는 키네틱 아트를 통해 시간에 따른 작품의 변화를 보여줌으로써 동적인 전시의 좋은 예라고 할 수 있다.

87 빛의 정원과 트로이카展

(3) 황순원 문학관 소나기(SONAGY) 브랜드 디자인 프로세스

❶ 문제 정의(Define Problem)

기존의 역사적 인물 공간으로는 크게 전시관, 기념관 그리고 문학관으로 현재 국내에 여러 군데에 자리 잡고 있다. 일본의 경우는 역사적 인물을 중심으로 이미 많이 조성되어 있다. 역사적 인물 공간 중에서도 국내 문학가 공간을 기준으로 볼 때, 강원도 평창군 봉평리에 이효석 문학관이 2012년 개관했으며, 화천에 이외수 문학관 그리고 서울시 종로구 통인동에 위치한 이상의 집, 도봉구 방학동의 시인 김수영 문학관, 종로구 청운동의 윤동주 문학관, 전남 보성군 화정리에 지어진 조정래 태백산맥 문학관, 강원도 양평군 수능리에 지어진 황순원 문학관이 현재 존재하고 있다. 아래 사진은 대표 사례인 '이상의 집'이다.

88 이상의 집

브레인스토밍(Brainstorming)

브레인스토밍에는 브레인 라이팅과 브레인 드로잉이 있다. 황순원 문학관 소나기에 대한 브레인스토밍은 브레인 드로잉을 통해 주어진 시간 안에 머릿속에 떠오르는 이미지를 자유롭게 메모지에 그리도록 하여 '소나기'라는 키워드를 중심으로 연관된 단어들을 나열하도록 하였다. 이 과정을 통해 나온 단어들을 연관지어 브랜드의 정체성을 결정짓도록 하였다. 이러한 브레인스토밍을 통해 도출된 주요 단어는 처마, 우비, 무지개, 파전, 막걸리, 전통주, 동동주, 빗소리, 여우비 등으로 꼽을 수 있다.

89 소나기의 브레인스토밍

시장조사(Market Research)

강점(Strength) 측면에서는 역사적 인물에 관련된 다양한 체험공간 및 인물 탐구를 깊이 할 수 있는 것이 가능하다. 특히 역사적 인물이 수반된 공간의 특수성이 타 체험관과의 강점이라고 할 수 있다. 그러나 약점(weakness)으로는 대부분 도시 외곽에 위치함으로써 주말이나 특수한 목적을 가지고 외곽으로 나가지 않는 이상 낮은 방문율을 보인다는 것이다. 그리고 전시 및 체험 등을 주목적으로 하기 때문에 전시 이외의 다른 분위기나 놀이를 찾기는 어려운 실정이다. 그래서 젊은 층의 방문율이 현저히 떨어지고 있는 것이 현실이다. 이러한 상황에서 기회(Opportunity)적인 요소는 역사적 인물들이 수반된 공간은 희소성을 가지면서 역사적 인물이 태어난 곳이나 활동했던 지역을 중심으로 만들어져서 그 지역의 새로운 문화적 코드로 자리매김할 수 있다. 그러나 위기(Threat)라고 한다면 역사적 인물을 콘텐츠로 하여 기존에 설립된 타 기관과의 차별성이 현저히 떨어지며 단순히 홍보를 위한 공간으로만 활용하기에는 이용층을 다각화 할 수 없다는 것이 위기 요소이다.

Strength	Weakness
- 역사적 인물에 관련된 다양한 체험 전시 공간 마련 - 역사적 인물에 대해 깊은 이해 가능 - 역사적 인물이 수반된 공간의 특별성	- 대부분 도시 외곽에 위치함으로써 생기는 낮은 방문율 - 전시, 체험 등이 주목적으로 된 딱딱한 분위기 - 젊은 층의 방문을 이끄는 요소 부족
Opportunity	**Threat**
- 역사적 인물들이 수반된 공간 희소성 - 특정한 역사적 인물로 역사적 인물 공간끼리 서로 차별화 - 역사적 인물에 대한 공부 가능	- 도시 외곽에 역사적 인물들에 대한 고급스러운 공간들 이미 존재 - 역사적 공간에 대한 사람들의 고리타분한 인식 - 유원지, 놀이공원 등 재미를 줄 수 있는 공간들로 인한 역사적 인물공간 소외

90 기존 역사적 인물공간에 대한 SWOT

따라서 이러한 기존 역사적 인물을 콘텐츠로 문학관의 강점과 위기요소를 믹스하여 전시의 따분함을 없애고 반복적인 고객을 창출할 수 있도록 전시의 체험화, 북까페 강연, 문학제 개최와 기회와 약점 요소를 믹스하여 젊은 층을 유도하고 작품과 전시의 창의적 결합을 만들도록 한다. 이는 설치 전시에서현대적 요소를 적용하거나 정기적 투어 등의 방안들을 모색 할 수 있다.

91 소나기 브랜드의 SWOT분석

브랜드 매트릭스(Brand Matrix)

소나기 브랜드의 고객층은 기존의 문학관을 이용하는 대상 연령층 중에서 가장 취약했던 20~30대를 주요 타겟으로 한다. 이성적인 20대 보다는 좀 더 감성적인 20대 초중반을 타겟으로 하였다.

92 소나기의 메인 대상 타겟

또한 소나기 브랜드는 디자인 및 구조에 있어서 전통적인-현대적인 축에서 좀 더 현대적인 분위기를 줄 수 있도록 하고, 개관일에서 현재까지의 유지기관에서 보았을 때, 시인 김수영 문학관(2013년 11월 개관), 종로 윤동주 문학관(2011년 개관), 조정래 태백산맥 문학관(2008년 11월 개관) 등 최근 개관한 문학관들과 유사한 개관 시기를 가진다.

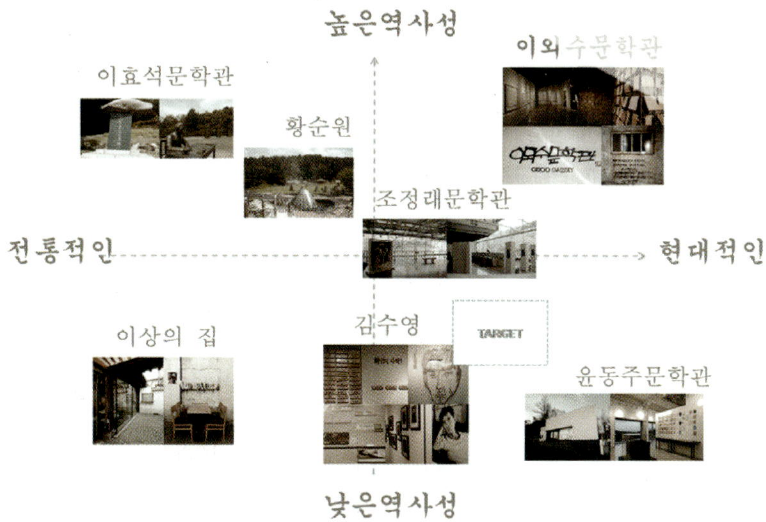

93 역사적 인물 매트릭스

❷ 아이디어 얻기(Getting Idea)

비주얼 아이덴티티(Visual Identity)

동작 동사(Action Verb)

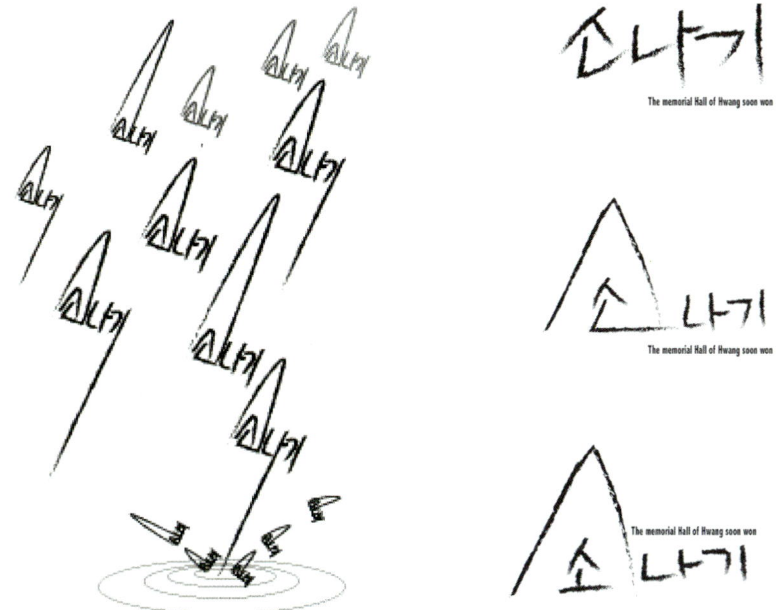

❸ 형태 만들기(Creation Form)

이상의 2D의 Graphic identity, 3D의 Product identity, 4D의 Space identity측면으로 브랜드 매뉴얼을 정리하면 다음과 같다.

2D 측면 : 그래픽 디자인

프로젝트의 콘셉트를 바탕으로 일반적으로 형태만들기는 2D 작업인 로고 디자인, 제품 디자인(P.I), 공간 디자인(S.I) 순서로 디자인 작업이 진행된다. 그러나 창의적인 디자인 프로세스에서 살펴보았듯이 이는 각 단계마다 피드백을 통해서 작업이 이루어져 실제적으로 작업하는데 있어서는 로고 디자인 단계에서 프로덕트 디자인이나 스페이스 디자인이 어느 정도 개념이 잡히기도 하는 순환 구조의 형태를 취하면서 나아간다. 일반적으로 브랜드의 로고는 다양한 아이템과 전체적인 공간에 적용되기 때문에 디자인의 전개 과정 중 가장 먼저 진행된다. 황순원 문학관 '소나기'의 로고 시옷 부분은 짚으로 만들어진 움집을 형상화한 것이다. 작품 안에서 움집은 소나기가 내릴 때에 소년과 소녀가 함께 머무는 공간으로 작품 내에 상징적인 의미가 깊은 소재로 나타나있다. 따라서 작품의 중요한 소재를 은유적으로 로고를 통해 보여주고 소나기가 연상되는 울트라 마린 블루(Ultra Marine Blue) 컬러의 번짐 효과를 적용하여 소나기의 느낌을 로고를 통해 상징화 하였다.

브랜드 로고

소나기

The memorial hall of hwang soon won

3D 측면 : 제품 디자인

브랜드를 홍보하고 파급력을 높이기 위해선 제품 디자인(Product Design)은 필수이다. 브랜드는 제품을 통해 브랜드의 이미지나 정보 등을 전달하기 때문에 제품 안에 브랜드가 가진 색을 최대한 담아내야 한다. '소나기' 공간은 문학서적과 관련이 깊기 때문에 책갈피 같은 소품을 디자인하였다. 또한 최근엔 스마트폰을 통한 정보의 확산과 접근성이 높아지고 있다. 따라서 손으로 만질 수 있는 제품을 넘어서 '소나기' 전용 어플(APP) 제작을 통해 방문객에 대한 공간에 대한 접근성을 높이고, 위치나 기본 정보를 빠르게 제공할 수 있도록 디자인했다. 이외에도 공간 내에서 직접적으로 정보를 제공하기 위한 3단 접이식 팜플렛도 함께 디자인하였다. 브로셔 내에는 미디어아트나 전시 장치에 대한 간단한 설명과 동시에 황순원에 대한 역사적인 기본 정보 등이 제공된다. 각 제품에는 소나기 로고를 전반적으로 적용하고 제품의 특성에 따라 크기나 형태의 약간의 변화를 주었다.

북마크

어플리케이션 디자인

기프트 박스 / 손수건 / 팜플렛

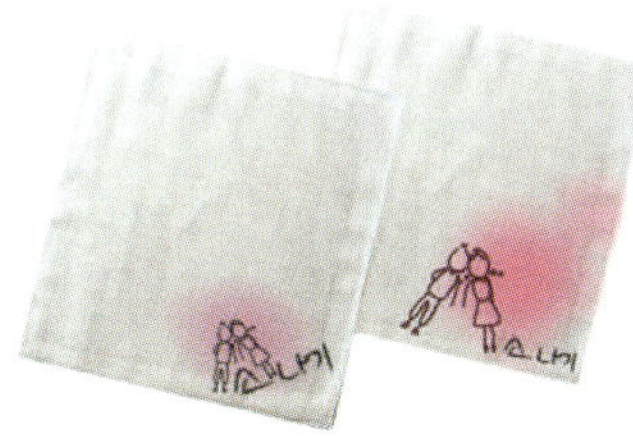

4D 측면 : 공간 디자인

공간 디자인은 브랜드를 나타낼 수 있는 가장 큰 부분이자 중요한 부분이라 할 수 있다. 공간 안에서 사람들은 브랜드에 대한 이미지를 몸으로 인지하게 된다. 스페이스 디자인을 통해 황순원의 소나기 오감체험 전시관은 기존의 일시적인 전시를 넘어서 고정된 유동 인구를 이끌어 낼 수 있다.

앞의 2D에서 도출된 로고와 메인 컬러인 울트라 마린 블루(Ultra Marine Blue)를 바탕으로 기존의 문학관의 모습에 로고 디자인을 맵핑해본 모습이다. 아래의 사진은 소나기 전시장의 북까페 모습으로 간판 및 사인물에 로고를 맵핑한 것이다. 그리고 우측의 위쪽 사진은 소나기 외관 건축물에 로고를 맵핑하여 외부에서 자연스럽게 전시장으로 유입될 수 있도록 했다. 우측의 아래쪽 사진은 오감 체험 전시장의 소나기 모습을 포토샵과 일러스트를 통해 표현한 것이다.

94 문학관 소나기(SONAGY)의 북까페 간판

95 문학관 소나기(SONAGY)의 외부 벽면 디자인(위)

96 문학관 소나기(SONAGY)의 오감체험 전시장 내부(아래)

공간의 구성

황순원 문학관의 가장 큰 비중을 차지하는 첫 번째 공간은 오감체험전시관이다. 이 공간에서 사람들은 소나기라는 작품을 온몸을 통해 느낄 수 있으며, 이야기의 흐름에 따라 변화되는 감각의 종류와 전시요소가 특징이다. 또 다른 공간으로는 문학관과 북까페가 있다. 두 번째 공간인 문학관에서는 황순원이라는 소설가에 대해 문학적으로, 역사적으로 인지하는 공간이다. 황순원의 작품뿐만 아니라 생전의 모습과 서재의 공간을 구체적으로 들여다볼 수 있다. 마지막 공간은 북까페이다. 황순원의 또 다른 작품들을 실제로 정독해보고 차와 함께 이야기를 나누는 공간이다.

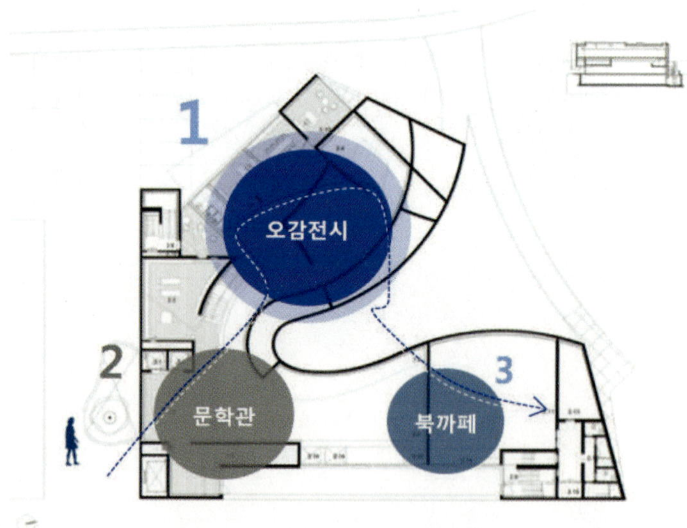

97 문학관 소나기(SONAGY)의 공간 구성

공간1(오감전시)의 오감요소 배치

각 공간 중 가장 비중이 큰 오감체험전시 공간1은 기—승—전—결에 따라 인간이 가진 다섯 가지 감각이 배치된다. 아래에 나타나 있는 그림의 발단—전개 부분에서 소년과 소녀의 첫 만남을 표현하기 위해 시각과 후각 요소를 도입하여 관객에게 첫 만남과 상징적 소재인 들꽃을 느끼게 한다. 위기—절정 부분은 청각과 촉각의 결합을 배치함으로써 소나기가 내리는 소리와 소년과 소녀가 뛰어가며 내는 찰랑이는 빗물의 촉감을 동시에 구현한다. 마지막 부분인 소나기의 결말 부분은 시각적인 미디어 아트를 통해 소녀의 죽음을 보여주는 부분으로 상호 작용적인 미디어 요소를 배치한다.

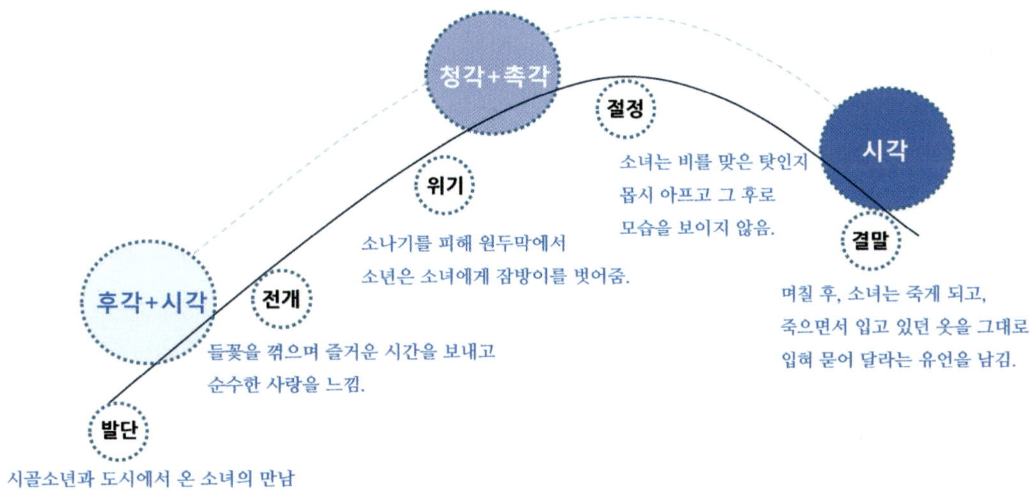

| Storyboard – **1.오감전시공간**

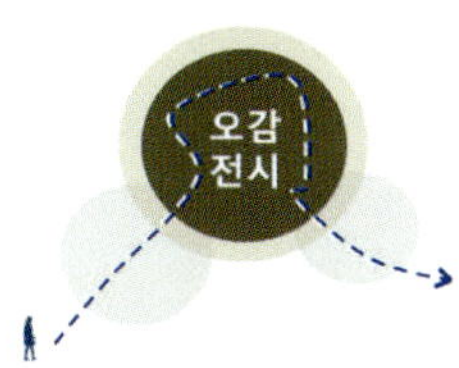

98 문학관 소나기(SONAGY)의 오감전시 요소

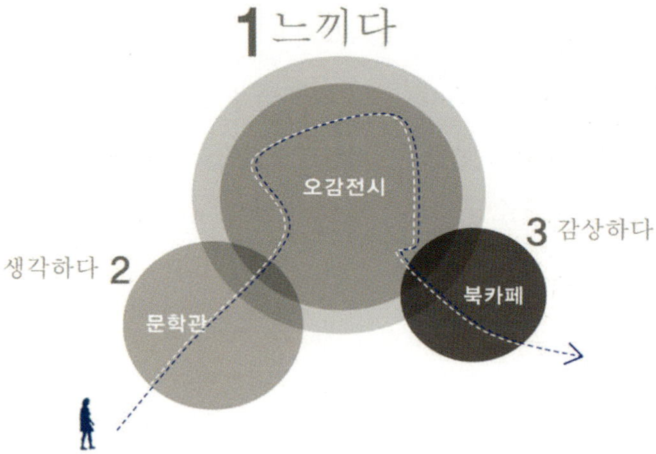

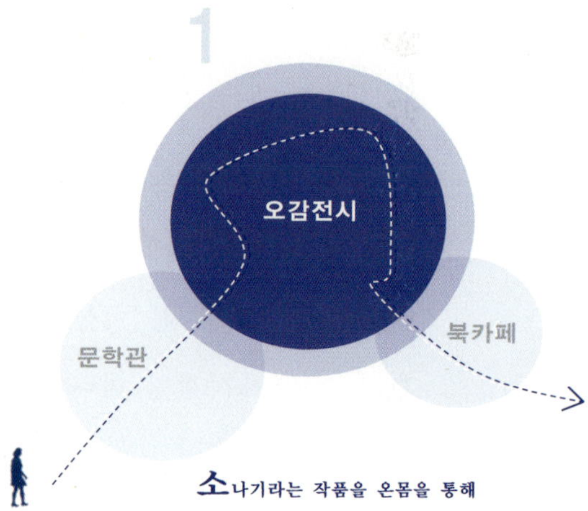

소나기라는 작품을 온몸을 통해
느낄수 있는 오감체험 공간

가장 큰 비중을 차지하고 있으며,
이야기의 흐름에 따라 변화하는
감각의 종류와 전시요소가 특징.

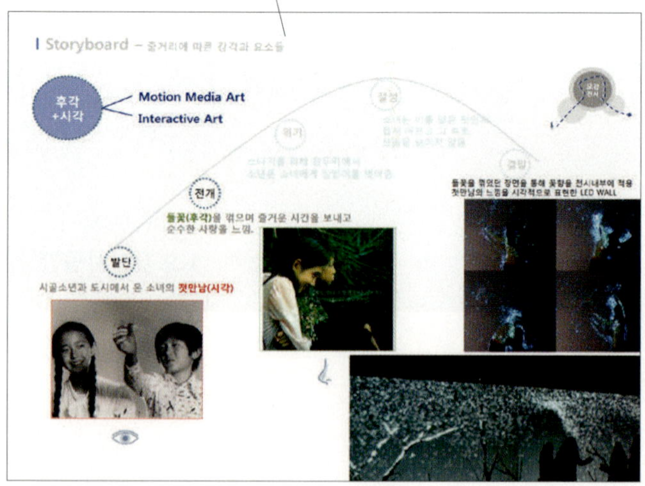

황순원이라는 소설가에 대해
문학적으로, 역사적으로 인지하는 공간.

황순원의 작품뿐만 아니라
생전의 어떤 모습이었는지, 그의
작품 세계관과 서재는 어떠했는지
구체적으로 들여다 볼 수 있다.

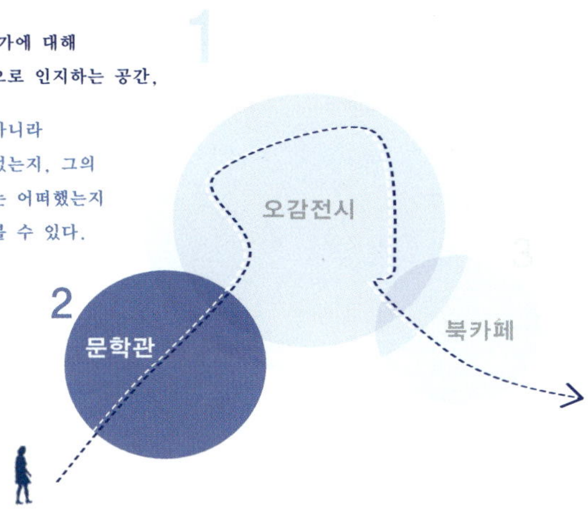

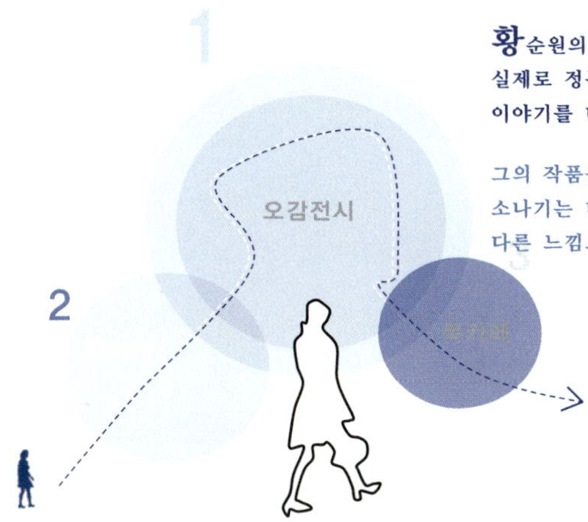

황순원의 또 다른 작품들을
실제로 정독해보고 차와 함께
이야기를 나누는 공간

그의 작품을 몸으로 체험한 뒤에 읽는
소나기는 더욱 실감나고
다른 느낌으로 다가올 것이다.

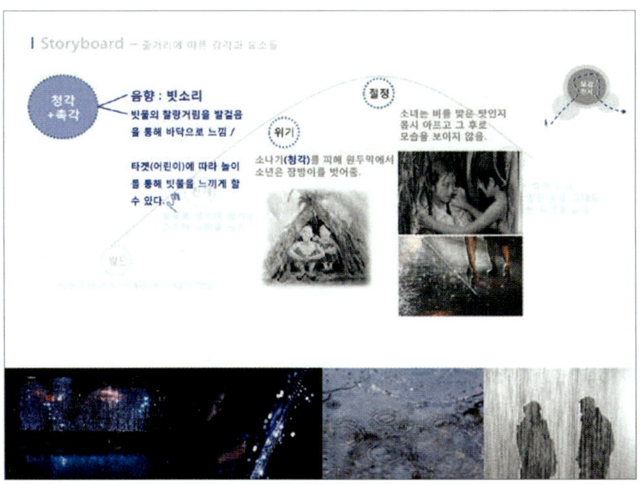

99 문학관 소나기(SONAGY)의 공간 디자인

場,

3. 장소를 말하다

3. 場, 장소를 말하다

지역, 도시, 한국을 주제로 한 브랜드 개발 프로세스

장소란 인간에 의해 일정기간 체험됨으로써 가치와 의미가 붙여진 특정 공간으로, 최근에 들어서 그 중요성이 더욱 증대되고 있다. 장소를 구성하는 요소는 물리적 시설이나 자연환경 같은 경성 요소뿐만 아니라 제도, 사회관계와 같은 연성 요소를 함께 포함한다. 이 중에서도 특히 문화자산의 중요성이 점차 증대하고 각 지역이 경쟁에서 생존하기 위해 택하고 있는 전략이 바로 장소 마케팅이다. 사람과 그 사람을 둘러 싼 환경과의 커뮤니케이션이 이루어지는 곳이 장소라고 볼 때, 장소 마케팅 전략은 장소(도시)문화의 발전이냐 혹은 파괴냐를 둘러싼 다양한 의미와 담론 및 실천들이 끊임없이 생성되고, 서로 부딪히며, 교섭하는 문화 커뮤니케이션의 장이 될 수 있다.[49]

49 도시해석, 도시 마케팅, 김인 외, 푸른길, 2006

일반적으로 장소 마케팅에 전제되어 있는 개념은 장소도 팔 수 있다는 생각이다. 이는 한 장소의 주인이 다른 주인으로 바뀌는 식의 소유권 이전의 문제를 의미하는 것이 아니다. 장소를 판다는 것은 '경제, 사회 활동과 관련된 것으로, 장소를 관리하는 개인, 조직에 의해 추구되는 현상'이며 그 실천적 형태는 "지방정부, 또는 지방기업가 같은 공공 및 민간 기관이 기업가, 관광객, 심지어는 그 지역 주민에게 장소가 매력적으로 보이게 하기 위해 지리적으로 한정된 특정 '장소'의 이미지를 팔고자 노력하는 다양한 방식"이라고 할 수 있다.[50]

50 장소성과 장소 마케팅, 백선혜, 한국학술정보, 2005

또한 주로 '이동성 있는 하이테크 산업의 기업가가 그 장소에 입지하도록 장려하는 것'이 그들의 주요한 목표라고 하였다. 장소 마케팅을 이처럼 장소의 이미지 팔기와 연관해서 생각하는 것과 더불어 실재로 어떤 장소에 내재해 있는 자원을 파는 것과 연관시키게 된다. 즉 도시가 제공하는 서비스의 효율적인 분배에 마케팅적 접근법을 적용하는 것을 도시 마케팅이라고 여기게 되는 것이다.

100 장소성

장소(체험 요소)와 경관(시각 요소)의 조화	
장소의 구조	공간(3차원적 조직), 성격(포괄적 성질)
장소의 구성요소	물리적 환경, 행위, 의미
장소의 구성인자	공간(3차원 물리적 기반), 인간(주체), 시간(지속가능)
장소의 요소	자연적, 인적, 삶의 질, 경영 환경, 문화적 요소

101 장소의 구성 요소

3.1 프로세스와 방법

성공적인 장소 브랜드를 디자인하기 위해서는 먼저 장소, 즉 그 지역 그 자체를 브랜드화(Regional Brand; RB)하는 것과 지역의 상품을 브랜드화(Product Brand; PB)하는 것으로 구분해야 한다. 전자를 '지역의 브랜드화'라고 한다면, 후자를 '상품의 브랜드화'라 할 수 있다. 이 두 브랜드의 상생(相生)을 통해 지역 브랜드와 지역 경제가 활성화가 이루어지게 된다. 해당 지역의 상품이나 서비스가 다른 지역의 소비자(주민, 기업 등)에게 호의적인 평가를 받아 지역의 이미지 향상과 지역 활성화로 연결되어야 한다. 지역의 인기 상품이라고 해도 그 상품이 지역의 이미지 향상과 활성화에 기여하지 않는다면 지역 브랜드라고 할 수 없다. 이런 관점에서 브랜드 개념을 장소나 공간 개념과 연계시켜 상품(농/축/수/특산물 등), 관광(축제, 이벤트 등), 그리고 지역 자체의 이미지화를 다루는 것이 지역, 즉 장소 브랜드이다.[51]

51 한국생산성본부, 지역브랜드경영센터, http://www.brand.or.kr/nbci/nbci_list.asp?menuseqnum=28&siteid=0

구분	주체	대상	목적	효과
지역의 브랜드(RB)	주민	주민, 공직자	주민의 만족	지역의 가치화
상품의 브랜드(PB)	생산자, 지방자치단체	소비자, 고객	상품의 차별화, 우위성	상품의 가치화

102 지역 브랜드와 상표 브랜드 개요

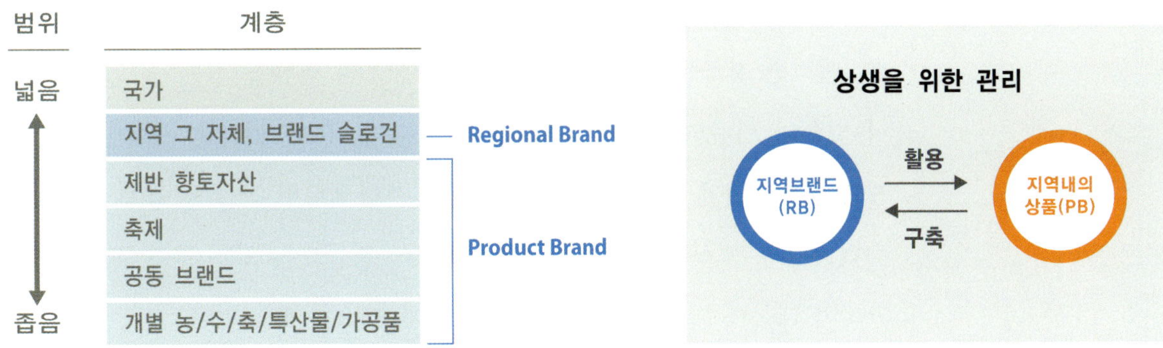

103 장소 브랜드의 계층 구조 및 상품 브랜드와의 상생 관계

3.2 토탈 브랜드 디자인 : 場(장소)

3.2.1 장소와 장소 마케팅

(1) 장소의 의미

장소라는 개념은 공간, 환경 및 위치와는 그 의미가 다르게 해석되며, 다양한 정의를 내리고 있다. 투안(Tuan, Yi-Fu)은 장소를 '인간 활동의 중심, 소세계, 인간의 행동이 모이는 결절점'이라고 말하고 있으며, 루커만(Luckerman)은 '내부적 배치와 외부적 연결, 문화의 결집체로서 고유의 질서와 풍부한 의미가 담긴 형상'이라고 정의내리고 있다. 즉 장소는 공간의 특정한 부분으로써 위치적 성격을 지니고 있으며, 사건의 발생과 특정한 목적의 활동을 수용하고 있고, 상징적인 의미를 지니는 것이다. 따라서 장소란 '지역의 분위기' 즉, 그 장소에서 느껴지는 느낌을 의미한다고 할 수 있다. 이러한 장소는 인간의 활동이 있는 장소의 역할을 하는 곳으로서 '외부와의 구분이 있으며 인간의 활동을 담는 곳'을 말한다. 또한 인간은 체험을 통해 어떤 공간을 제대로 이해하게 되고 그것에 가치를 부여함으로써 장소 생성이 이루어진다. 마케팅 측면에서의 장소는 장소가 여타의 다른 상품들과는 달리 유 · 무형의 독특한 특성을 가지기 때문에 다양한 측면에서의 고려가 필요하다.

(2) 장소 마케팅의 개념

장소 마케팅은 서구 도시들의 탈산업화에 따른 경제의 재구조화에서 시작되었다. 1970년대 중반 쇠퇴한 공업도시들은 이미지 재구축 및 경제 활성화를 위한 대안으로 새로운 전략이 필요하게 되었다. 지방 정부는 기존도시의 부정적 이미지를 탈피하고 새로운 이미지를 재구축할 대안을 찾기 위해 노력하였다. 더욱이 세계화에 따른 자본의 국제화는 도시 간의 투자유치 경쟁을 가속화시켰고, 도시의 경쟁력을 강화하기 위한 수단으로 장소 마케팅이 도입되기에 이르렀다.[52]

52 이효재, 장소 마케팅 전략의 성공요인에 관한 연구 : 부산국제영화제 사례를 중심으로, 전남대 박사학위 논문, 2007, p.11

장소 마케팅은 목표 시장의 수요에 충족되는 장소를 디자인하는 것을 의미한다(Kotler et al., 2002). 다시 말해서 고객으로 하여금 특정 장소를 하나의 상품으로 인식하도록 하고, 고객이 요구하는 방향으로 장소를 디자인함으로써 장소 자체의 상품 가치를 높이고 고객 유치를 극대화하는 전략이다(염명배, 1999; Kotler et al., 1993). 장소 마케팅의 목적도 제품 마케팅과 같이 특정 장소라는 '제품'에 대한 사용자라는 '소비자'의 태도나 행동을 유리하게 창조, 유지, 변경시킴으로써 그에 대한 수요를 증대시키려는 데 있다.[53]

53 유영준, 에듀테인먼트 콘텐츠를 통한 장소 마케팅 전략 개발: 전주 문화 관광을 사례로 하여, 한양대 박사학위 논문, p.50

BAMVIEW

BAMVIEW RESORT SPA&SPA는 대나무가 많은 담양이라는 지역성을 이용한 리조트로
기존의 리조트와는 차별화되서 신혼여행을 떠나는 젊은 부부들과 외국인들이 동양의 정취를 만끽할 수 있는 독특하고 특색있는 리조트이다.
대나무라는 뜻의 BAMBOO라는 단어에서 따와 BAM + VIEW(경관)이라는 뜻의 중의적인 의미를
동양의 정취와 더불어 새로운 감각을 경험할 수 있는 오리엔탈풍의 리조트 브랜드이다.

3.2.2 슬로시티 담양의 뱀뷰 리조트(BAMVIEW RESORT) 통합 브랜드 개발

(1) Background & Purpose

속도는 현대 사회를 규정짓는 하나의 삶의 방식이다. 빠르게 걷고, 빠르게 먹고, 빠르게 달리고, '빨리빨리'가 미덕으로 치부되는 숨가쁜 일상에서 현대인들은 자신을 돌아볼 기회 조차 갖기 힘든 게 현실이다.[54] 이러한 현대 도시에 나타난 현대인들의

54 김초록, 자치단체 민속 마을을 찾아서 : 느림의 미학, 담양 창평마을, 도시문제 Vol.43 No.477, p.80

김주희 · 김해든 · 송민경 · 홍성은(학생작품)

바쁜 생활을 지양하고자 2002년 이탈리아 그라베(Greve)에서 "느리게 살자."라는 운동이 시작되었다. 당시 그라베 시장인 파울로 사투르니니는 인구 1만 4000명인 작은 도시에서 외국의 패스트 푸드에서 벗어나 지역에서 생산된 농산물로 요리하여 지역의 맛을 찾으려는 노력을 기울였다. 이러한 운동이 전 세계로 퍼져 오늘날 슬로시티(Slow City)로 정착하게 되었다. 현재 전 세계 여러 나라에서 슬로시티가 전개되어 있으며, 우리나라에도 담양을 비롯한 3개 지역에 슬로시티가 지정되어 싹을 피웠다.[55]

55 안종현, 담양군 창평 슬로시티 실태분석, 한국지역사회발전학회 Vol 31 no.1, 2008, p.35

최근 주목을 받고 있는 이러한 슬로시티를 중심으로 새로운 관광 산업 브랜드로서의 개발을 추진하는 지자체들이 늘어나고 있다. 특히 종전의 자연 환경과 지역 전통 문화의 체험 위주의 관광 상품에 더 발전하여 바쁜 현대인들을 위한 일상의 휴식처로서 호텔이나 리조트 등이 먹고, 마시고, 쉬고, 자연을 느낄 수 있도록 총체적으로 지역을 브랜딩하는 개발들이 나타나고 있다. 이번 장에서는 국제인증을 받은 전남 담양의 대표적인 '대나무'를 이용하여 이 지역의 새로운 비즈니스 모델로서 고려해 볼 수 있는 스파 앤 리조트를 개발하는 일련의 과정들-Graphic Identity(이하 G · I), Product Identity(이하 P · I), Space Identity(이하 S · I)를 정리하였다.

(2) theoretical background

❶ 슬로시티의 개념 및 의미

슬로(slow)란 "느리다"라는 사전적 의미를 갖는다. 슬로시티는 직역하면 '느린 도시', '일상 생활이 바쁘지 않으면서 천천히 생활하는 도시'를 의미한다. 슬로시티는 2002년 이탈리아 그라베에서 "느리게 살자."라는 운동에서 시작되었다.

슬로시티는 전통보존, 지역민 중심, 생태주의 등 느림의 철학을 바탕으로 지속가능한 발전을 추구하는 커뮤니티를 의미한다. 슬로시티 운동은 이탈리아 그라베 시장인 파울로 사투르니니가 패스트푸드에서 벗어나 지역 요리의 맛과 향을 발견하고 생산성 지상주의와 환경을 위협하는 바쁜 생활태도를 몰아내고자 하였다. 슬로시티의 Slow는 "느리다"라는 의미에 한정되지 않고, 현대문명의 이기로부터 지역 고유의 전통을 보호하려는 뉘앙스를 함축되어 있지만, 그렇다고 반현대주의도 아니며 지역 고유성 유지에 도움이 된다면 현대적 기술들을 십분 활용하는 것을 권장하고 있다.[56] 슬로시티는 국경, 지역을 초월하여 그 고유한 특성을 바탕으로 그 지역의 농산물을 토대로 식생활을 영위하고, 지역별 자연, 역사, 문화의 각

56 조상필, 국제 슬로시티가입 기본요건 및 지역발전 시사점, 전남발전연구원, 2008, p.4

기 다른 특성을 살리면서, 또한 다른 도시 및 지역과 차별화하면서 그 고유한 특성을 유지, 발전하는 것을 목표로 하고 있다.

따라서 슬로시티를 유지 발전시키기 위하여 가장 우선적으로 자연 친화적인 환경이 유지되어야 한다. 즉 현대 문명의 산물인 자동차, 패스트푸드, 인공 구조물을 지양하고 걷거나 자전거를 타고 이동하고 문화 유산을 보존하고 인공 구조물보다는 자연물을 유지 관리하는 환경이 되어야 한다. 도시와 달리 슬로시티는 지역 커뮤니티가 잘 형성되어 지역민들이 상호 소통하고 지역민의 삶의 질을 향상시키기 위한 공동의 목표를 추구하며, 행정 단위보다는 마을 단위의 커뮤니티의 조성이 슬로시티의 기본 토대가 된다.[57]

57 안종헌, 앞의 책, p.39

❸ 담양군과 죽세 산업(Bamboo Industry)

담양군은 전라남도의 북단에 위치하며 동서남북으로 순창군, 곡성군, 화순군, 광주광역시, 장성군이 접하고 있다. 호남권과 영남권을 잇는 지역 간 교류지점으로 인근 도시와의 접근성도 용이하다.

이러한 담양군은 경제 규모가 작은 지자체에 속한다. 담양군은 군 지역 중 GRDP 규모로는 43위 정도로서, 2008년도 담양군 GRDP는 832,222백만 원이었다. 이러한 열악한 환경을 타파하고 성장하는 지자체로 거듭나기 위해 담양군은 2015년 세계대나무 엑스포를 개최하려 계획하고 있다. 엑스포를 통해 담양군의 인지도를 높이고 대나무 자원의 우수성, 대나무 신산업의 발전 가능성 등을 널리 홍보하고 지역 활성화의 동력으로 활용하고자 계획하고 있다. 대나무는 강인한 생명력이 있으며 온실 효과 절감 효과가 큰 수종으로 환경적 가치가 높은 것으로 보고되고 있다(국립산림과학원, 2010). 또한 전통적인 문화 및 예술적 소재로 활용되는 문화적 가치를 지니고 있고, 바이오 산업 및 식품 산업의 원료로 각광을 받는 등 산업적 가치도 가지고 있다. 담양은 대나무의 생육에 매우 좋은 천혜의 고장이며, 1,797ha(전국의 25.5%)의 질 좋은 대나무가 자라고 있는 대나무의 본고장이다(담양군, 2011). 담양의 대나무는 1차 산업을 비롯해 2차 산업, 3차 산업에 이르기까지 모든 산업 분야에 적용되고 있다. 최근에는 신약 바이오 제품 등까지 모든 산업 분야에 적용되고 있다(담양군, 다산 바이오사업단 2004)[58] 관련 지역 행사인 『2015 담양 세계 대나무 엑스포』는 이러한 담양의 대나무 자원을 활용하고 연관 산업의 발전을 도모하는데 있다.

58 김용렬, 홍준표, 담양세계대나무 엑스포 개최에 따른 지역 경제 파급효과 분석, 국제지역학회 춘계학술대회 2012.6, p.219

슬로시티 담양의 새로운 지역 경제 돌파구로써 모색하고 있는 이러한 행사는 많은 관광객 및 유동인구가 찾아올 것으로 예측되고 이에 대비하여 숙박과 함께 체험과 놀이를 동시에 즐기면서 힐링할 수 있는 통합 브랜드로서의 스파 앤 리조트의 개발과정들을 체계적으로 정리하였다.

(3) 뱀뷰 리조트(BAMVIEW RESORT)의 브랜드 디자인 프로세스

❶ 문제 정의(Define Problem)

전남 담양의 대표 산업인 대나무를 이용하여 생활의 재충전, 스트레스 해소, 여가생활, 새로운 변화를 즐길 수 있는 곳으로서의 리조트 브랜드를 개발하는 전 과정들, 즉 기획에서 최종 디자인까지 제안하도록 한다.

브레인스토밍과 마인드 맵(Brainstorming & Mind Map)

'리조트'라는 주제를 10분의 시간 동안 폭풍이 몰아치듯이 빠르게 관련된 사물이나 인물, 장소 등을 메모지에 써서 겹치는 단어나 내용들을 추려서 정리한다.

104 리조트에 대한 브레인스토밍

브레인 스토밍을 통해서 나온 단어들을 이용해 각각 주제별로 정리하여 그 내용들을 마인드맵으로 나타낸다. 여행, 휴양, 럭셔리라는 소주제로 나누어서 그 안에서 내용이 뻗어나갈 수 있게 한다. 자주 나오거나 겹치는 단어들은 붉은 색으로 표시하여 리조트에 대한 생각들이 좀 더 명확하게 보일 수 있도록 한다.

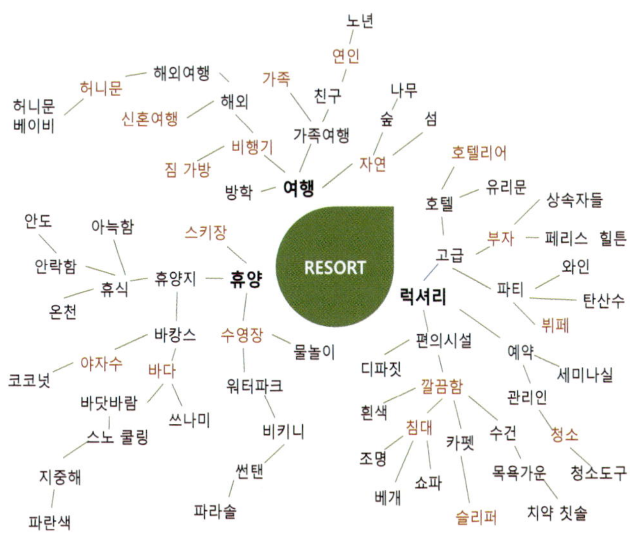

105 리조트에 관한 마인드 맵

시장조사(Market Research)

리조트 공간을 연출하기에 앞서서 기존에 있는 리조트 시장의 내용을 조사하고 정리한다.

106 호텔 & 리조트의 시장조사

a) Brand SWOT

리조트에 대한 강점(Strength) 요소로는 지역 사회의 이익을 창출과 지역 경제의 활성화를 꾀할 수 있는 것과 리조트를 통해 지역주민들의 심리적인 안정 효과, 일자리가 창출되는 것과 외국인 유치를 통해 외국인들을 끌어들여 외화를 획득할 수 있음을 꼽을 수 있다. 약점(Weakness) 요소로는 비수기의 리조트 운영 전략이 미흡하다는 것이고 자칫 기존의 주민들의 생활 터전을 침해하거나 자연파괴 등을 낳을 수 있다. 그리고 리조트의 이미지 전략이 미흡하다는 점 역시 들 수 있다. 그리고 기회(Opportunity) 요소로는 외국 관광객들이 최근 한국에 방문을 많이 하고 있는 것과 여러 가지 사건 사고로 해외여행이 감소하고 있는 것, 비행기나 수로 대신 육로 여행의 수요가 증가한 점과 전문화된 테마 호텔이 필요함을 기회로 삼을 수 있을 것 이다. 위협(Threat) 요소로는 해외 리조트 기업들의 거대화와 지구 온난화로 인하여 대나무의 수가 감소하고 있음과 외부환경에 민감함을 볼 수 있다.

107 SWOT분석

b) Brand Targeting

리조트들에 대해 조사하면서 앞으로 어떤 소비자들을 끌어들일지에 대한 타겟팅을 한다.

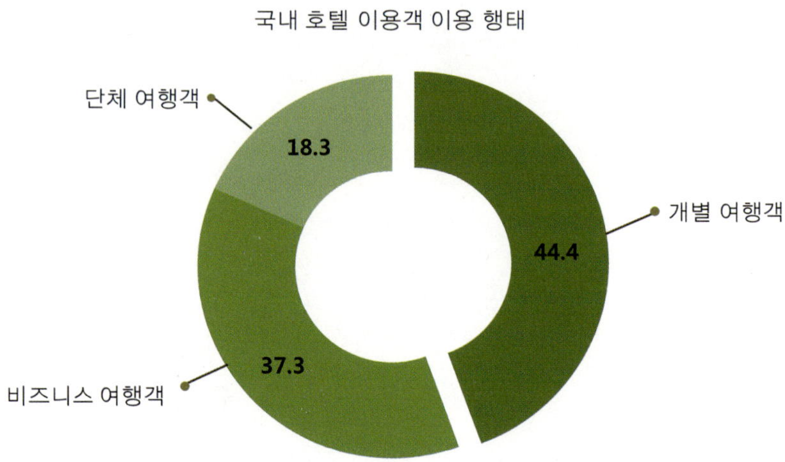

108 국내 호텔 이용객 이용 행태 조사

국내 호텔 이용객의 이용 행태를 조사하여 표로 나타내어 본 결과 개별 이용객의 행태가 가장 두드러지게 나타났다. 국내의 개별 여행객들과 최근 다양한 동양적인 체험을 하러 오는 등 많은 외국인들 역시 국내의 호텔을 이용하고 있다.

이를 통해서 주로 비행기를 통해서 해외나 제주도로 신혼여행을 가는 신혼부부들을 육로교통을 통해서도 중저가이면서도 자연적이고 편안하면서도 자연을 즐길 수 있는 대나무의 BAMVIEW 리조트를 이용할 수 있게 하고, 동양의 정취를 느끼고자 하는 외국인들 역시 그 타겟층으로 삼아서 그들이 이끌릴 수 있는 특색있는 리조트로 그 방향을 정한다.

c) 5P 전략

BAMVIEW RESORT의 분석과 디자인전개 과정을 통해서 5P PROMOTION을 정리하였다.

109 뱀뷰 리조트의 5P 전략

전라남도 담양이라는 PLACE에 PEOPLE에서 외국인과 젊은 부부들을 끌어들여 중저가의 PRICE로 다양한 소셜커머스와 여행추첨 이벤트, 적극적 PPL 등의 PROMOTION을 하고 담양의 지역적인 특산물이라고 할 수 있는 대나무를 이용한 리조트 내의 엽서, 수건, 안내책자, 봉투, 가방 택, 홈페이지, 가운 등의 PRODUCT를 개발하는 방향으로 PROMOTION을 정리할 수 있다.

가. Promotion : 각종 다양한 방송매체들에 대나무 스파와 관련하여 리조트를 적극적으로 광고하고 스파 뿐만 아니라 그와 관련된 대나무 스파 제품들을 함께 광고하여 많은 소비자들에게 BAMVIEW RESORT와 더불어 대나무 스파의 인지도를 높일 수 있다.

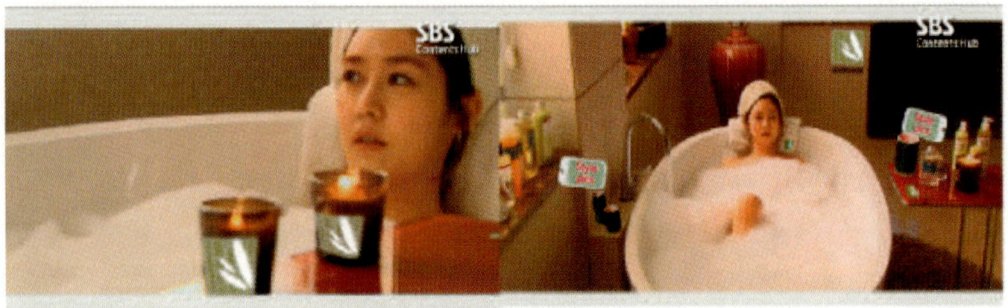

110 방송 홍보 전략

PPL 외에도 소셜커머스를 이용해서 리조트의 다양한 프로그램들을 사람들이 더욱 더 폭 넓게 이용 가능하다. 리조트 측의 경품 이벤트를 통해서도 소비자들의 흥미와 참여도를 더욱 크게 증폭 시킬 수 있다.

나. Product : 강제연관 등을 통하여 나온 대나무 브런치는 손님들이 자신의 브런치를 대나무를 이용해서 직접 만들어 먹거나 공유하고 나눌 수 있는 프로그램이다.

111 대나무를 이용한 Product

BAMVIEW RESORT의 큰 프로그램이라 할 수 있는 대나무 스파는 대나무를 이용한 스파를 통하여 지역적인 특색이 잘 묻어나는 BAMVIEW RESORT만의 스파 공간을 조성한다. BAMVIEW RESORT의 큰 프로그램이라 할 수 있는 대나무 스파는 대나무를 이용한 스파를 통하여 지역적인 특색이 잘 묻어나는 BAMVIEW RESORT만의 스파 공간을 조성한다. 또한 대나무 스파와 연계하여 대나무 에스테틱 프로그램을 함께 운영함으로써 대나무를 통한 신체 건강의 향상을 꾀한다. 브런치와 마찬가지로 강제연관에서 나온 프로그램 중 하나인 대나무 숲에서 요가하기는 동양의 문화를 체험하고 싶은 외국인들의 욕구를 해소시켜줄 뿐만 아니라 RESORT를 찾는 자국민들 역시 맑은 숲 속의 공기를 통하여 힐링 받고 건강한 휴식을 취할 수 있다. 요가와 대나무 숲에서의 삼림욕은 담양의 아름다운 정취와 자연을 직접 체험할 수 있는 프로그램이 된다.

112 대나무와 함께하는 힐링 요가

브랜드 매트릭스(Brand Matrix)

기존의 리조트 브랜드들을 매트릭스로 분류해 보면, 대부분 고가, 대규모의 브랜드들이 다수였다. 특히 신라 호텔이나 롯데 등은 고가이면서 대규모인 대표적인 호텔이고 그 밑으로 힐튼과 W호텔, 인터콘티넨탈, 한화, ES 리조트가 따르고 있다. 소규모의 중저가는 이비스 리조트에 해당하였다. 그래서 BAMVIEW RESORT는 중규모 크기에 중저가 전략을 가진 리조트로 계획했다.

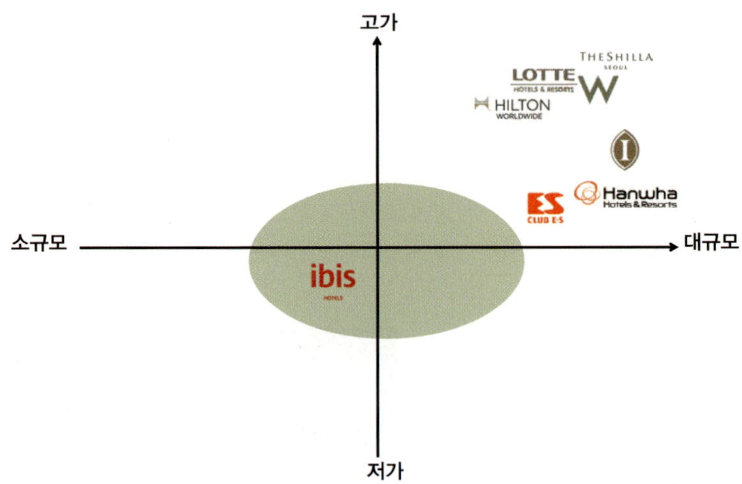

113 규모와 가격에 대한 브랜드 매트릭스

기존의 대규모, 고가의 리조트들은 대부분 장식적이고 인지도가 높은 반면 앞에서 중저가에 작은 규모의 리조트들은 단순하고 인지도 역시 낮은 모습을 보여주었다. BAMVIEW RESORT는 인지도도 높으면서도 너무 화려하다기보다는 자연적인 부분들이 어우러져서 고유의 자연의 아름다움을 느낄 수 있는 공간으로 연출할 수 있도록 방향을 잡았다.

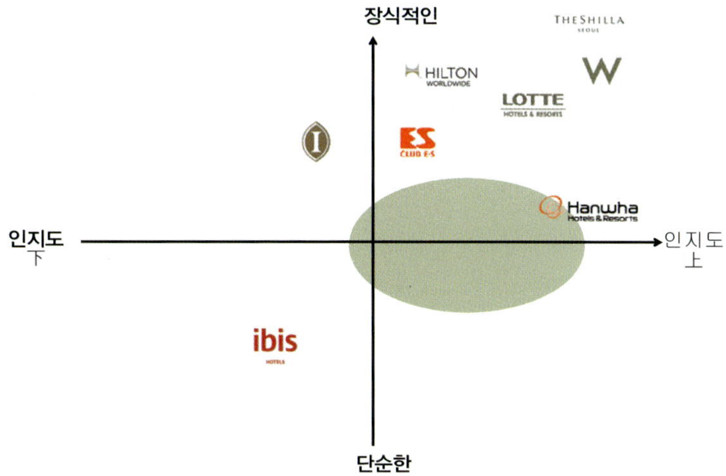

114 장식과 인지도에 대한 브랜드 매트릭스

대규모의 호텔들은 고급스럽고 모던하면서도 비즈니스의 상업적인 분위기를 가지고 있다면 ES리조트나 한화 인테콘티넨탈 등은 특색 있으면서도 휴양지의 리조트 모습을 보이고 있다. BAMVIEW는 BAMVIEW만의 고유한 특색을 가지면서 동시에 사람들의 안정을 돕도록 휴양지로서의 성격을 띄는 리조트로 정하였다.

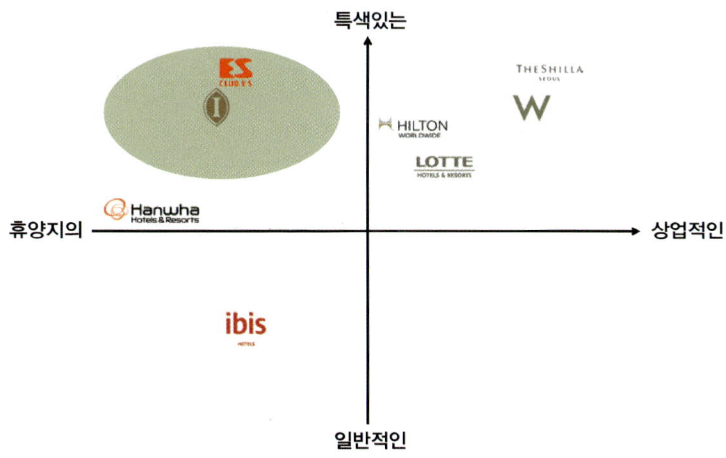

115 용도와 특징에 대한 브랜드 매트릭스

❷ 아이디어 얻기(Getting Idea)

분석들을 통해 대나무가 특징인 Slow City 담양을 사이트로 정하여 그 지역성과 대나무를 통해서 특이성을 동시에 확보하고, 그 지역성과 특이성을 이용하여 다양한 리조트 구성을 통해서 외국인 관광객들과 젊은 부부들, 기타 가족 단위의 관광객들을 끌어들일 수 있는 콘셉트의 리조트를 세운다. BAMVIEW라는 리조트의 네이밍은 대나무의 '뱀부(BAMBOO)'라는 단어와 경치의 '뷰(VIEW)'라는 두 단어를 결합하여 '대나무의 경치가 보이면서 편안하고 차별화된 휴양 리조트'의 의미를 담았다.

담양의 지역성 + 외국인 관광객과 젊은 부부들, 기타 가족 단위의 관광객들

대나무가 특징인 자연적인 Slow City인
담양이라는 지역을 이용하여 지역성과 대나무를 통해 차별성을 동시에 확보

116 휴양 리조트의 네이밍

비주얼 아이덴티티(Visual Identity)

a) 강제 연관법(Forced Relation)

비주얼 아이덴티티를 위한 방법 중 강제연관법을 통해서 대나무 리조트 BAMVIEW를 다양한 활동들과 강제연관하여 그 안에서 독특성있는 프로그램들을 도출하였다. 먼저 영화와 리조트, 마라톤과 리조트, 요리와 리조트를 연관시켜 개인이 대나무 숲의 모습을 찍어오면 그것을 이용하여 영화를 상영하거나 대나무를 이용한 브런치, 대나무 숲에서 요가를 하는 등의 프로그램을 만들었다.

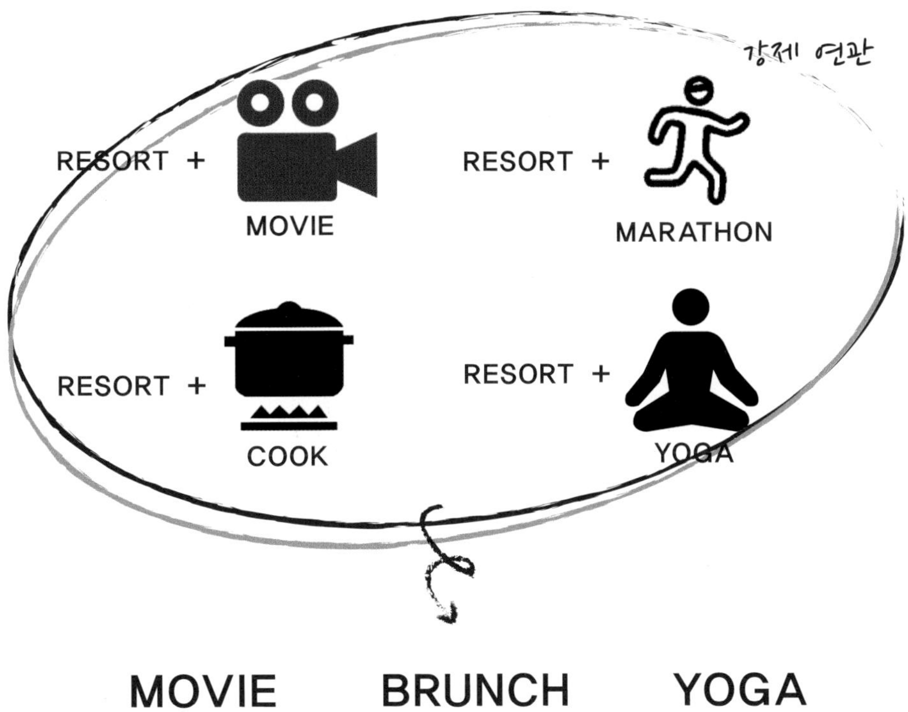

117 강제 연관법

b) 시각적 익살(Visual Pun)

대나무를 이용한 시각적 익살의 과정이다.

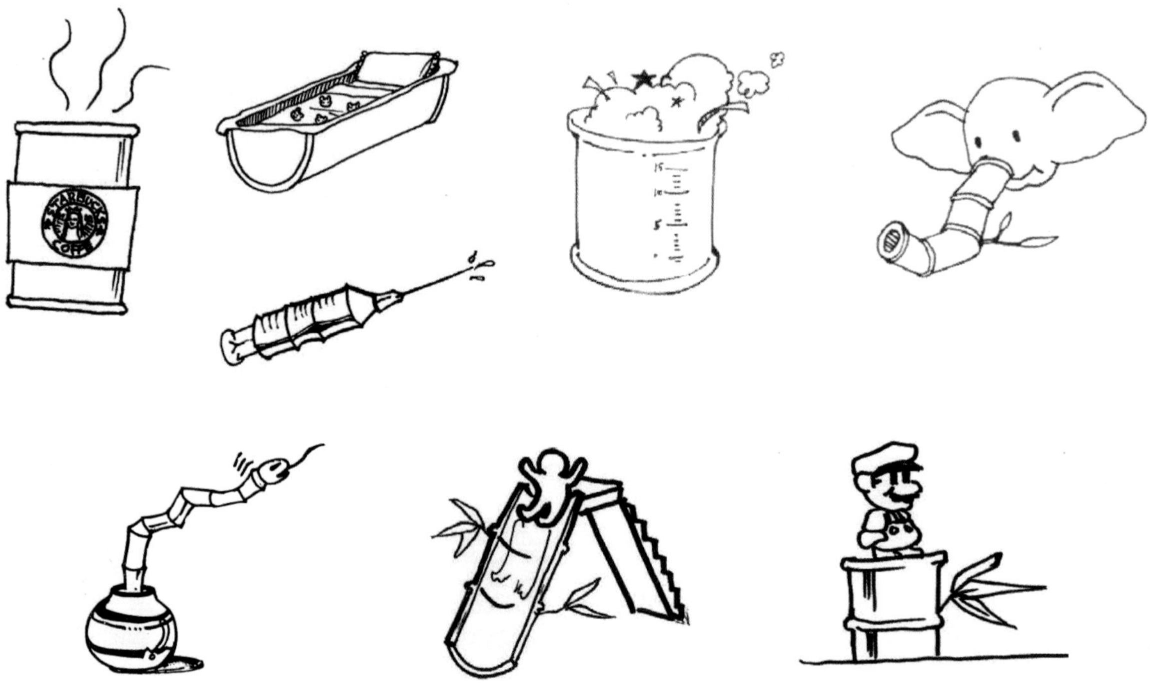

118 시각적 익살

c) 40가지 아이디어

BAMVIEW RESORT의 로고를 만들기 위해 40가지 아디이어의 방법을 이용해서 표현해본다.

119 40가지 아이디어

수사적(Retoric) 표현

도치법을 이용하여 대나무의 잎과 대를 도치하여 잎이 대처럼, 대가 잎처럼 도치가 되도록 하였다. 의인법을 이용하여 대나무의 대나무통에서 스파를 하는 캐릭터로 나타내었다. 이 의인법을 통한 스파하는 대나무는 상품 디자인 등에 유용하게 적용할 수 있는 과정이 되었다.

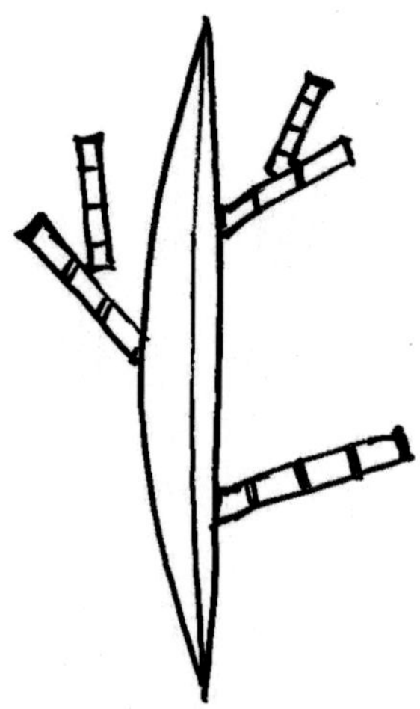

120 도치법
잎사귀와의 도치

121 의인법
스파하는 대나무

❸ 형태 만들기(Creation Form)

이상의 2D의 Graphic identity, 3D의 Product identity, 4D의 Space identity 측면으로 브랜드 매뉴얼을 정리하면 다음과 같다.

2D 측면 : 그래픽 디자인

브랜드 로고

122 브랜드 로고와 사인물

3D 측면 : 제품 디자인

리플렛 / 태그 / 의류 / 안내책자

4D 측면 : 공간 프로그래밍

AM 6:00 대나무 숲 요가 / 대나무 숲 산림욕

AM 9:00 대나무 스파

AM 11:00 대나무 브런치

PM 2:00 대나무 에스테틱

事,

4. 서비스를 팔다

4. 事, 서비스를 팔다

이벤트, 문화공간, 대학을 주제로 한 브랜드 개발 프로세스

사람이 모이는 장소에서 환경은 갖가지 감정과 발견, 기대, 놀라움 등이 결합되어 사람을 끌어들이는 잠재적 요소를 내포하고 있다. 이러한 사람과 공간과의 관계에 초점을 두고 총합적인 커뮤니케이션 미디어로 공간을 해석하는 관점에서 볼 때 공간은 첫째, 미디어의 역할을 수행하여 커뮤니케이션의 주체가 될 수 있다. 이 경우, 스페이스 미디어는 광고, 선전, 판촉 등 기업 커뮤니케이션과 마케팅 전략으로 사용되어 이벤트, 박람회, 전시회, 컨벤션, 상공간, 지역 개발 등 공간을 충분히 활용하는 직접적 커뮤니케이션의 기회를 제공한다.[59] 둘째, 공간 자체가 미디어의 역할을 수행할 수 있다. 오늘날 도시화의 가장 큰 특징은 바로 하나의 거점 도시가 많은 사람과 자원을 빨아들여 인구와 영역이 거대화되고 있다는 점일 것이다. 최근 전 세계적인 트렌드로 떠오른 '메가시티'는 거주인구 1000만 명이 넘는 광역경제권으로 교통과 통신망으로 유기적으로 연결된 하나의 대도시권역이다. 현재 아시아에 11개, 라틴 아메리카에 4개, 아프리카, 유럽, 북미에 각각 2개씩 존재하는 메가시티는 글로벌 세계의 정치 중심이자 경제 거점으로, 그리고 점차 심화되고 있는 도시 간 글로벌 경쟁의 핵심 주체로서 그 역할이 확대되고 있다. 또한 도시 공간의 주체인 사람과 그 사람을 감싸는 환경으로서 도시 공간 자체가 미디어의 역할을 수행하여 정보 교류와 커뮤니케이션의 장(場)이 되고 있다. 이러한 의미에서 이 책에서는 서비스, 즉 사람이 모이고 만나서 교류하고 소통하는 도구이자 결과물인 일(事)이 가진 마케팅적 속성과 디자인적 속성을 나누어 보고자 한다.

59 이진민, 공공환경디자인론, 중앙 F&B, 1998

Process & Methods

4.1 프로세스와 방법

4.1.1 서비스의 특성

급속히 변해가는 경제적 상황 속에서 많은 기업들은 큰 비중을 두고 여러 마케팅 활동을 펼쳐오고 있다. 국가 경쟁에서 소득 수준이 높아질수록 서비스 산업의 비중도 증가한다. 서비스 마케팅은 서비스업이 차지하는 비중이 점차 높아져가는 경제상황 속에서 전통 산업인 제조업 뿐만 아니라 3차 산업인 서비스 상품의 생산자에게도 마케팅의 의미가 높아지면서 부각되고 있다. 서비스가 그 자체로서의 의미를 갖는 것은 다른 유형의 제품에서는 볼 수 없는 여러 가지 특성이 존재하기 때문이며 이는 서비스를 설계하는 데 있어서 중요한 사항이라고 할 수 있다. 제품과 비교해 볼 때 서비스는 다음과 같은 네 가지의 기본적인 특성이 있다.[60]

60 이유재, 서비스 마케팅, 학현사

❶ 무형성

서비스의 기본 특성은 형태가 없다는 것이다. 서비스는 객관적으로 누구에게나 보이는 형태로서 제시할 수 없으며 만지거나 볼 수 없다. 따라서 그 가치를 파악하거나 평가하는 것이 어렵다. 서비스의 무형성은 두 가지의 의미가 있다. 하나는 실체를 보거나 만질 수 없는 객관적인 의미이며, 또 하나는 보거나 만져볼 수 없기 때문에 그 서비스에 대해 상상하기 어렵다는 주관적 의미이다. 이러한 무형성은 서비스 상품을 진열하거나 커뮤니케이션에 있어서 곤란하게 한다. 따라서 이와 같은 문제를 해결하기 위해서는 강력한 이미지를 창출하는 등 실체적인 것을 강조하고, 구전 커뮤니케이션과 가격 설정에 있어서 많은 신경을 써야 한다. 의료, 금융, 법률 서비스 등에서 이러한 특성이 잘 반영되고 있음을 볼 수 있는데 예를 들어 의료 서비스의 경우 원장의 명성이나 유명도, 의료시설 등과 같이 실체적이고 가시화 할 수 있는 정보를 강조하거나 은행을 비롯한 여러 기업에서 '고객만족'에 대한 슬로건을 내걸며 고객서비스에 대한 시각적인 단서를 제공하는 것을 흔히 볼 수 있다.

❷ 비분리성(동시성)

서비스는 생산과 소비가 동시에 일어난다고 할 수 있다. 즉 서비스 제공자에 의해 제공되는 것과 동시에 고객에 의해 소비되는 성격을 가진다. 따라서 소비자, 즉 고객이 존재하여야 하며 이러한 고객들이 형성하는 분위기가 하나의 서비스 내용이 될 수 있다. 이와 같이 고객들이 참여하기 때문에 집중화된 대량 생산 체제를 구축하기 어렵다. 또한 서비스는 제품과는 달리 구입 전에 미리 시험해 볼 수 없으며 사전에 품질을 통제하기 어렵다. 이러한 문제점을 보완하기 위해 고객접점에 있는 서비스 요원에 대한 철저한 교육과 지속적인 고객관리, 다양한 서비스 시설 제공 및 관리 등의 중요성을 잊지 말아야 한다.

❸ 소멸성

서비스는 재고와 저장이 불가능한 것이며 구매된 서비스는 1회성으로 소멸하게 되며 그와 동시에 서비스의 편익도 사라지게 된다. 반면에 제품은 구입된 후에 그 상품의 물리적 형태가 존재하는 한 몇 회라도 반복하여 재사용할 수 있다. 이러한 서비스의 1회성은 과잉생산에 의한 손실과 과소생산으로 인한 이익기회의 상실이라는 문제가 발생하게 되는데 이를 해결하기 위해 수요와 공급 간의 조화를 이루게 하는 전략이 필요하다. 구체적으로는 수요에 따라 생산계획을 변동하고, 임시 직원의 채용을 통해 유연성을 확보하고, 유휴시설이나 장비의 새로운 용도를 개척하며, 직원들을 대상으로 여러 직무교육을 시행해 유사시에 서로 도울 수 있는 기반을 만들어 두어야 한다. 또한 수요를 형성시켜야 하고 대기나 예약시스템의 형태로서 수요를 재고로 보관할 수 있어야 한다. 예를 들면 은행의 대기번호표나 병원의 예약 시스템 등이 이에 해당한다.

❹ 이질성(변동성)

서비스는 표준화가 어려운 것으로 같은 서비스 업체 내에서도 직원에 따라 제공되는 서비스나 질이 달라질 수 있으며 같은 직원이라도 시간이나 고객, 여러 환경 등의 변화에 따라 다른 서비스가 제공될 수 있다. 또한 ATM기와 같은 무인기기나 자동화 시스템의 경우에도 고객에 따라 경험하는 서비스의 질이 달라질 수 있다.이러한 서비스의 이질성은 문제와 기회를 동시에 제공한다. 서비스의 질을 균일화하기 어렵기 때문에 기업으로서는 어떠한 방법으로 서비스를 일정 수준 이상으로 유지하는가, 또는 표준화시키는가가 큰 문제이다. 반면에 서비스의 이질성은 고객에 따른 개별화(Customization)[61]의 기회를 제공한다. 대개 서비스의 효용은 소비자의 주관으로 평가하는 경우가 많으므로 제공되는 서비스의 개성화를 통해 다양한 고객욕구에 대응할 수 있다.

61 개별화(Customization)란 개별 고객으로부터 주문을 받아 개별적인 서비스를 제공해 주는 방식으로 중세의 주문 생산과 유사하다.

서비스 특성	결과로써 생기는 마케팅 문제	문제 해결을 위한 마케팅 전략
① 무형성	· 저장 불능 · 특허 등의 보호 불가능 · 쉽게 진열하거나 전달 불가능 · 가격 설정이 어려움	· 유형적 단서 강조 · 인적 자원의 사용 증대 · 구전 영향력 이용 · 강한 조직 이미지 창조
② 비분리성	· 소비자가 생산 과정에 참여 · 다른 소비자와 함께 참여 · 대량 생산 불가능	· 고객 접촉 요원의 선발 및 훈련 강조 · 고객관리
③ 이질성	· 표준화와 품질 관리 어려움	· 서비스의 산업화 · 서비스의 고객 특정화
④ 소멸성	· 서비스의 재고 관리 불가능	· 변동하는 수요에 대처하는 방안 강구 · 수요와 가용 능력을 일치시키기 위해 양자를 동시에 조정

123 서비스 마케팅 특성과 대응 전략[62]

62 Valari A. Zeithaml, A. Parasuraman and L.L. Berry, "Problems and Strategies in Service Marketing" Journal of Marketing, vol.49, 1985, pp.33~46

4.1.2 서비스 마케팅 믹스 7P

마케팅 목표를 달성하기 위하여 이용할 수 있는 수단들의 묶음을 마케팅 믹스라고 하는 것처럼 서비스 마케팅 목표(매출액 증대, 이윤 증대, 고객 만족도 제고 등)를 달성하기 위하여 이용할 수 있는 수단들의 묶음을 서비스 마케팅 믹스라고 한다. 마케팅 믹스는 통산 4P(Product, Price, Place, Promotion)라고 칭하지만 서비스 마케팅 믹스는 서비스 재화의 특성상 여기에 3P(Process, Physical Evidence, People)를 더해 확장된 서비스 마케팅 믹스(7P)로 구분하고 있다.[63]

63 이유재, 서비스 마케팅, 학현사

❶ 상품(Product)

서비스 상품이란 고객들에게 가치를 창출할 수 있는 모든 서비스 수행의 요소들을 말한다. 서비스 상품은 눈에 보이지 않기 때문에 이를 고객들에게 가시적으로 보여줄 수 있도록 하는 것이 대단히 중요하다. 따라서 철저한 품질관리와 고객

만족을 통한 브랜드 이미지를 제고시켜 소비자들에게 서비스 상품구매에 따른 불안감을 줄여 주어야 하고, 서비스 품질 보증 제도 등의 도입을 통해서 서비스 품질의 가시적으로 확인시켜 주는 것도 필요하다.

❷ 가격(Price)

가격이란 서비스를 구매하거나 소비하면서 고객들이 지불하는 돈, 시간, 기타 노력 등을 말한다. 유형재화의 경우에는 가격이라는 비교적 통일된 명칭이 사용되지만 서비스의 경우에는 다양한 명칭(요금, 입장료, 등록금, 이자, 진료비 등)으로 불리워 진다. 이러한 서비스의 경우에는 원가 요소를 객관적으로 정확히 산정할 수 없는 경우가 많기 때문에 가격 결정 메카니즘이 매우 주관적이고 어렵다.

❸ 경로(Place)

경로란 고객들에게 언제, 어디에서, 어떻게 서비스를 전달할 것인지에 관한 문제이다. 서비스는 보관하거나 저장이 불가능하기 때문에 서비스를 전달하는 장소 내지 입지(location)가 매우 중요하다. 병원과 학교, 그리고 백화점 같은 경우 서비스를 제공 받는 고객들이 접근하기 편리한 곳에 위치하는 것이 경로 관리의 핵심이다.

❹ 촉진(Promotion)

촉진이란 서비스 기업이 고객들에게 특정 서비스 상품을 알리고 선호도를 높이기 위한 모든 커뮤니케이션 활동을 말한다. 서비스의 촉진 활동은 무형성을 전제로 이루어지기 때문에 서비스를 직접적으로 보여줄 수 없고 서비스를 소비함으로서 얻게 되는 혜택이나 결과를 강조하는 촉진활동을 하게 된다. 또한 물리적 차별화가 불가능하기 때문에 심리적 차별화를 통해 포지셔닝 활동을 전개하게 된다.

❺ 과정(Process)

서비스는 하나의 과정을 통해 생산되고 소비자에게 전달된다. 따라서 서비스의 효율성을 높이고 고객만족을 증대하기 위한 서비스 생산 및 전달 시스템 설계가 대단히 중요하다. 아울러 고객이 생산과정에 참여하기 때문에 적정한 서비스 전달 단계의 수와 고객들의 참여 수준을 결정하는 것이 대단히 중요한 과제이다. 또한 고객들이 서비스 품질을 느끼게 되는 서비스 접점관리(Service Encounter)가 강조된다.

❻ 물리적 근거(Physical Evidence)

서비스는 눈에 보이지 않기 때문에 물리적 근거를 통해 서비스 기업과 그 기업이 제공하는 서비스 품질을 고객들에게 전하려 한다. 물리적 근거란 실내 온도, 조명, 소음, 색상 등과 같은 주변적 요소(Ambient Elements)와 서비스 매장의 공간적 배치와 기능성, 그리고 표지판, 상징물과 조형물 등을 포함한다. 이러한 물리적 근거는 고객과 종업원들의 인지적 정서적 심리적 반응을 불러 일으키며, 결과적으로 외적 행동에 영향을 미치게 된다.

❼ 사람(People)

서비스는 종업원의 행위를 통해 고객들에게 전달되기 때문에 종업원들은 서비스의 생산자이자 전달자이다. 대부분의 성공적인 서비스 기업들이 인적 자원에 대한 중요성을 인식하고 이들에 대한 교육 훈련을 끊임없이 강조하는 것 은 이 때문이다. 최근에 많은 기업들이 서비스 품질을 일정하게 유지하고 생산성을 증대하기 위해 자동화된 설비를 통해 인적 역할을 대신하고 있지만 이러한 노력이 고객 만족이라는 목표와 충돌을 일으키지 않는지 면밀히 검토해야 한다.

믹스 요소	하위 구성 항목	주요 연구 분야
인적 믹스	상호 작용, Service Encounter, 접촉, 용모, 친절, 인상 관리, 종업원의 훈련 및 관계 등	일반 서비스업, 법률 및 회계사무소, 항공업, 호텔, 식당, 은행, 병원, 식료 품점 등
대물적 믹스	건물, 장비, 설계, 설비, 분위기, 내부 공간 배치, 편의 시설, 배경음악과 무드 등	일반 서비스업, 은행, 병원, 식당, 항공업, 호텔, 법률사무소, 소매업 등
과정 믹스	Schedule, 서비스 전달 과정, 과정 등	일반 서비스업, 항공업, 금융업, 청사진산업, 식료품점, 운송업, 법률 사무소 등

124 서비스 마케팅 믹스 7P 추가요소의 하위 구성 내용

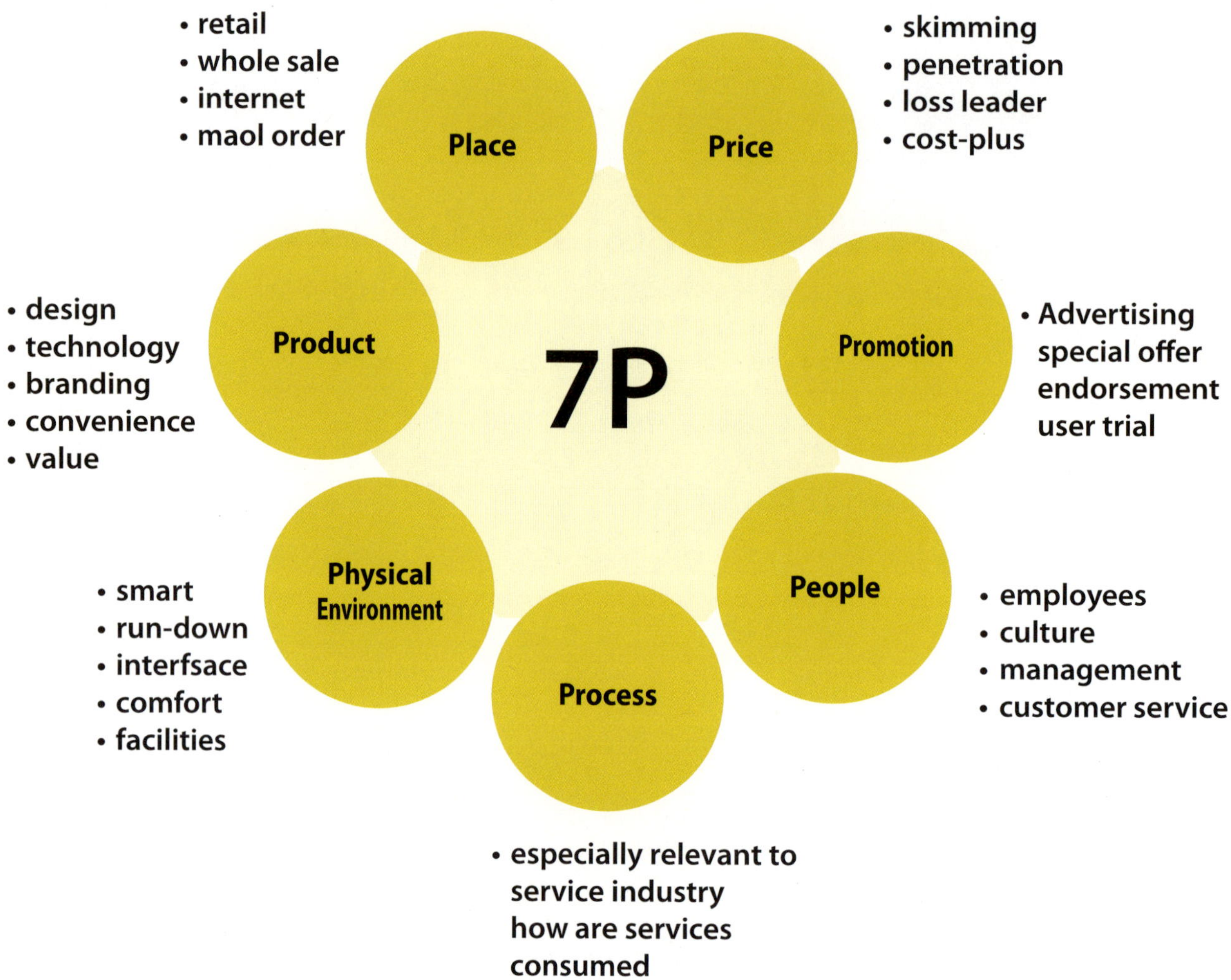

125 서비스 마케팅 믹스 7P

4.1.3 서비스 디자인

서비스 디자인이란 서비스를 순차적으로 이용하면서 접하게 되는 접점에서 경험하는 서비스 가치를 모든 이해 관계자가 협력하여 디자인함으로써, 서비스의 내용을 구체화하고 고객에게 더 매력적인 경험을 제공하기 위한 일련의 활동을 가리킨다.[64]

64 서비스 디자인 교과서 기초 방법과 도구 사례로 보는 서비스 디자인 사고, 마르크 스틱도른 , 야코프 슈나이더, 안그라픽스, 2012년 06월 28일

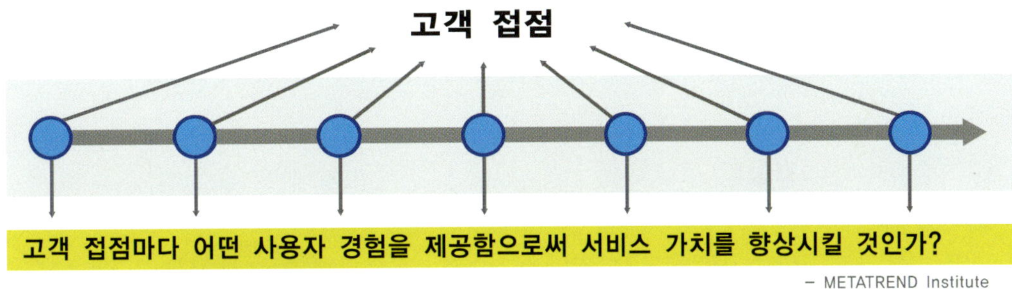

126 고객 접점에서의 서비스 가치 창조 – 서비스 디자인의 총체적 개념

특히 서비스 디자인은 기존의 서비스 연구 분야와는 달리 처음부터 결과물의 분야나 형태를 정하지 않고(Manifestation-independent Approach) 총체적인 접근을 한다는 점, 서비스와 연관된 고객의 세밀하고도 심도 있는 감성 및 행동을 통합적인 관점에서 파악할 수 있는 방법의 적용과 결과를 디자인에 이르는 수준까지 유·무형의 서비스로 구체화·실체화(Embodiment)한다는 점에서 기존의 서비스 관련 분야와 차별화 된다고 할 수 있다. 최근에는 서비스업 뿐만 아니라 물질적인 재화를 생산하거나 공공을 위한 서비스를 제공함에 있어서도 서비스 디자인이 적용되어야 한다는 인식이 정착되고 있다. 모든 산업 및 공공 분야에서 혁신 수단으로써 서비스의 가치가 증대하고 있으며 서비스 분야에 IT 및 네트워크 기술이 적극적으로 도입되면서 서비스 산업은 양적 질적으로 크게 성장함과 동시에 그 중요성과 복잡성은 더욱 증가하고

있다. 이러한 일련의 변화는 서비스 혁신을 위한 새로운 방법과 분야에 대한 요구로 이어졌다. 고객들은 서비스를 통해 총체적이면서도 통합적이되 그들의 감성이 세심한 배려뿐 아니라 서비스·제품과의 세부적인 인터랙션까지 세심하게 배려된 서비스를 경험하길 원하게 되었으며 바로 이러한 시대적 요구에 부응하여 태동된 것이 서비스 디자인 분야이다.

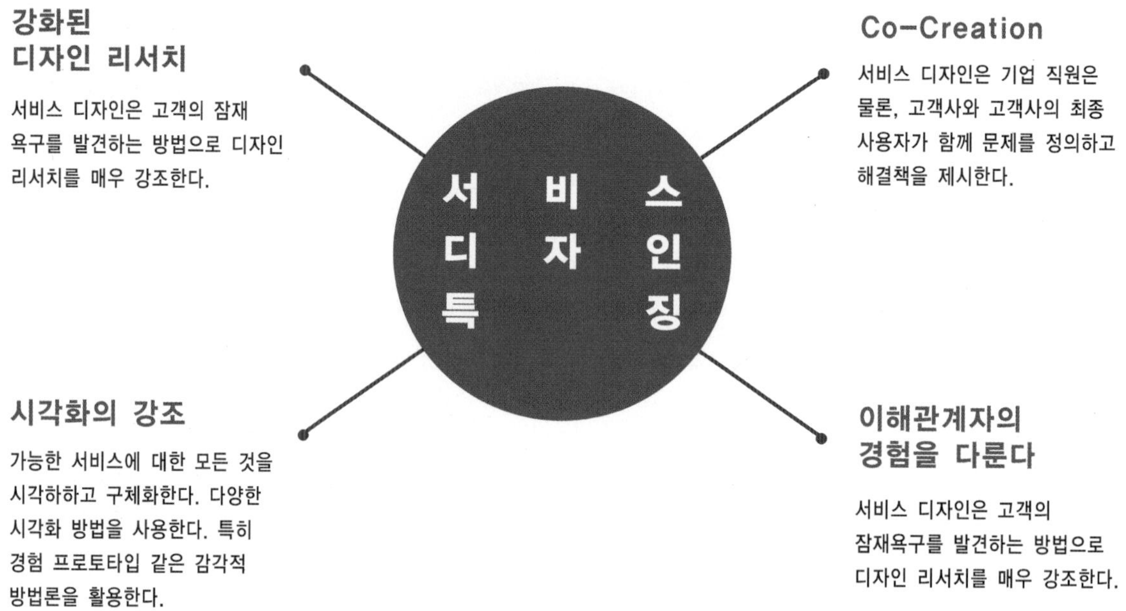

127 서비스 디자인의 특징

이처럼 서비스 디자인은 현재 다양한 분야에서 활용될 수 있으며 아래의 그림은 서비스 디자인을 구현시키는 도구들을 표현한 것이다.

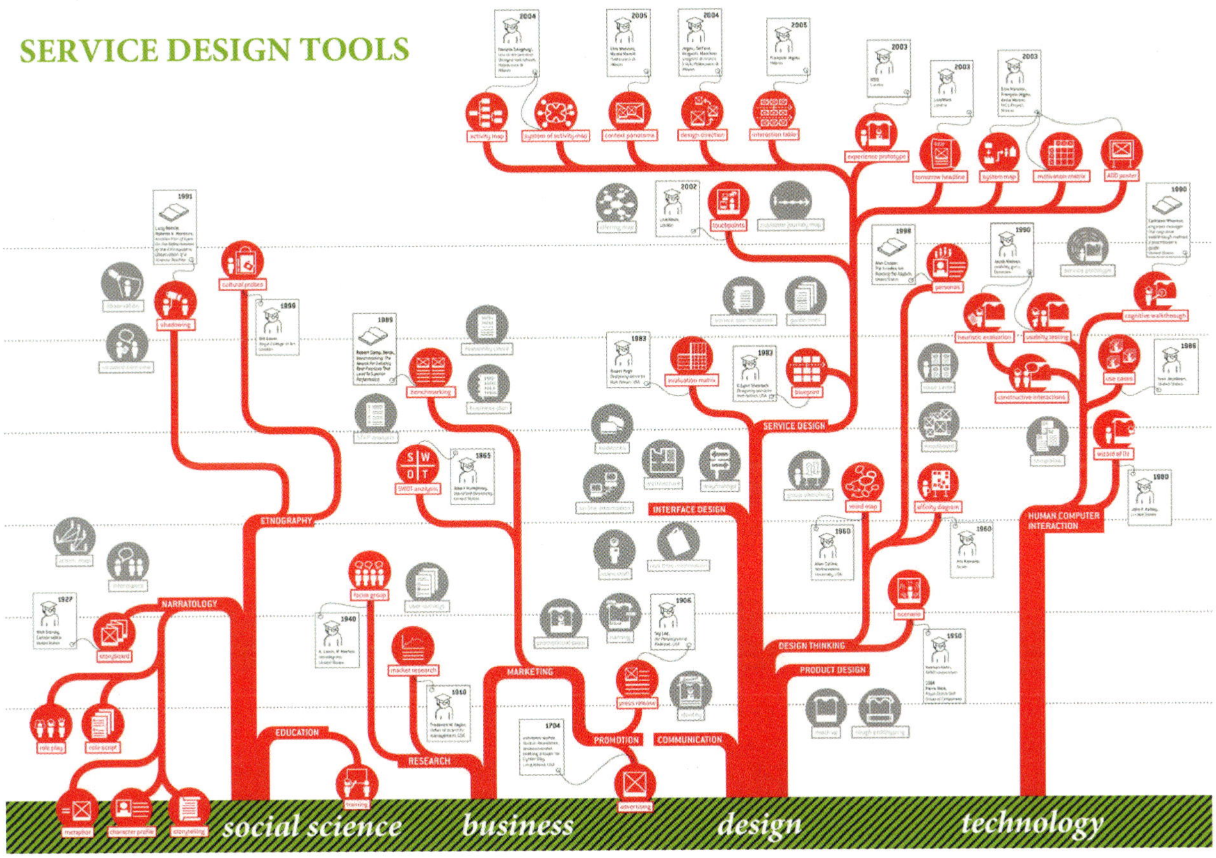

128 서비스 디자인 툴[65]

65 http://www.servicedesigntools.org/sites/default/files/TOOLS_PROVENANCE.jpg

4.2 토탈 브랜드 디자인 : 事(이벤트)

4.2.1 이벤트

우리 인간들에게 있어서 '커뮤니케이션의 욕구'는 지극히 본능적인 것이다. 그래서 이 커뮤니케이션을 유지, 발전시키고자 하는 욕망에서 사람은 '모이는 일'을 시작하였다. 모이는 가운데 커뮤니케이션을 주고 받는 것이 인류의 활동의 일각을 차지하고, 그것이 거리 구조에도 반영되어 로마의 폴로 로마노나 고대 그리스의 거리에서도 볼 수 있듯이, 사람들이 모이는 매력과 쾌적성(Amenity)을 중심으로 공공 환경이 조성되었다. 그것은 공원이나 광장같은 휴식의 장, 정치의 장, 신심(信心)의 장 등이였다. 그러나 이 공간을 구축한 것이 어떤 형태를 취하든지, 거기에서 반복되는 행위의 근원은 의사소통을 꾀하고자 하는 욕망에 넘친 커뮤니케이션이었음이 분명하다. 사람이 모이는 것을 모임, 화합, 회의, 이벤트 등으로 표현을 달리하고는 있지만, 이것은 원래 인류가 태어나면서부터 갖고 있는 '모이는' 욕망이 만들어낸 만남이며, 커뮤니케이션의 행태인 것이다. 특히 정보화, 국제화라는 시대 조류를 배경으로 해서, 사람과 사람과의 교류가 중요시되는 가운데, 각종 이벤트를 통하여 사람이 모이는 기회도 다양화되었다. 그리고 이러한 커뮤니케이션의 장이 단순한 '사람들의 모임'이라는 차원을 넘어, 도시의 지역활성화 시책으로서 혹은 도시 세일즈의 한 전략으로 적극적인 자리매김이 이루어지고 있는 것이다.

사람이 모여 공공 환경을 무대로서 프로그램된 일들이 개최되는 형태는 올림픽 경기 등을 비롯한 스포츠 이벤트, 각종 축제, 페어(fair)나 엑스포(EXPO)형의 박람회 등

66 이진민, 공공환경디자인론, 중앙 M&B, 1998, p.214

다양하다.[66] 이벤트는 스스로의 개념뿐만 아니라 그 규모와 형태까지도 몰라볼 만큼 변화해 이제 각 기업 및 지역들은 다양한 방법으로 소비자에게 이목을 끌 수 있도록 마케팅하고 있다. 따라서 이벤트는 사람들이 "화합한다"는 행위 형태 하에서 성립되며, 그것이 성립될 수 있도록 하는 것이 바로 일의 디자인이다. 여기서는 이 '모이게 하는 기술'을 일, 즉 이벤트를 둘러싼 공간의 연출 디자인으로 발전시켜 브랜드를 개발한 사례를 제시하고자 한다.

"

이벤트는 브랜드와 사람들이 서로 화합할 수 있도록 일을 디자인한다.

BLUE ENERGY FESTIVAL 은 20대의 대학생들의 젊고 푸른 청춘이 에너지로 발산된다는 뜻의
마라톤 대회로, 친한친구를 뜻하는 best friend의 중의적 의미를 가짐으로서 대학생들의 화합을
도모하고 친목을 다질 수 있는 스포츠 축제를 지향하는 브랜드이다.

4.2.2 이색 마라톤 대회 블루 에너지 페스티벌(Blue EnergyFestival)의 통합 브랜드 개발

(1) Background & Purpose

국내 마라톤은 동아마라톤[67]과 조선마라톤[68]의 마스터즈 마라토너들의 참가자 수가 폭발적으로 증가하면서 대회의 규모도 비약적으로 커지게 되었고, 이에 따라 대

67 동아일보사가 주최한 마라톤 대회로 1931년 3월 21일 제1회 경성~영등포(23.2km) 코스로 개최하여 2014년까지 서울, 공주, 경주에서 열리는 국제마라톤 대회이다.

김주희 · 김해든 · 송민경 · 홍성은(학생작품)

68 조선일보가 주최한 마라톤 대회로 현재 조선일보춘천마라톤대회로 1946년 10월27일 제1회 단축마라톤으로 시작하여 매년 춘천에서 개최되는 국제마라톤대회이다.

69 이재희, 한국 사회 마라톤 붐(boom)현상과 여가문화로서 마라톤에 관한 분석, 연세대 박사논문, 2004 p.25

회 때 하루 소비되는 물품들의 양도 우리의 상상을 초월한다.[69] 주로 소비되는 물품은 마라톤 전용 셔츠, 생수, 초코파이나 빵, 이온음료, 바나나, 쿨피스, 프로그램 책자, 종이컵 이외에 물품 운반트럭, 전용버스, 진행차량 그리고 자원봉사자로 구성된 진행요원 등으로(2003. 10. 9. 조선일보 기사, 김동석) '매머드 규모'에 이른다. 이와 같이 마라톤 대회가 하나의 축제로서의 기능을 할 수 있는 급성장한 배경에는 전형적인 엘리트 스포츠에서 일반들이 참여할 수 있는 대중 스포츠로 동호인 클럽이나 직장 또는 가족, 개인을 중심으로 누구나 참여할 수 있는 저변 확대에 있다.

마라톤 대회 주최 측에서는 참여자를 위해 대회 종목을 4종목(5km, 10km, 하프, 풀코스)으로 코스의 다양화 함께 간식거리 제공, 마라톤 전용 셔츠, 참가비를 은행지로를 통해 전수할 수 있는 편리함을 제공하고 있다. 그러나 심장은 터질 듯이 뛰고 내 숨소리 외에 아무것도 들리지 않는 자신과의 사투의 축제보다 21세기는 색다른 마라톤에도 관심이 증가하고 있다. 건강과 색다른 재미 그리고 흥미를 추구하는 마라톤 대회로, 스포츠 마케팅의 목적으로 스포츠 브랜드에서 주최하는 마라톤 행사이다. 이러한 이색 마라톤은 42.195km 전 구간을 달리기 위해 오랫동안 훈련이 필요한 전문적인 마라톤 대회가 아니라 모두 참여할 수 있고 즐길 수 있는 문화로 점차 확대되고 있다.[70]

70 http://ddaktv.mt.co.kr/articleView.html?no=2014070920017592761

이 장에서는 건강과 색다른 재미를 추구하는 마라톤을 축제의 일환으로서 이색 마라톤 대회의 축제에서 필요로 하는 총괄적인 그래픽 아이덴티티, 제품 아이덴티티, 공간 아이덴티티에 관하여 브랜드를 개발하고자 한다.

(2) theoretical background

❶ 한국의 마라톤 대회 현황

1990년대 후반부터 한국 마라톤 붐 현상과 마스터즈 마라톤 문화는 마라톤의 발전과 저변을 확대하기 1994년 하프코스를 시작으로 동아마라톤 대회는 1995년, 조선일보 마라톤 대회는 1996년 대회 종목을 4종목(5km, 10km, 하프, 풀코스)으로 과감한 변화를 시도한다. 4종목을 실시하면서 참가수가 폭발적으로 증가하면서 대회의 규모도 비약적으로 커지게 되었다.[71]

71 이재희, 위의 책, p.23~24

마라톤 온라인(www.marathon.pe.kr)에 등록 · 개최한 대회를 살펴보면 2002년 약 121개, 2003년 약 194개, 2004년 약 343개, 2005년 약 399개, 2006년

약 400개, 2010년 약 516개, 2012년 570개가 개최되어 폭발적으로 증가하였다. 2013년에는 전국에 걸쳐 500개 이상의 대회가 열리고, 1,500개 이상의 마라톤 클럽이 활동을 하고 있으며, 마라톤 동호인 인구 또한 꾸준히 기하급수적으로 늘어나고 있다.(마라톤온라인, 2013). 이와 같이 마라톤 대회가 많이 개최되어지는 이유는 각 지역마다 관광명소에 마라톤 대회를 개최하여, 마라톤과 관광을 함께 즐길 수 있도록 하여, 지역개발에 힘쓰고 있기 때문이다.[72]

72 김민준, 스포츠브랜드기업 이벤트성 마라톤 대회 체험요소가 브랜드자산 및 브랜드동일시에 미치는 영향, 경희대 석사, 2014, p.20~21

이외에도 각 기업에서 개최하는 노사화합마라톤, 평화 마라톤, 청소년보호 마라톤, 민주 마라톤 그리고 커플 마라톤을 비롯하여 결식아동마라톤, 장애인을 돕기 위한 희망마라톤 등이 있다. 또한 최근에는 스포츠 브랜드기업에서 이벤트성 이색 마라톤 대회를 통해 젊은 층을 중심으로 마라톤을 체험할 수 있는 기회를 제공한다. 이러한 이색 마라톤은 하나의 축제로 기업의 브랜드 홍보 및 제품 홍보와 맞물려 건강과 행복이외에 재미를 추구하면서 여가활동의 하나로 관심이 고조되면서 생활체육에 새롭게 대두되고 있다.

❷ 이색 마라톤 대회와 잠재적 효과

마라톤은 올림픽과 아시안 게임의 피날레를 장식하는 '꽃'으로 비유되고 마라토너는 '고독한 러너'로 미화(美化)되어 왔고, 일반 참여자에게는 고통과 자신의 한계에 부딪히면서 늘 자신과 싸워야 하는 스포츠이다. 그러나 2013년 국내에서 '컬러 미 라드(COLOR ME RAD)'[73]의 마라톤 개최로 자신과의 사투나 심각하고 무거운 분위기보다 뛰어 놀면서 즐기다 보면 어느새 골인지점에 도달하는 축제적인 이색 마라톤이 떠오르고 있다. 이러한 이색 마라톤은 주로 스포츠 브랜드에서 주최하는 마라톤 행사로 볼거리와 즐길 거리를 제공한다.

73 컬러 미 라드(COLOR ME RAD) 마라톤은 2011년 미국에서 처음 시작되었다. 이 대회는 "색 폭탄(Color Bomb)"을 맞으며 달리는 이색 마라톤으로 여러 색의 아로마 파우더를 주변 사람들에게 뿌리며 번영과 평화를 기원하는 인도 축제인 '홀리 페스티벌 오브 컬러스'의 영향을 받아 'COLOR ME RAD'가 시작됐다. 흰 유니폼을 입고 5km를 달리며 1km 구간마다 색색의 가루를 맞으면서 색깔을 완성해가는 단일 마라톤 대회이다. 이 행사는 달리는 것이 주목적이 아니라 짧은 거리 동안 마음껏 '즐기는 것'을 목적으로, 마라톤 도중에 색 가루를 뿌리면서 달린다. http://blog.naver.com/train95?Redirect=Log&logNo=80197561220]

마라톤의 대회는 규모가 커지면 상대적으로 대회운영비의 규모도 커지게 된다. 엘리트(선수)나 마스터즈(일반인) 대회의 재원확보는 든든한 스폰서를 찾아 후원을 받거나 미디어의 힘을 이용하는 것이 일반적이다. 그러나 스포츠 마케팅의 목적으로 스포츠 브랜드에서 주최하는 마라톤 행사는 각종 스포츠 브랜드나 기업에서 주관하거나 공식후원을 한다. 2014년 7월 19일 서울 잠실 종합운동장에서 열리는 '컬러 미 라드(COLOR ME RAD)' 이색 마라톤 축제에는 코카-콜라사의 음료 브랜드 글라소 비타민워터가 공식 후원하고, 좀비 런(Zombie Run)[74] 마라톤은 티켓 몬스터, 일렉트릭 런(EDM 5K RUN)[75] 마라톤은 니산(NISSAN), 뉴 레이스 서울(New Race Seoul)[76] 마라톤은 뉴발란스 서울 등 각종 스포츠 브랜드나 각종 기업에서 후원 또는 협찬을 아끼지 않는다. 이러한 이색 마라톤에 후원하는 기업은 단기간에 기업에 대한 효과적인 홍보와 브랜드 이미지를 각인시킬 수 있을 뿐만 아니라 수천 수만 명의 고객을 대상으로 새로운 시장을 개발할 수 있는 기회이기 때문이다. 따라서 기업에서는 이색 마라톤을 통해 브랜드 체험부스, 브랜드의 신제품을 만날 수 있는 브랜드 존을 후원함으로써 많은 홍보의 기대효과를 갖는다. 이러한 이색 마라톤은 단기간에 기업 브랜드 및 제품에 대한 홍보 전략과 함께 볼거리와 즐길거리를 제공한다. 마라톤은 누구나 쉽게 접근할 수 있는 남녀를 대상으로 다양한 세대의 층을 수용한다. 그러므로 시장 세분화에 있어서 소비자층에 대해 세분화하는 다각적인 전략이 필요한 것으로 파악되었다. 따라서 본 장에서는 이색 마라톤의 브랜드 개발을 위한 국내 이색 마라톤의 성공전략을 살펴보고 이를 토대로 통합브랜드 개발 및 구축의 프로세스를 정리하였다.

74 좀비 런(Zombie Run)은 2013년 11월2일에 1회로 개최되었다. 서울 랜드가 폐장한 후에 3km 게임레이스로 구성된 5개의 구간에서 좀비들에게 생명의 끈을 뺏기지 않고 최종 종착지 까지 도착하는 레이스로, 종료되는 기록 측정이 없는 마라톤이다.

75 일렉트릭 런(EDM 5K RUN)은 2013년 11월9일 1회 개최되었으며, 전자음악(Electronic Music)과 마라톤 형식을 결합한 'Fun Run'으로 재미를 추구하는 마라톤의 일종이다.

76 뉴 레이스 서울은 2011년 1회로 '혈액형 매치'로 혈액형에 따라 A, B, O, AB형으로 나누어 4개의 팀 매치로 10㎞의 레이스를 펼친다.

(3) 이색 마라톤 대회 블루 에너지 페스티벌(Blue Energy Festival) 브랜드 디자인 프로세스

❶ 문제 정의(Define Problem)

각종 스포츠 브랜드에서 주관하거나 기업에서 홍보용으로 개최하는 이색 마라톤은 건강과 행복보다는 물질에 대한 과소비로부터 위협을 받을 수 있다. 특히 재미와 즐길 거리에 치중하다보면 본래의 마라톤 취지와는 거리가 먼 축제로 진행될 수 있다. 이색 마라톤의 대상은 20~30대로 20대 대학생 대부분은 나의 경쟁력을 높이기 위해 취미활동과 자기 발전에 시간을 아낌없이 투자하는 성향을 가지고 있다. 20대 대학생들만의 이색 마라톤의 프로젝트를 개발함으로써 마라톤의 취지를 되살리며 기업의 후원이나 협찬보다 20대 대학생 스스로가 자체 브랜드를 개발하여 기획부터 최종 디자인까지 제안하도록 한다.

마인드 맵(Mind Map)

마인드 맵은 주어진 시간 동안 '마라톤'이라는 키워드를 중심으로 연관된 단어들을 나열하는 과정이다. 이 과정을 통해 나온 단어들을 연관 지어 브랜드의 정체성을 결정짓도록 한다. '마라톤'의 주요 단어는 42.195km, 스포츠, 화합, 행사, 마케팅, 성취 등으로 꼽을 수 있다.

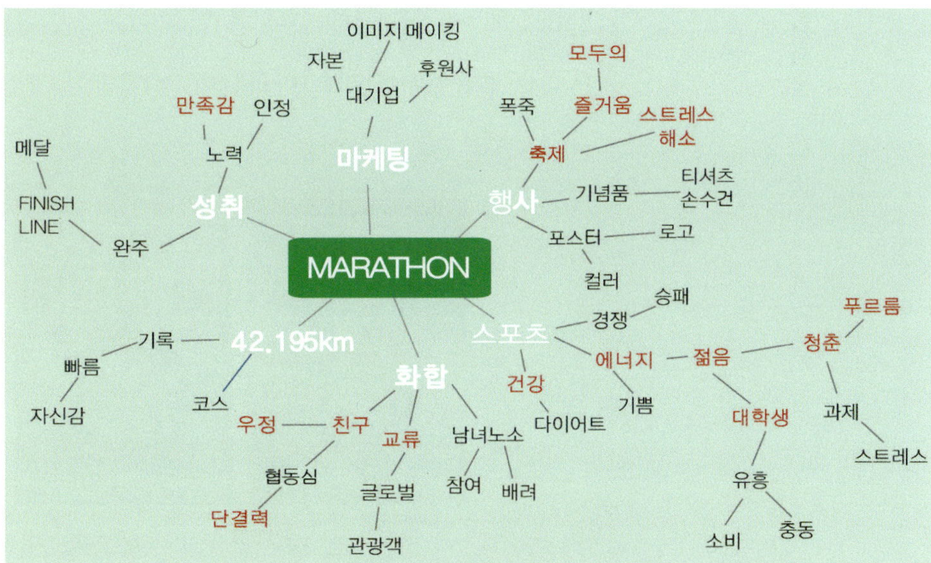

129 마라톤의 마인드 맵

시장조사(Market Research)

스포츠 브랜드에서 이색 마라톤의 주요 대상은 전반적으로 남녀로 다양한 소비층을 대상으로 마라톤의 근본 취지와 달리 힘들고 지루한 요소는 빼고, 재미와 흥미로움으로 기업의 홍보를 한다. 이를 위해 이색 마라톤에서는 브랜드 체험 부스, 브랜드의 신제품를 만날 수 있는 '브랜드 존' 그리고 브랜드 제품의 홍보를 위한 뮤직 플레이 이벤트 등으로 진행함으로써 참가자들이 브랜드 아이덴티티를 경험하도록 한다. 이러한 이색 마라톤의 붐으로 기업에서는 짧은 기간에 유사한 이색 마라톤을 서로 앞다투어 개최하다보니 이색 마라톤의 취지가 무색하다. '컬러 미 라드(COLOR ME RAD)'의 이색 마라톤은 출발선을 떠난 마라톤 참가들이 달리는데 5가지 컬러의 옥수수 전분 파우더를 뿌려 흰 옷에 색깔을 입히는 마라톤인 '컬러 런(COLOR RUN)'이나 전세계적으로 2년만에 브라질과 호주, 프랑스 등 30개 국가, 200여 개의 도시에서 열리고 있다.[77] 그러나 한국에서는 2013년 개최된 이후, 더 컬러러 런(THE COLOR RUN)과 컬러 펀 워킹(COLOR FUN WALKING)이 같은 '컬러 미 라드(COLOR ME RAD)'와 유사한 이벤트로, 컬러 파우더를 뿌리면서 달리는 마라톤이 각각 다른 기업에 의해 개최되고 있다.

77 http://blog.tourme.com/220064502437

130 컬러 파우더를 이용한 이색 마라톤

연령별 여가생활 성향에 대한 어느 조사에서 10대~40대 중 20대가 '다른 지출을 줄여서라도 자신이 원하는 여가나 취미활동을 하려고 한다'로 조사되었다. 그리고 이러한 20대는 저녁이나 밤에 잠시 짬을 내서라도 취미 활동을 하는 편이며 경쟁력을 높이기 위해 학원이나 자격증 취득, 어학 연수 등 아낌없이 자신에게 투자하는 성향이 있는 것으로 나타났다.

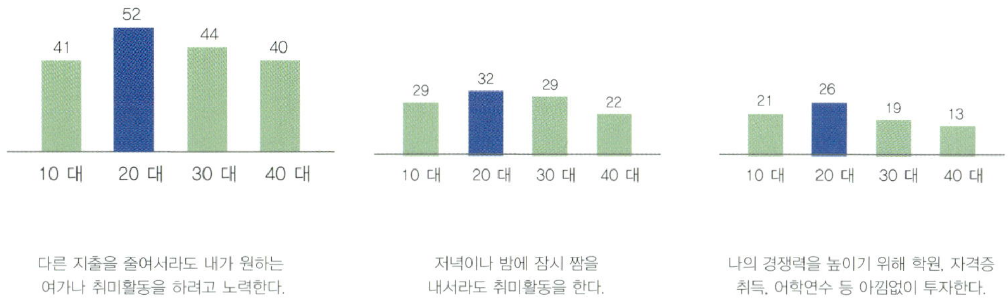

131 연령별 여가생활 현황

이러한 20대 중 대부분이 2년제 또는 4년제 대학을 다니고 있어서 이들의 스트레스정도를 파악한 결과, '자주 받는다'는 36.5%, '보통이다'는 30.0%로 30~40대보다는 스트레스를 덜 받는 것으로 나타났다. 스트레스를 받을 경우 해소법으로는 '먹고 자고 휴식한다'가 46.7%, '게임을 한다'는 15.4%, '술을 마신다'는 14.9%로 긍정적으로 먹고 자고 놀고 하는 것이 이들의 주된 스트레스 해소법인 것으로 나타났다.

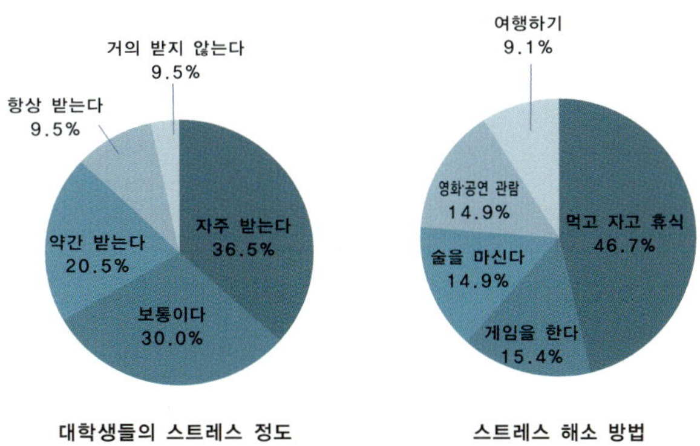

132 대학생의 스트레스 정도와 해소법

대학생들의 정보수집에 관련하여 '건강을 위해 지속적으로 하는 운동'에 대한 질문에서는 '헬스' 33.0%, '산책/ 워킹' 15.0% 으로 그 중 '마라톤'에 대한 의식조사 결과, 제대로 된 정보가 미비하거나 정보수집의 기회가 적고, 매체 등에서도 접할 기회가 적은 것으로 나타났다.

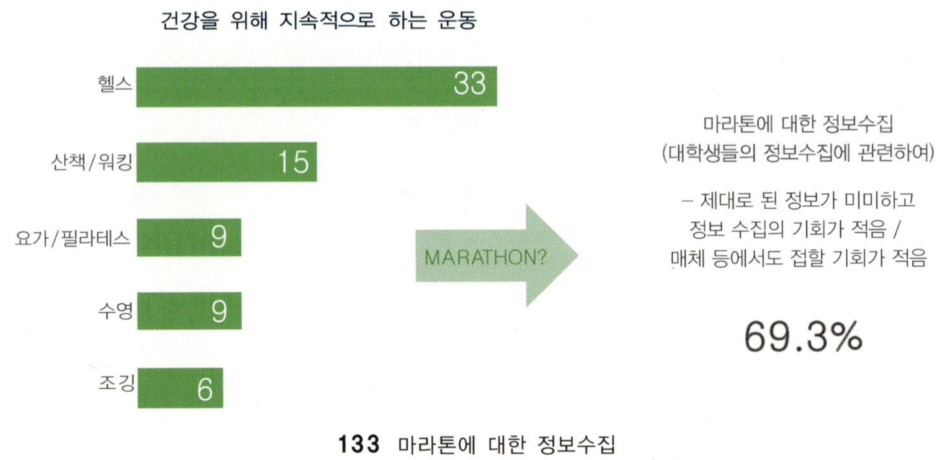

a) Brand SWOT

Blue Energy Festival 브랜드에 대한 SWOT는 다음과 같다. 강점(Strength) 요소로는 커뮤니케이션 효과, 건강 증진, 긍정적 심리변화, 의료비 감소에 대한 높은 관심에 부응하는 이벤트가 있다. 약점(Weakness) 요소로는 저조한 자원봉사 참여도, 대회 운영 부실, 상업성으로 인한 경쟁과열, 참가자들의 경제적 부담이라는 부실한 운영과 재정 지원에 관한 것이다. 그리고 기회(Opportunity) 요소로는 지역 사회의 경제적 효과, 지역 시설 및 편의 시설 개선, 건강에 대한 관심 증가, 지역 상권의 수익증가로 지역 개발의 측면을 다룰 수 있고, 위기(Threat) 요소로는 교통 혼잡, 대회 후 환경 오염, 타 대회와의 경쟁, 환경오염의 개선이 필요한것으로 분석되었다.

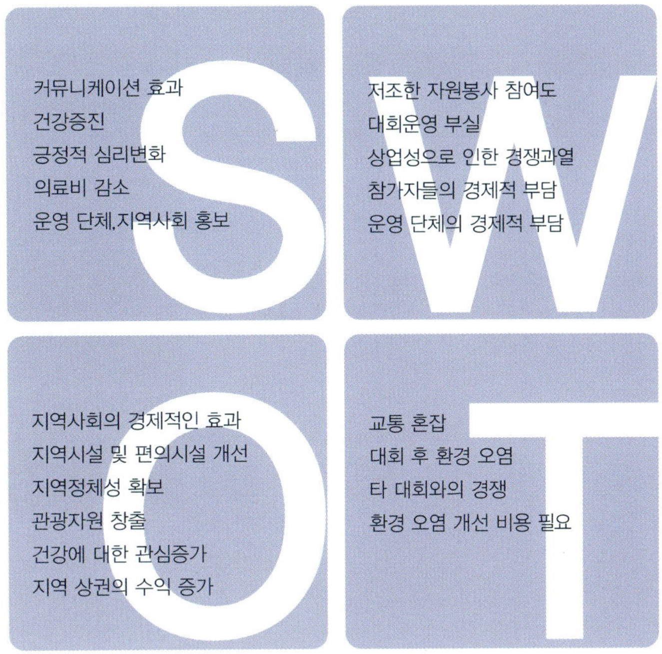

134 BLUE ENERGY FESTIVAL 브랜드의 SWOT

b) 5P 전략

가. People : 마라톤에 관심이 많으며 대회 운영의 경험이 있는 위원 및 STAFF들을 채용하여 안전하고 효율적인 진행으로 운영을 한다.

나. Product : 마라톤 경기에서 사용하는 티셔츠, 손수건, 팔찌, 도장, 현수막으로 선정을 한다.

다. Price : 대학생들을 위한 이벤트로 타 이색 마라톤에 비해 낮은 금액 20,000으로 정하여 참여율을 증진하기 위한 저가전략으로 한다.

라. Place : 코스는 대학생의 문화공간인 신촌지역의 신촌역-서강대교-여의도공원을 반환점으로 돌아오는 것으로 정한다.(약 9km)

마. Promotion : 홍보는 베너, 포스터, SNS 어플 및 홈 페이지를 이용하여 미니게임, 포토제닉, 기념품 및 기부에 대한 홍보를 하며 그외 대학생들의 일상

생활과 밀접한 동호회 및 스터디 모임 등 같은 여러 네트워크 방식을 활용하여 홍보를 계획한다.

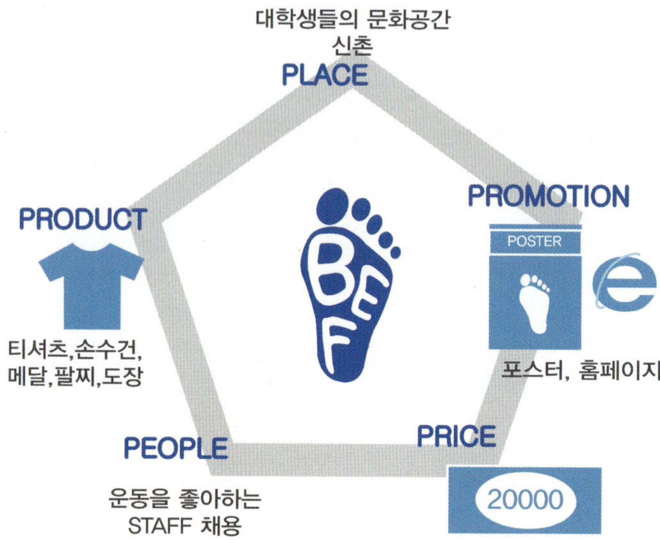

135 BLUE ENERGY FESTIVAL 브랜드의 5P전략

세부 전략으로 살펴보면, 세그멘테이션(Segmentation)은 라이프스타일 측면에서 건강을 위한 비용을 아끼지 않으면서 운동을 즐기고 도전을 두려워하지 않는다. 그리고 소비성향에서는 현재지향적이며 충동적인 소비와 계획적 소비의 균형이 있고, 성격에 있어서는 외향적이며 감정적이다. 이러한 시장 세분화를 통해 선택된 타겟은 과제와 개인업무에 지친 20대 남녀학생으로서 일상에서 벗어난 새로운 여가생활을 보내고 싶어하는 대상이다.

개발할 Blue Energy Festival의 포지셔닝을 살펴보면, 인지도면에서 최상으로 규모는 경쟁대상의 대회가 상, 중하, 최상, 중하로 고루 분포되어 있어 '중상'으로 하여 참신성을 높였다.

S
segmentation

lifestyle
건강을 위한 비용을 아끼지 않음
운동을 즐김
도전을 두려워하지 않음

소비성향
소모적, 현재지향적 소비
충동적인 소비와 계획적 소비의 균형
학년 증가 - 자기계발 비용 증가

성격
외향형(56.7) 내향형(43.3) 사고형(57.0)
감정형(43.0) 감각형(75.9) 직관형(24.1)
판단형(63.5) 인식형(36.5)

T
targeting

과제와 개인업무에 지친 20대 남녀학생

일상에서 벗어난 새로운 여가생활을 보내고 싶은 20대 남녀학생

P
positioning

	[illegible]	NEW RACE SEOUL 2014	crocs	WE RUN SEOUL	동아마라톤	BLUE
인지도	중	중하	하	상	최상	최상
참가비	2/3만원	3만원	3만원	3만원	4만원	2만원 (저)
규모	상	중하	하	중	최상	중상
참신함	중하	중	최상	상	하	상

136 BLUE ENERGY FESTIVAL 브랜드의 STP전략

브랜드 매트릭스(Brand Matrix)

스포츠 브랜드나 스포츠 기업은 다양한 소비층을 타켓으로 한 포지셔닝이 될 수 있다. 여기서는 Blue Engery Festival 브랜드의 타겟 포지셔닝을 살펴보면, 타 이색 마라톤과의 차별을 두기 위해 20대 젊은 남녀 대학생으로 한정하였다.

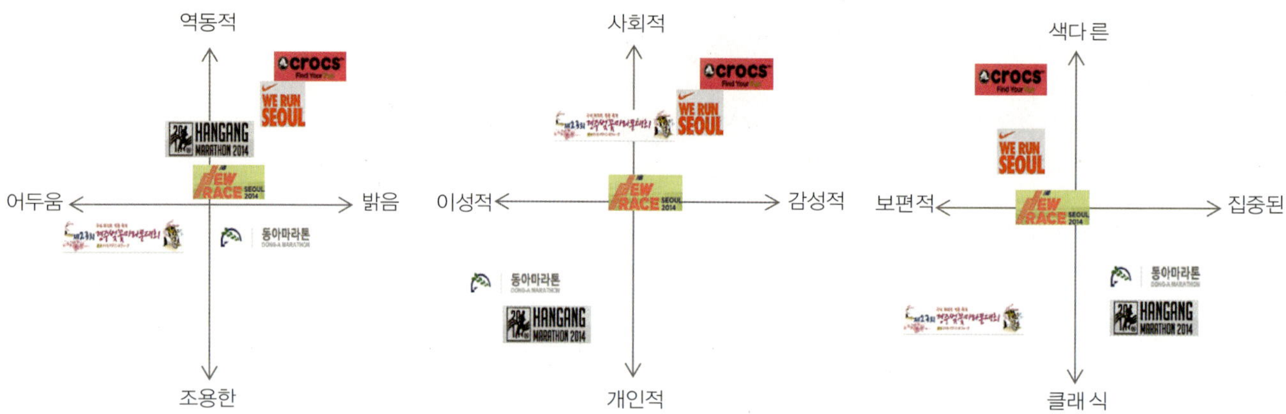

137 BLUE ENERGY FESTIVAL 브랜드 포지셔닝

❷ 아이디어 얻기(Getting Idea)

브랜드에 해당하는 정체성을 시각화 하는 과정을 통해 브랜드의 이미지를 결정짓도록 한다. 앞의 단계에서 진행된 키워드들을 조합, 분해하여 브랜드만이 지니는 독특한 이미지를 생성하는 과정이다.

비주얼 아이덴티티(Visual Identity)

a) 강제 연관법(Forced Relation)

기존의 마라톤이 가지고 있는 기능에 추가적으로 다른 기관들이 가지고 있는 시설이나 기능들을 강제적으로 연관시켜보면 좀 더 참신하고 창의적인 발상들이 떠오르게 된다. 여기서는 마라톤과 전시회 관람, 그림그리기, 물놀이, 퀴즈, 바자회, 사진찍기, 음악공연관람, 보물찾기, 밴드 공연들 등을 연상하면서 서로 짝짓기하였다.

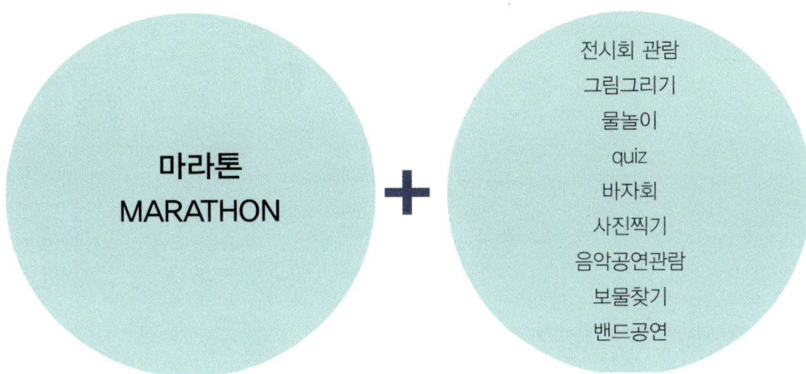

138 강제 연관

강제적 연관을 통해 마라톤에서는 시상대와 식수대를 필수적인 기능으로서 선택되었고, 타 기관에서 할 수 있는 놀이로서는 DJ와 풋 페인팅으로 뽑을 수 있었다. 서로 상반된 경우의 수를 선택하여 섞어보기를 한 결과, 중앙에 보이는 5가지 키워드 신발, 자동차, 물병, 시계, 트로피로 축약되었다. 여기서 선택된 키워드는 앞으로 블루에너지 페스티벌의 브랜드 아이덴티티를 올려줄 수 있는 제품 및 그래픽, 공간 속에서 표현될 것이다.

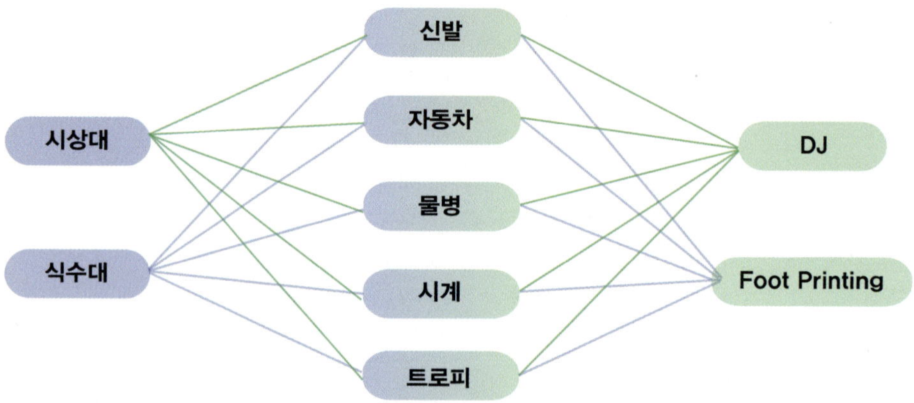

139 강제 연관(다기능/복합기능/기능바꾸기)

b) 다기능 / 복합 기능

아래의 아디어어 스케치는 앞에서 필수적인 기능으로 선택된 시상대와 식수대를 이용하여 신발, 자동차, 물병, 시계, 트로피와 기능 섞기를 통해 표현한 것이다. 이러한 다기능 및 복합 기능을 가진 제품들은 다른 마라톤 행사들의 기념품들과 차별화를 줄 수 있고 브랜드 인지도에 있어서도 강력하게 작용할 수 있다.

140 다기능 / 복합기능

이러한 다기능·복합 기능 또는 기능 바꾸기를 통해 공간 프로그래밍을 설계하면 장학 자선 행사, 꽃 전시 관람, 지역 교류 프로그램, 음악공연, 티셔츠 만들기 등 다양한 부대 행사를 기획할 수 있다. 지루하지 않고 의미있는 이색적인 마라톤 대회가 될 것이다. 이것은 또한 후차적으로 따라 오는 공간 플래닝과 공간 아이덴티티를 위한 디자인에 활용될 것이다.

141 공간 프로그래밍

c) 시각적 익살

아래의 그림은 시각적 익살을 통해 블루 에너지 페스티벌의 로고 디자인을 표현해 나가는 과정들의 일부를 제시한 것이다.

142 시각적 익살

d) 동작 동사

동작 동사와 시각적 익살들의 작업을 통해 사람들의 행태를 고려해 과정을 심화한다. 이 과정은 디자인의 깊이를 더하고 더욱 다채로운 아이디어들을 도출해 낼 수 있다. 아래의 그림은 마라톤에 연상되는 발바닥 이미지에 동작 동사 '불타오르다', '빠르다(속도감)', '구부리다'를 이용한 발상이다.

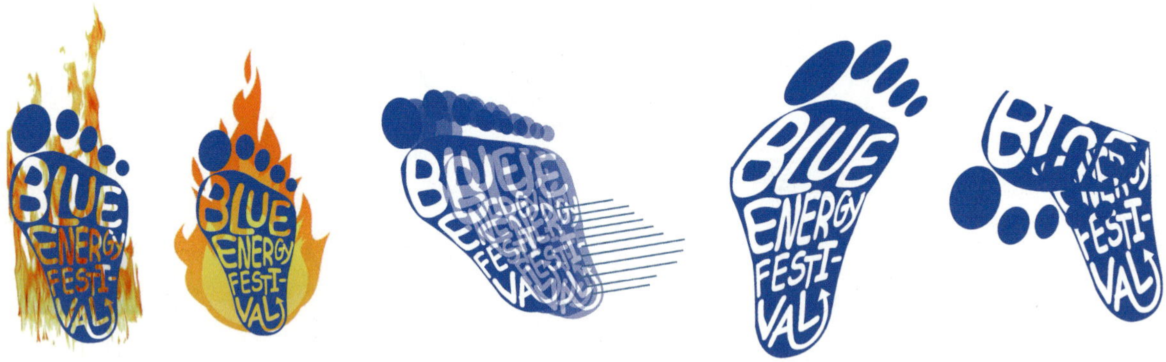

불타오르다 빠르다 구부리다

143 동작 동사

e) 40가지 아이디어

앞에서 다룬 창의적인 발상을 위한 40가지 방법을 통해서 마라톤과 관련된 이미지를 자유롭게 스케치로 그려 나간다.

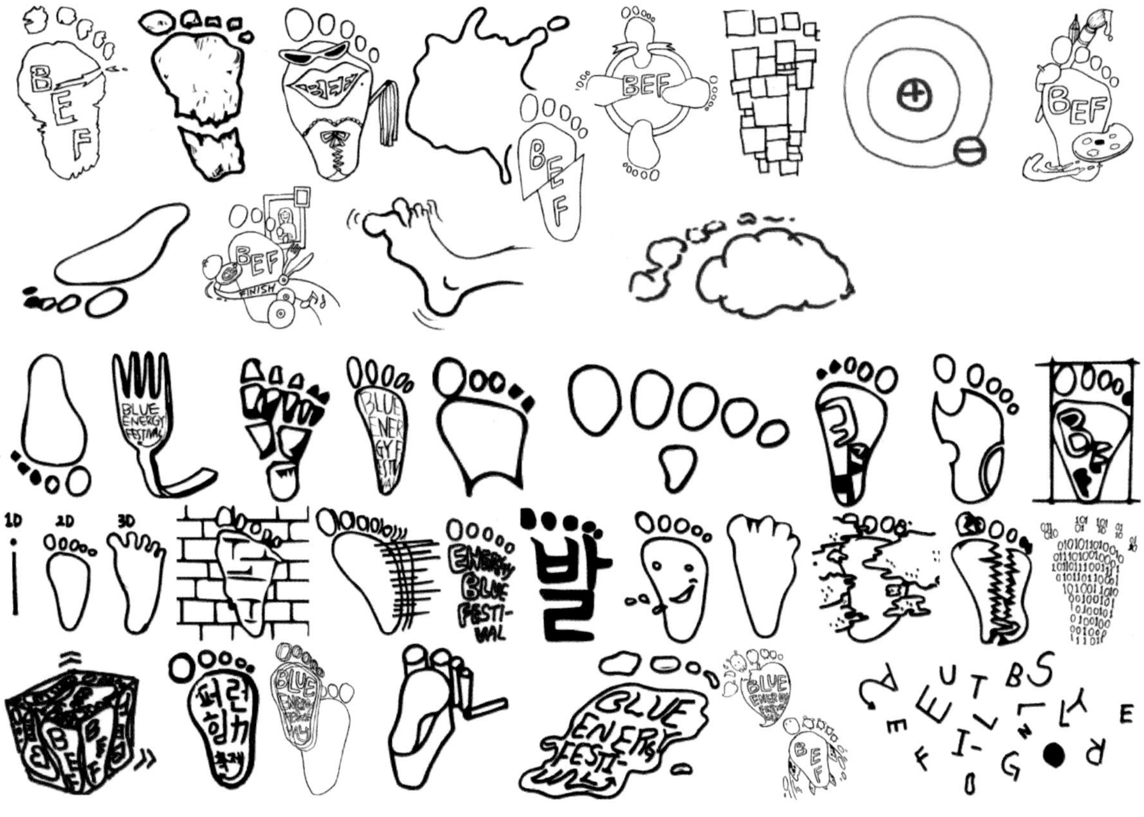

144 40가지 아이디어

❸ 형태 만들기(Creation Form)

이러한 아이디어 얻기를 통해 도출된 블루 에너지 페스티벌의 2D의 Graphic identity, 3D의 Product identity, 4D의 Space identity 측면으로 브랜드 매뉴얼을 정리하면 다음과 같다.

2D 측면 : 그래픽 디자인

브랜드 로고

포스터 / 웹 사이트

145 블루 에너지 페스티벌 마라톤 포스터

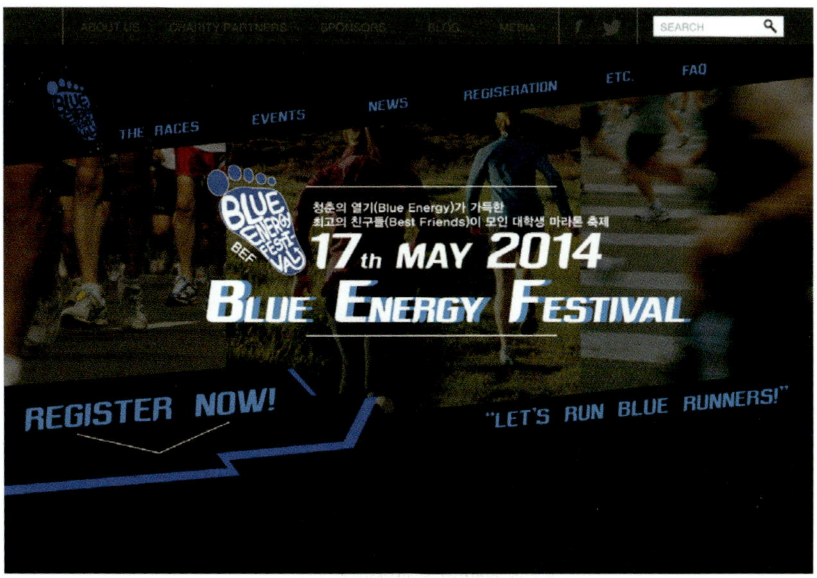

146 블루 에너지 페스티벌 마라톤 웹 사이트

3D 측면: 제품 디자인

손수건 / 티켓 팔찌 / 트로피 / 스템프 / 티셔츠

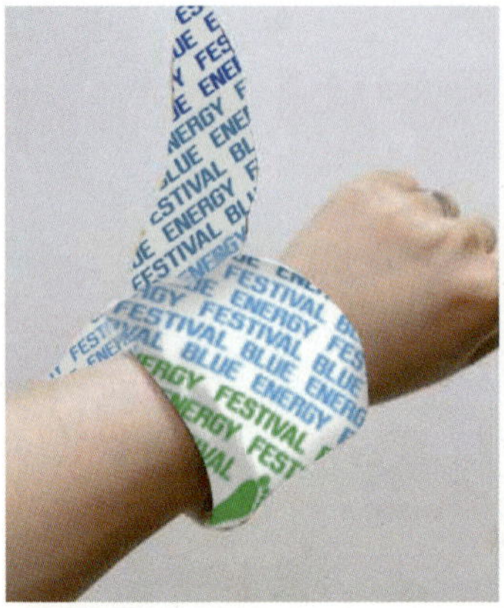

마라톤 홍보용 손수건

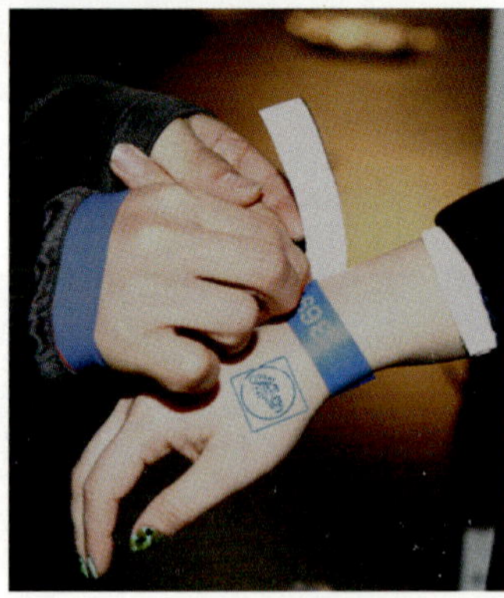

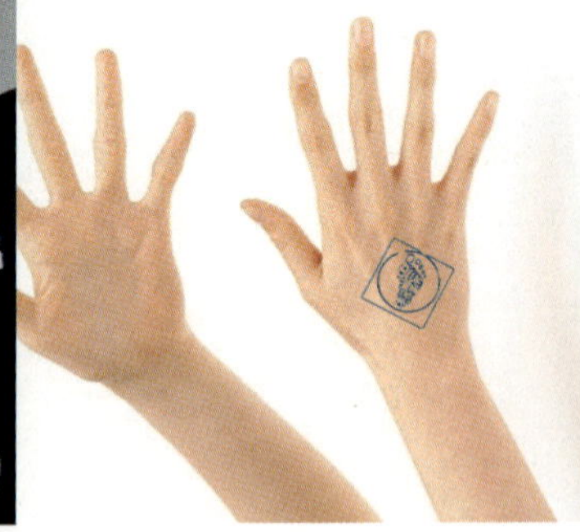

티켓팔찌

트로피

행사 티셔츠

4D 측면: 공간 디자인

행사 공간의 현수막 / 행사 공간의 거리 배너

마라톤 행사장 수평배너

BLUE ENERGY FESTIVAL
BLUE ENERGY FESTIVAL
E 7TH
PARKING PERMITTED AT NUMBERED SPACES ONLY

행사용 거리 수직 배너

BLUE ENERGY FESTIVAL
BLUE ENERGY FESTIVAL
BLUE ENERGY FESTIVAL

4부 브랜드 디자이너로 가는 길

– 브랜드 디자인, 브랜드 디자이너

브랜드 디자인, 브랜드 디자이너

"브랜딩, 크리에이터의 전략이다

오늘날의 소비자는 과거 어느 시대에 비해 많은 소비경험과 학습, 교육을 받았다. 또한 다양한 정보 수집능력이 있으며, 발달한 인터넷을 통해서 실제 경험한 것 이상의 정보를 가지고 있다. 이런 능력은 비단 사회적인 것에 국한 되는 것이 아니라, 정치, 사회, 교육, 문화, 그리고 소비에 이르기까지 전 영역에 활용되고 있다. 기업이나 서비스를 공급해야 하는 입장에서는 여기서부터 고민스러운 상황이 된다. 마케팅의 대가 필립 코틀러는 오늘날 시장의 권력이 기업에서 소비자로 이동했음을 환기시키면서 다양하고, 섬세한 방법들을 제시하고 있다. 그리고 광고의 효과가 줄어드는 만큼 소비자와 기업의 직접 접촉공간의 가능성을 거론한다. 이러한 상황에서 공간의 차별화를 통해 실질적으로 고객과 만나는 브랜드 스페이스 마케팅 전략은 고객접점의 총체적 장(場)의 역할을 수행하는 매우 유효한 장치라 할 수 있다. 또한 소비자의 경험과 감성, 소비형태를 연구하여 미학적인 감성과 전략으로 소비자의 감성을 넘어 소비재의 개념을 새롭게 창출해 나가는 브랜드 스페이스 디자이너, 즉 브랜드 크리에이터의 역할이 무엇보다 중요하다고 하겠다. 소비자의 변화를 예측하고 그것을 미학적인 감성으로 풀어내기 위해 디자이너는 안전하게 고민하는 역할에서 벗어나 시장에서 필요한 것이 무엇인지 스스로 찾아낼 줄 알아야 한다. 이는 자본주의 시장경제체제 하에서 새로운 부가가치 창출을 위해 단순한 노동이나 자본보다는 사람의 창의력, 혹은 지적능력이 가장 중요한 생산요소가 되는 산업, 예를 들면 예술, 문화, 첨단기술과 ICT, 지적재산권이 경제와 융합되고 어우러진 새로운 산업을 통틀어 창조되는 새로운 직능의 출현으로도 이해할 수 있다. 생산기획의 일부로서 부가가치 창출의 한 단위만을 차지했던 디자이너란 직업군이 가진 기존의 역할 정의를 뛰어넘어 새로운 소비자 접점을 기획하고 창조하는 총체적 의미의 크리에이터의 역할이 필요하다는 이야기이다.

기존에 없었던 새로운 가치나 일자리를 만들기 위해 도전하고 노력하는 정신은 기업가(起業家, Entrepreneur)로 지칭할 수 있다. 그런 의미에서 소비자 미학에 대한 새로운 접근으로 총체적 접점을 기획하고 창조하는 브랜드 크리에이터에게 필요한 것은 도전하고 실천하는 '행동양식'이라고 할 수 있다. 이는 인류가 해결하기에는 너무나 강력해 보이는 현대기술문명의 한계에 의해 빚어지는 도전에 대해 새로운 아이디어와 도전을 통해 현명한 해결책을 찾고 실천하려는 새로운 브랜드 크리에이터 직능의 핵심으로 보여진다. 즉, 세상을 보다 좋게 만들기 위해, 문제를 해결하는 재능과 기술 그리고 비전을 가지고 실질적인 꿈을 꾸는 브랜드 크리에이터로서 재무적인 이익뿐만 아니라 사람들이 삶의 질을 개선시키고 동참하여 혁신을 실행하는 실질적 크리에이터로서의 역할이 기대된다는 것이다.

본서에서는 미국의 경제학자 조셉 슘페터(Joseph A. Schumpeter)가 설파한 창조와 혁신의 기업가 정신을 차별화된 브랜드 크리에이터의 영역에 끌어들여 '창조적 파괴(Creative Destruction)'에 앞장서는 새로운 21세기형 직능으로서 브랜드 크리에이터를 제안하였다. 이는 실용적인 가치창조 모델을 통해 끊임없이 변화하는 역동적인 사회환경을 긍정적으로 변화시키는 브랜드 크리에이터의 새로운 역할 제시를 통해 가능할 것으로 보여진다.

상상력은 창의성의 첫 걸음이다.
당신이 소망하는 것을 상상하라
그러면 그 상상대로 될 것이다.
그리고 마침내 당신의 미래를
창조하게 될 것이다.

조지 버나드 쇼

Imagination is the beginning of creation. You imagine what you desire, you will what you imagine, and at last, you create what you will.

George Bernard Shaw

REFERENCE

1 곽지연·김해영·이지윤·최유빈·허은영·이진민·장미정·이미연, 〈디자인과 마케팅〉 융합을 통한 사찰음식 'BARU' 브랜드 개발 : 그래픽 디자인, 제품 디자인, 공간 디자인을 중심으로, 숙명디자인학연구 Vol.19, p.3~13

2 구희영, 한식의 세계화를 위한 시각적 접근에 관한 연구: 푸드코디네이션 및 서비스품질을 중심으로, 성신여대 박사논문, 2009, P.39

3 김민준, 스포츠브랜드기업 이벤트성 마라톤 대회 체험요소가 브랜드자산 및 브랜드동일시에 미치는 영향, 경희대 석사, 2014, p.20~21

4 김미영, 한식 패스트푸드형 레스토랑의 미국진출을 위한 현지인의 인식에 대한 연구: 미국LA지역을 중심으로, 세종대 박사논문, 2007

5 김인 외, 도시해석, 도시마케팅, 푸른길, 2006

6 김용렬 · 홍준표, 담양세계대나무엑스포 개최에 따른 지역 경제 파급효과 분석, 국제지역학회 춘계학술대회, 2012.6, p.219

7 김주희·김해든·송민경·홍성은·이진민·장미정·이미연·홍순미, 이색 마라톤 대회 'Blue Energy Festival' 브랜드 개발 : 〈디자인+마케팅〉 융합을 중심으로, 숙명디자인학연구 Vol.19, p.71~82

8 김해든·김주희·송민경·홍성은·이진민·장미정·이미연, 〈디자인+마케팅〉융합을 통한 슬로시티 담양의 스파 리조트 브랜드 개발 : 'BAMVIEW RESORT'브랜드 개발을 중심으로, 숙명디자인학연구 Vol.20, p.69~81

9 김희정 · 이정교(2012), 주거공간의 브랜드 이미지 제고를 위한 마케팅 전략 연구, 한국 공간디자인학회 논문집, Vol.5, No.20
대한가족보건복지협회, 피임이야기, 가정의 벗 Vol.35 No.3, 2002, p.17

10 로저 마틴, 디자인 싱킹 아이디어를 아이콘으로 바꾸는 생각의 최고 지점, 웅진윙스, 2010

11 마재일 기자, [기획] 인물이 지역을 살린다. ① 지역 인물 마케팅 활용 이렇게,'인물 마케팅으로 도시 브랜드 높인다', 동부신문, 2013.10.23 기사

12 미국마케팅학회 AMA, Marketing, 2004. 9. 15

13 박가현·맹지수·임슬비·신윤화·이진민·장미정·이미연, 역사적 인물 콘텐츠를 활용한 통합 브랜드 개발 : 황순원의 〈소나기〉를 중심으로, 숙명디자인학연구 Vol.20, p.27~3

14 백선혜, 장소성과 장소 마케팅, 한국학술정보, 2005

15 심민주·설수빈·이채영·오한결·이진민·장미정·이미연, 디자인과 마케팅 융합을 통한 콘돔브랜드 'YOU' 개발 : 그래픽 디자인, 제품 디자인, 공간 디자인을 중심으로, 숙명디자인학연구 Vol.19, p.25~37

16 안종헌, 담양군 창평 슬로시티 실태분석, 한국지역사회발전학회 Vol 31 no.1, 2008, p.35

17 애리나 휠러 지음; 유승재 옮김, 디자이닝 브랜드 아이덴티티: planning, design, braining, 비즈앤빛, 2012

18 엘런 럽튼 지음; 이재선, 윤지선 옮김, 그래픽 디자인 싱킹, 비즈앤비즈, 2012

19 유영준, 에듀테인먼트 콘텐츠를 통한 장소 마케팅 전략 개발: 전주 문화 관광을 사례로 하여, 한양대 박사학위 논문, p.50

20 이유재, 서비스 마케팅, 학현사, 2004

21 이음싱글생활연구소, 콘돔, 좀 쓰고 살자, 2013년 9월호, http://www.singlelab.co.kr/archives/1525, 2014.7.18

22 이미령, 파리의 사랑 뉴욕의 열정, 2010, 우듬지, p.80

23 이미정 · 이정교, 브랜드 커뮤니케이션을 위한 공간마케팅 전략에 관한 연구 : 소비자 혜택 공간을 중심으로, 한국공간디자인학회논문집 제8권 2호 통권24호, p.10

24 이진민, 공공환경디자인론, 중앙F&B, 1998

25 이진민, 실내 디자인의 이해: 프로세스 방법론, 서울예대 교재개발, 1996

26 이진민, 공간연출 디자인, 도서출판 유니프, 2004

27 이형일 · 이은미, 공간이 갖는 힘, 스페이스 마케팅, KT경영경제 연구소

28 이효재, 장소 마케팅 전략의 성공요인에 관한 연구 : 부산국제영화제 사례를 중심으로, 전남대 박사학위 논문, 2007, p.11
29 장병주, 한국전통 사찰음식의 대중화와 관광상품화 방안에 관한 탐색적 연구, 동북아관광학회, 2011, p.148
30 정명숙, 문인을 활용한 문화콘텐츠 개발 유형 연구, 성공회대 석사, 2013, p.6~8 부분 발췌
31 조선닷컴, 빌 게이츠 재단의 새로운 투자 대상은 '차세대 콘돔'…실제 피부 같은 성감과 고탄력성 지녀, 2014월 6월 6일자 신문, http://news.chosun.
32 조세일보 헬스Q, http://health.joseilbo.com/html/news/?f=read&code=1327972365&seq=5535, 2014.07.17
33 정혜경 · 이정혜, 음식문화 연구의 다양한 이론적 시각과 연구주제들, 이화여대 출판부, 식품영양정보 제7호, 1996
34 정동환, 문학작품에 나타난 의미분석 : 황순원의 소나기를 중심으로, 한말연구 제10호, 2002.6, p.222
35 조선일보, Space Branding : 공간에 이야기를 입혔다, 건물이 말을 한다(http://news.chosun.com/site/data/html_dir/2012/01/19/2012011903188.html)
36 차복경 · 이순재, 수행기간에 따른 스님들의 식생활과 영양소 섭취실태: 운문사 스님들의 사례를 중심으로, 동아시아 식생활학회지, 제7권 제1호, 1997
37 최영인, 브랜드 디자인 : 브랜드스토리, BI부터 디자인, 관리까지, 길벗, 2014, p.355
38 필립 코틀러, 마켓 3.0, 타임 비즈, 2010
39 팀 브라운, 기획에서 마케팅까지, 디자인에 집중하라, 김영사, 2009
40 한국생산성본부, 지역브랜드경영센터, http://www.brand.or.kr/nbci/nbci.list.asp?menuseqnum=28&siteid=0qz.com/348543/who-won-what-the-oscars-2015-rundown/
41 color me rad poaster, http://ticket.interpark.com/webzine/paper/TPNoticeView.asp?bbsno=53&no=624&groupno=624
42 color fun walking poster, http://www.sportsseoul.com/?c=v&m=n&i=58732
43 color run korea poster, http://www.kornet24.com/bulletin/310136
44 com/site/data/html_dir/2014/06/06/2014060601042.html, 2014.7.18
45 http://blog.daum.net/sskimpt/216
46 http://www.dbltv.com/news/articleView.html?idxno=7181
47 http://media.jungle.co.kr/cat_magazine_special/detail_view.asp?master_idx=28&pagenum=1&temptype=5&page=1&code=&menu_
48 idx=312&main_menu_idx=42&sub_menu_idx=71
49 Mercedes Benz 2011 광고 (Shalmor Avnon Amichay, 이스라엘) 재구성, Mercedes Benz: Left Brain – Right Brain, Paint, http://
50 adsoftheworld.com/media/print/mercedes_benz_left_brain_right_brain_paint
51 sustainabilityreport2013.volkswagenag.com
52 http://media.jungle.co.kr/cat_magazine_special/detail_view.asp?master_idx=28&pagenum=1&temptype=5&page=1&code=&menu_idx=312&main_menu_idx=42&sub_menu_idx=71
53 http://www.ideo.com/work/aquaduct
54 http://www.ideo.com/work/shopping-cart-concept
55 http://www.iidexcanada.com/2014/media/iidex-news/keynote-spotlight-david-webster-transcutaneous-immunization
56 http://www.ideo.com/work/next-door
57 http://www.core77.com/posts/21224/architecture-for-recovery-ideo-and-michael-graves-design-a-home-for-disabled-military-veterans-21224

INDEX

브 | 랜 | 드 | 스 | 튜 | 디 | 오 | 의 | 모 | 든 | 것

브랜드 스페이스 마케팅

통합 브랜드 스페이스 개발을 위한 창의적 디자인 프로세스

인쇄 · 2015년 4월 1일 초판 1쇄

발행 · 2015년 4월 5일 초판 1쇄

글쓴이 · 이 진 민 외

편집디자인 · 장 미 정

펴낸이 · 정 병 국

펴낸곳 · 웅보출판사

주소 · 서울시 강서구 양천로 551-17 한화비즈메트로 1차 413호

대표전화 · (02) 326-1497

팩스 · (02) 326-1843

E-mail · book@woongbo.co.kr

홈페이지 · www.woongbo.co.kr

값 23,000원

ISBN 978-89-8462-418-4 13320